윤지오 사기극과 그 공범들

서민 지음

윤지오 사기극과 그 공범들

서민
지음

뿌리와
이파리

일러두기

- 온·오프라인 언론사 또는 인터넷 방송이나 유튜브 등의 다양한 언론매체의 기사는 홑낫표(「」)로, 프로그램 등은 홑화살괄호(〈 〉)로 표시하고, 언론매체명에는 대체로 따로 표시하지 않았다.
- 특정한 인물의 이름, SNS 아이디 등을 굳이 밝힐 필요가 없는 경우에는 본문과 미주(의 기사를 포함하여) 모두 A, B씨, 김○○, jjj**** 등의 방식으로 익명으로 처리했다.
- 인용문의 경우, 띄어쓰기 외에는 되도록 원문에 손을 대지 않는 것을 원칙으로 했다.
- 고딕체로 강조한 곳은 모두 이 책 필자의 강조이다.

서문

윤지오를 잡읍시다!

2018년 11월 28일, 캐나다에 살던 윤지오는 우리나라에 옵니다. 재수사가 결정된 장자연 사건에 관해 증언하기 위해서였습니다. 증언을 마친 윤지오는 쇼핑도 하고 지인도 만나는 등 좋은 시간을 보내다 캐나다로 갑니다. 이 기간에 윤지오를 위협할 만한 어떤 일도 일어나지 않았습니다.

2019년 3월 4일, 윤지오는 다시 우리나라에 왔습니다. 이번에도 검찰 과거사위원회 증언을 위해서였을까요? 그럴 수도 있지만, 그녀에겐 더 큰 야심이 있었습니다. 곧 출간될 책을 이용해 유명세를 누리자는 것이지요. 윤지오가 쓴 카톡 메시지가 바로 그 증거입니다.

"책은… 분명한 건 이슈는 되니까 그 이슈를 이용해서 영리하게 그동안 못 했던 것들을 해보려고. 그래서 출판하는 거고."

그래서일까요? 두 번째 방문은 이전과는 확연히 달랐습니다. 『13번째 증언』이란 책의 출간과 동시에 각종 방송에 나가 얼굴을 알립니다. 10년 전 조사에서 말하지 않았던, 사람들의 이름만 나열된 '장자연 리스트'가 있으며, 그 안에 조선일보 사주의 이름이 나온다고 이야기했지요. 그리고 자신은 지난 10년간 장자연을 죽인 권력자들로부터 끊임없이 신변 위협을 받고 있었다고도 말합니다. 그런 그녀에게 사람들, 특히 진보진영은 열광했습니다. 이번이야말로 자신들이 눈엣가시로 여겼던 조선일보를 없애버릴 좋은 기회라고 생각했거든요. 그들은 경호비가 필요하다는 윤지오에게 1억 원이 넘는 후원금을 거둬주기까지 했습니다. 윤지오가 뭔가 좀 수상쩍다는 의견이 제기되곤 했지만, 그들은 그 목소리를 모두 조선일보 알바로 단정해버렸지요.

결과는 어땠을까요? 2019년 5월 20일, 검찰 과거사위원회는 '장자연 리스트'의 실체를 확인하지 못했다며 재수사를 권고하지 않겠다고 발표했습니다. 윤지오의 증언에 신빙성이 전혀 없다고 판단했기 때문입니다. 사람들이 그토록 알고 싶었던 장자연 사건의 진실은 이제 영원히 묻혀버렸습니다. 그때서야 사람들은 자신들이 윤지오에게 속았다는 것을 깨닫습니다. 제대로 된 증언은 하지도 않고 거액의 후원금과 방송 출연, 베스트셀러 작가의 명성 등을 즐기다 캐나다로 가버렸으니까요. 그녀의 말처럼 이슈를 이용해 그간 못 했던 것들을 영리하게 한 것이지요.

이에 분노한 사람들은 후원금을 다시 내놓으라고 소송을 했고, 한 변호사는 그녀를 형사고발하기에 이릅니다. 현재 윤지오는 사기와 명예훼손, 후원금 횡령, 통신매체이용음란죄 등등 총 7건의 고소·고발을 당한 상태입니다. 경찰은 윤지오에게 세 차례나 출석요구서를 보내서 귀국을 종용했지만, 그녀는 불응하고 있습니다. 공황장애로 인해 치료를 받고 있다는 게 그 이유입니다. 이것말고도 "물리치료, 왁스테라피 치료, 마사지 치료도 받고 있고, 캐나다 현지 경찰팀과 형사팀이 한국이 위험하다고 말리는 중"이라네요.

우리나라는 사기의 천국입니다. 사기꾼이 많은 이유는 사기꾼에 대해 제대로 된 응징이 이루어지지 않기 때문입니다. 『검사내전』을 쓴 김웅 검사는 이렇게 말합니다. "사기꾼은 어지간해서 죗값을 받지 않는다. 사기꾼이 구속될 확률은 재벌들이 실형을 사는 것만큼 희박하다." 그래서 그는 말합니다. "사기는 남는 장사다."

다른 사기꾼들이 다 처벌을 면하니 윤지오도 그냥 넘어가줘야 할까요? 절대 안 됩니다. 일단 윤지오는 고인이 된 장자연을 이용해 돈을 벌었습니다. 고인을 이용하는 것은 그 죄질에 있어서 차원이 다른 범죄이며, 이 과정에서 윤지오는 장자연의 유가족을 '돈밖에 모르는 사람들'로 매도하기까지 했습니다. 게다가 윤지오가 사기를 친 대상은 전 국민입니다. 세계 어느 나라 사람들보다 똑똑한 대한민국 국민이 윤지오의 허술한 사기에 당했다는 게 저는 너무도 분합니다. 윤지오를 잡아와 죗값을 받게 하지 않는다면, 우리는 한 공무원이 말했던 것처럼 '개·돼지'일 수도 있습니다.

제가 책을 쓴 이유는 바로 이 때문입니다. 윤지오를 잊어가는 사람들에게 그래서는 안 된다고 말하고, 아직도 윤지오가 용기 있는 증언자라고 믿는 일부 사람들에겐 정신을 차리라고 일갈하고 싶었습니다. 윤지오가 한국에 머무르는 두 달간, 윤지오의 충실한 스피커 역할을 했던, 하지만 전혀 반성하지 않고 있는 우리 언론들의 문제도 지적하고 싶었습니다. 하지만 더욱 중요한 이유는 윤지오가 제대로 된 처벌을 받는 광경을 보고 싶어서지요. 캐나다에 있는 윤지오를 무슨 수로 잡아오냐고요? 윤지오의 말을 따라해봅니다. "책은… 분명한 건 이슈는 되니까 그 이슈를 이용해서 영리하게, 윤지오를 잡아오는 것, 그래서 출판하는 거고." 윤지오를 잡아오라는 국민 여론이 비등한다면, 정부도 가만히 있진 못하지 않을까요?

이 책은 제가 썼지만, 사실 제가 쓴 게 아닙니다. 윤지오에 관해 의문을 품고 그녀의 거짓 행각을 알려주신 수많은 분들의 도움이 있었습니다. 윤지오의 실체를 폭로함으로써 저를 계몽해주신 김수민 작가님, 인스타그램에 윤지오의 사기 행각을 일목요연하게 정리해주신 justicewithus 님과 everlasting_eva_ 님, 윤지오 관련 동영상을 올려주신 do_remisol 님, 유튜버 숏티비(숏맨) 님, 유튜버 rose rosa 님, 그 밖에 윤지오의 정체를 밝혀주신 분들—이 책에서는 '윤지오를 쫓는 사람들, 일명 윤쫓사'로 부르겠습니다—이 아니었다면, 저는 아직도 윤지오가 장자연 사건을 증언한 의인으로 알고 있었을 것입니다. 책을 쓰는 게 그분들의 노력에 무임승차하는 것이 아닐까, 하는 마음도 있었지만, 그 자료들이 인스타그램이나 유튜브 등에 흩어져 있는 것보다는, 책으로 만들어져서 좀더 많은 이들에게 공유되는 게 우리 사회를 위해서 훨씬 낫다고 생각했습니다. 그분들에게 감사와 더불어 너그러운 용서를 구합니다. 제가 망설였을 때 이 책을 쓰라고 힘을 불어넣어준 오랜 친구 정지영에게도 감사드립니다. 끝으로 논란이 예상되는 이 책을 기꺼이 출간해주신 뿌리와이파리 정종주 대표님, 그리고 여러 차례 '법률적 검토'를 해주신 박진용 박사님과 김범준 변호사님께 깊이 감사드립니다.

자, 이제 윤지오가 펼친 거짓의 세계로 달려가 봅시다. 살짝 말씀드리지만, 정말 흥미진진합니다.

2019년 10월 8일

기생충 박멸의 사명을 띤 기생충박사 서민

차례

서문	**윤지오를 잡읍시다!**	**5**
제1장	**장자연 문건은 왜 만들어졌을까?**	**11**
제2장	**증인 윤지오의 탄생**	**26**
제3장	**장자연 리스트는 없다**	**52**
제4장	**신변 위협을 주장하다**	**70**
제5장	**윤지오의 학력**	**95**
제6장	**윤지오는 왜 증언을 16번이나 했을까?**	**109**
제7장	**윤지오는 장자연과 친했을까?**	**124**
제8장	**윤지오, 언론과 싸우다**	**140**
제9장	**윤지오의 아프리카TV 시절**	**166**
제10장	**후원금, 그리고 출국**	**186**
제11장	**책 『13번째 증언』과 김수민 작가의 폭로**	**216**
글을 맺으며	**제2의 윤지오가 나온다**	**239**
미주		**256**

그림. 윤지오 일지(출처: 윤지오를 쫓는 사람들[윤쫓사] 인스타그램)

제1장

장자연 문건은 왜 만들어졌을까?

장자연, 그리고 장자연 문건

2009년 3월 7일, 배우 장자연 씨가 자택 계단에서 목을 매서 생을 마감했다. 1980년생이니 우리 나이로 서른 살, 평균수명의 절반도 안 되는 안타까운 나이였다. 연예인이 자살하는 게 그녀가 처음은 아니었고, 그녀보다 더 유명한 연예인 중에서도 목숨을 끊은 이가 한둘이 아니다. 그런데도 장자연 씨(이하, 그때그때 장자연 혹은 장 씨로도 쓴다. 다른 이들도 경칭은 생략한다-필자)의 죽음이 주목받은 것은 바로 장자연 문건이라는, 7장짜리 진술서 때문이었다. "배우 장자연의 종합적인 피해사례입니다. 김종승 사장님 회사에 계약을 하면서 김종승 사장님 강요로 얼마나 술접대를 했는지 셀 수가 없습니다."라고 시작되는 이 문건은 장 씨가 그간 겪은 피해사례가 기술돼 있다. 참고로 김종승은 김성훈, 제이슨 김 등 세 개의 이름을 사용했다.

배우 장자연의 피해사례입니다.

① 2008년 10월경 김성훈 사장님이 A씨가 〈자명고〉에 출연하게 됐으

니 저도 〈자명고〉에 출연시켜주겠다며 밤에 감독님을 보내 저에게 술접대를 강요하여 술접대를 하였습니다. 또한 김성훈 사장님이 A씨 몸값을 갖고 장난치고 이로 인해 드라마 제작사 대표님은 본인 드라마에 A씨는 안 쓸 꺼다, A씨 이미지를 김성훈 사장이 망치고 있다고 하였습니다.

② 2008년 11월경 김성훈 사장님이랑 (검정 공백) 저와 술접대를 하면서 두 분이 B씨에게 욕을 하면서 B씨 일을 다 끊어버리겠다고 얘기했습니다. (접대를 받을 분이) B씨보다 저를 더 이뻐하기 때문에 저를 대신 부를 거라며 룸싸롱에서 저를 술접대를 시켰습니다.

③ 김성훈 사장님 회사에 계약을 하면서 김성훈 사장님의 강요로 얼마나 술접대를 했는지 셀 수가 없습니다. 2008년 9월경 룸싸롱 접대에 저를 불러서 잠자리 요구를 하게 만들었습니다. 2008년 (기억이 잘 안 납니다) 김성훈 사장님이 술을 많이 드시고 저를 방안에 가둬놓고 손과 페트병(물병)으로 머리를 때리면서 온갖 욕설로 구타로 당했습니다.

④ 어떤 감독님이 태국에 골프 치러 오는데 드라마 스케줄 빼고 태국으로 와서 돈 및 골프접대를 요구했습니다. 그 요구를 제가 응하지 않자 차량도 니 돈으로 렌트해서 다니시라고 매니저에게 이야기를 했습니다. 저는 배우의 꿈을 갖고 살고 있습니다. 그 꿈을 위해 소속사 더컨텐츠 엔터테인먼트 김성훈 대표의 돈 접대 강요 및 반복되는 욕설과 또 구타를 견뎌야 했습니다. 저는 나약하고 힘없는 신인 배우입니다. 이 고통에서 벗어나고 싶습니다.

09. 2. 28. 장자연(지장), 주민번호, 자필사인, 지장[1)]

장자연 문건은 왜 만들어졌을까?

장 씨가 이 문건을 쓰고 난 뒤 열흘 후 스스로 목숨을 끊었기에 이것을 장 씨의 유서라고 보는 이들도 있다. 수치스러운 일을 당했고, 앞으로도 거기서 빠져나가지 못할 것이라는 좌절감이 장 씨로 하여금 자살을 선택하게 했다는 것이다. 문건의 맨 마지막 부분, "저는 나약하고 힘없는 신인 배우입니다. 이 고통에서 벗어나고 싶습니다."를 보면 이런 시각에도 일리가 있다. 하지만 시중에 떠도는 가설에 따르면, 문건이 작성된 경위와 장 씨가 죽은 이유가 그와는 다르단다. 그 가설을 요약하면 다음과 같다.

-장자연의 소속사 '더컨텐츠'는 장 씨 등 소속사 배우들에게 술접대를 시켰다. 장 씨는 여기서 벗어나고 싶었지만, 억대의 위약금을 지불할 여건이 되지 않았다.

-장 씨와 같은 회사에 소속됐던 배우 A씨는 배우 B씨와 함께 자신의 매니저 유장호가 차린 '호야스포테인먼트'와 계약을 한다. 2009년 1월 1일부터 2년간, 계약금은 1억 원이었다. 하지만 이건 엄연한 계약 위반으로, A씨는 '더컨텐츠'와 2009년 12월 31일까지 계약이 돼 있었기 때문이다. 이전 계약을 파기하려면 A씨는 '더컨텐츠'와 법적인 분쟁을 치러야 했다.

-A씨는 소송을 자신에게 유리하게 만들기 위해 장자연으로 하여금 소위 장자연 문건을 작성하게 했다. 소속사 배우들을 술접대에 동원하는 회사라면 떠나겠다는 배우들을 붙잡을 명분이 없으니 말이다.

-2009년 2월 28일, 장자연은 '더컨텐츠'에서 벗어날 수 있겠다 싶어 유장호가 보는 앞에서 문건을 썼다. 문건 마지막에 장 씨가 주민등록번호와 함께 지장을 찍은 것도 법적인 효력을 발생시키기 위함이었는데, 이는 장자연 문건이 유서가 아니라는 결정적인 증거다. 앞으로 자주 등장하게 될 김대오 기자의 말을 덧붙인다.

그러니까 첫 번째 제가 보도를 할 때도 이 부분에 대해서 지적을 했는데요. 일반적인 유서 형태가 아니었죠. 주민등록번호에다 주소까지 쓰는 유서는 굉장히 드물고 거기에 본인의 우인으로서 간인까지 하는 건 상당히 유서의 성격이 아니죠. 그럴 때는 반드시 법률적으로 사용되는 서류였기 때문에 이 부분을 가지고서 진술서 형태로 해서 전 소속사 대표에게 계약 해지를 요구하는 법률적인 문서를 만들기 위해서 작성한 것으로 되어 있습니다.[2)]

장자연의 자살

그렇다면 장자연은 왜 자살했을까. 자살이 아니라 그 문건에 분노한 김종승 대표에 의해 살해당했다는 주장도 제기되고 있지만, 이건 좀 신빙성이 떨어진다. 김 대표가 장 씨에게 '죽여버리겠다'고 협박한 것은 맞지만, 정말 죽일 의도가 있었다면 다른 사람들 앞에서 그런 말을 하진 않았을 것 같다.

다시 유력한 가설을 따라가보자. 장자연은 문건 작성 후 '더컨텐츠'를 나갈 수 있다는 희망에 부풀어 있었다. 일설에 의하면 다른 소속사와 협상도 잘 진행됐다고 한다. 그렇게 되고 보니 이전에 쓴 문건이 마음에 걸렸다. 여배우는 '스캔들'에 극도로 민감하다. 과거에 술접대를 했고 심지어 성접대를 강요받기까지 했다는 게 탄로 난다면, 배우로서의 삶에 치명타를 입을 수도 있으니 말이다. 장 씨는 유장호 매니저에게 그 문건을 돌려달라고 요구하지만, 유 씨는 거부한다. 게다가 유 씨는 그 문건을 드라마 피디 등 방송계의 다른 인사들에게도 보여줬는데, 이것이 장 씨가 목숨을 끊은 이유라는 것이다. 접대한 것이 수치스러워 자살했다는 것보다는 이쪽이 훨씬 더 설득력이 있지 않은가? 물론 A씨는 장자연을 알지도 못했고, 해당 문건을 본 적도 없다고 주장한다. 디스패치에 나온, 2009년 당시 A씨의 진술을 옮겨적는다.

경찰 장자연을 알고 있나요?

A씨 과거에는 몰랐고 이번 사건을 통해 이름만 들었습니다.

경찰 장자연이 문건을 작성한 사실을 알고 있나요?

A씨 모르겠습니다.

경찰 유장호로부터 문건을 건네받은 사실이 있나요?

A씨 없습니다.

경찰 문건의 내용을 본 사실이 있나요?

A씨 본 적이 없습니다.[3)]

A씨가 한 말은 사실일까. 김대오 기자는 A씨가 문건의 존재를 구두로 전달받았다고 말한다. 이 문건이 A씨의 법적인 분쟁을 위해 만들어졌다는 점에서, A씨가 문건의 존재를 몰랐다는 건 상식에 어긋난다. 그런데도 A씨는 경찰 조사 때는 물론이고 10년 후 과거사위에 나와서도 여전히 문건과의 관련성을 부인했다.

KBS가 문건을 보도하다

가설에 따르면 장 씨가 죽자 당황한 유장호 측이 이 문건을 장 씨의 유서로 둔갑시키려 애를 썼다고 한다. 장자연 문건이 유서로 대중에게 알려진 것도 이 때문인데, 여기에 더해 유 씨는 문건을 공개해야 한다고 주장했단다. "자연이는 부당함에 맞서다가 죽음으로 말한 것이다! 자연이가 말한 부당함을 세상에 알려야 한다." "문서를 공개해야 자연이의 억울함이 풀린다." 하지만 유족들은 고인이 살아생전 수치스러워했던 그 문건을 없애길 바랐고, 결국 유장호는 봉은사에 파묻어 보관했던 문건을 꺼내서 불에 태운다. 이것으로 그 문건이 세상에서 사라졌어야 했지만, 일은 그렇게 되지 않았다. 유장호가 문건의 사본을 만들어놓았으니 말이다. 유족의 말이다.

> 귀신이 곡할 노릇이다. 12일 유 씨와 함께 문서를 태우며 완전히 재가 된 것을 확인했다. 절대 그 자리에서 문서가 새 나갈 수는 없었다. 따로 사본이 있었다는 말밖에 되지 않는다.[4]

사본에 관해 유 씨가 말을 하도 많이 바꿔서 도대체 뭐가 맞는지 모르겠지만, 그가 최소한 한 부 이상의 사본을 만든 것은 틀림없는 사실이다. 경찰은 봉은사에서 태운 문건이 원본이 아니라 사본이라고 했는데, 불에 탄 것이 사본이든 원본이든, 장 씨와 유족들이 그렇게 숨기고 싶어했던 장자연 문건은 2009년 3월 13일, KBS가 불에 타다 만 문건이라면서 4장을 공개하는 바람에 세상에 알려진다. 이 문건은 어떻게 KBS에 전달됐을까? 당시 문건을 발견했던 기자는 "유장호 사무실 밖 쓰레기봉투를 뒤져 불에 그을린 문건을 발견해 보도했고, 나중에 이와 같은 내용의 찢어진 문건 조각을 찾아내 맞췄다"고 밝혔다.[5] 그는 "원래 문건은 7장인데 자신이 보도한 것은 4장뿐"이라고도 했는데, KBS의 보도는 장 씨의 죽음을 국민적 이슈로 만드는 데 큰 역할을 했다.

장자연이 쓴 문건이 맞을까?

이제 필적 이야기를 해보자. 일각에서는 KBS가 보도한 문건을 장 씨 대신 유장호가 썼다고 주장한다. 그 근거는 유족들의 주장으로, 봉은사에서 문건을 본 유족들은 필체가 다르다면서 "장자연이 쓴 것이 아니다."고 한 바 있다. 윤지오가 쓴 책 『13번째 증언』에도 이에 관한 내용이 나온다. 장 씨의 친언니 S가 문건을 보자마자 이렇게 소리쳤다는 것이다.

> "이건 자연이 글씨체가 아니야. 우리 자연이 이렇게 글씨 잘 못써. 내가 우리 애기 글씨체를 모를 것 같아?"(110쪽)

유족들은 여기서 한발 더 나아가 내용마저 봉은사판과 KBS판이 다르다고 말한다. 그렇다면 그 문건은 누가 쓴 것일까? 유장호가 썼다는 주장이 맞는 것일까? 그의 행적도 좀 수상쩍긴 하다. KBS판 문건의 필체를 확인하기 위해 국립과학수사연구원(이하, 국과수)이 유장호에게 수첩을 제출하라고 했을 때, 유 씨는 자신의 수첩이 아닌, 소속사 직원 K씨의 수첩을 제출했다. 그 문건을 유 씨가 쓴 것이 아니라면, 유 씨가 굳이 다른 사람의 수첩을 제출할 필요가 없지 않을까? 사정이 이랬으니, 국과수가 다음과 같은 결론을 내린 것은 당연해 보인다.

> 경기 분당경찰서는 국립과학수사연구소에 필적 감정을 의뢰한 '장자연 문건'의 필체가 장 씨 것과 거의 동일한 것으로 확인됐다고 17일 밝혔다. 경찰 관계자는 "감정을 의뢰한 문건이 사본이기 때문에 글씨를 눌러 쓸 때 종이에 가해진 압력 정도까지 비교 분석하지 못했지만 장 씨 집에서 확보한 다이어리와 의뢰한 문건의 필체는 거의 동일하다는 통보를 받았다"고 말했다.[6]

그러니까 문건을 쓴 인물은 장 씨일 확률이 높다는 얘기다. 과연 진실은 무엇일까. 유 씨가 위조에 능한 사람이라면 장 씨 필체를 흉내내어 문건을 작성할 수도 있지 않았을까? 하지만 이 문제는 사람들의 관심사가 되지 못했으니, 이는 KBS판 장자연 문건에 조선일보가 등장했기 때문이었다.

조선일보, 수사를 거부하다

아주 오랜 기간, 조선일보는 우리나라 보수세력을 대변했다. 심지어 '대통령은 우리가 만든다'고 큰소리칠 정도로 막강한 권력을 누리기도 했다. 그러다 보니 진보 쪽에 서 있는 사람들에게 조선일보는 공공의 적이 될 수밖에 없었다. 그런데 장자연 문건에서 조선일보 사주의 이름이 나왔다니, 이거야말로 조선일보를 끌어내릴 좋은 기회가 아닌가? 조선일보 관계자 이외에도 문건에 등장하는 이가 더 있었지만, 진보진영 사람들은 오직 조선일보와 사주의 성을 딴 '방가방가'만 소리높여 외쳤다. 그런데 조선일보는 정말 장자연의 죽음과 관련이 있을까. 사건 당시 경기지방경찰청장이었던 조현오의 말을 들어보자.

> 이 모 당시 조선일보 사회부장이 집무실로 찾아와 '우리 조선일보는 정권을 창출할 수도 있고 퇴출시킬 수도 있다. 이명박 정부가 조선일보와 붙자는 거냐'는 취지로 말했다.[7)]

또한 경찰이 방상훈 사장에게 출석을 요구하자 조선일보 측에서는 '관련도 없는데 굳이 조사해야 하느냐'고 거부했고, 방문조사 요청도 받아들이지 않았다. 조선일보 이 모 부장은 조 전 청장과 통화

하거나 만난 기억이 없다고 했지만, 조현오의 진술대로라면 뭔가 수상쩍어 보인다. 잘하면 조선일보를 없앨 수 있다는 것, 이것이야말로 대중이 장자연의 죽음에 관심을 쏟은 이유였다.

조선일보는 장자연과 관계가 있을까?

하지만 진보진영의 바람과 달리 조선일보가 장자연의 죽음과 관련이 있다는 증거는 나오지 않았다. 설령 장자연이 조선일보 사주들에게 술접대를 했다 해도, 이것만으로 조선일보가 장자연을 죽였다고 하는 것은 지나친 비약이다. 또한 장자연 문건이 사실인지 여부는 확인되지 않았고, 장자연이 죽은 마당이라 이를 입증해줄 증인도 없어졌다. 훗날 윤지오를 사기 혐의로 고발한 박훈 변호사에 따르면, 윤지오는 술자리에서 조선일보 사주를 본 적도 없다.

> 윤지오가 조선일보 잡을 수 있다고 생각하는 참으로 한심한 사람들아. 윤지오는 조선일보 ㅈ자도 방씨 ㅂ자도 꺼낸 적도 없고, 알지도 못한다고, 이 한심한 사람들아. 걔는 오히려 니들 같은 한심한 사람들의 광기를 이용하고 있다고, 이 한심한 사람들아. 니들이 윤지오한테 농락당하고 있는 것도 모르는 이 한심한 작자들아.[8)]

소위 '윤지오 사건'의 핵심이 담겨 있긴 하지만, 이 기사의 '소스'가 된 페이스북 글에는 약간의 오류가 있다. 윤지오는 전직 조선일보 기자였던 C씨가 장자연을 성추행하는 것을 목격했고, 그에 대해 진술한 바가 있으니, 최소한 'ㅈ'자는 꺼낸 적이 있다. 하지만 윤지오의 역할은 딱 거기까지였다. 윤지오에게 자신이 본 적도 없는 조선일보 사주를 잡아달라고 기대하는 건 가당치 않은 일이라는 얘기다. 게다가 박훈 변호사의 글에 의하면 경찰이 작성한 '장자연 수표 리스트'에 조선일보 방씨 일가는 없었다고 한다. 수표 리스트는 장자연에게 돈을 입금한 사람들의 명단인데, 여기에 방씨 일가가 없다는 것은 장씨의 죽음이 조선일보의 책임이라는 설을 배척한다.

조선일보에 집착하는 사람들

장자연이 죽고 난 뒤 6개월이 지난 2009년 8월 19일, 검찰이 수사 결과를 발표했다. 경찰이 기소의견으로 검찰에 송치한 20명의 인사 중 기소된 이는 딱 두 명, 김종승 대표는 장 씨를 폭행하고 협박한 혐의였고, 유장호는 장자연 문건을 이용해 김 대표의 명예를 훼손했다는 혐의로 기소됐다. 사람들이 기대했던 조선일보 사주는 기소되지 않았다. "(실제 방 사장과 장 씨의) 관계를 뒷받침할 흔적을 발견하지 못했다"는 게 이유였다.

그런데도 조선일보가 장 씨의 죽음에 책임이 있다는 얘기는 끊임없이 나돌았다. 예컨대 2009년 4월 6일, 민주당 이종걸 의원은 행안부장관을 상대로 한 국회 대정부질문에서 다음과 같은 얘기를 한다. "장자연 문건에 따르면 '당시 조선일보 방○○ 사장을 술자리를 만들어 모셨고 그 후로 며칠 뒤에 스포츠조선 방○○ 사장이 방문했습니다'라는 글귀가 있습니다. 보고받으셨어요?" 조선일보는 이종걸 의원과 이를 보도했던 KBS, MBC 등 언론사를 명예훼손 혐의로 고소하지만, 1심과 2심에서 모두 패소한다. 이게 혐의가 인정됐다는 뜻일까? 그건 아니다. "법원은 '조선일보 방상훈 사장이 장 씨로부터 부적절한 접대를 받았다'는 의혹은 허위사실이라고 인정했다."[9] 다만 이 의원과 언론사의 주장이 공익을 위한 것이고, 그렇게 믿을 근거(장자연 문건)도 있었기에 죄를 물을 수는 없다는 얘기였다.

장자연 문건은 다 진실일까?(1)

사람들은 죽음에 큰 의미를 부여한다. 누군가가 죽기 직전에 그 문건을 썼다면, 최소한 그 안의 내용은 진실이라고 생각한다. 하지만 장자연 문건에 대해서는 꼭 그렇다고 할 수 없다. 유장호가 대신 썼다는 의혹을 배제하고 장자연이 직접 문건을 썼다고 가정해도, 그게 다 진실이라 간주해선 안 된다는 얘기다. 첫 번째 이유, 위에서 밝혔듯 장자연 문건은 유서가 아니다. 자신이 속한 소속사에서 빠져나오기 위해 현 소속사의 치부를 드러내려 한 법적인 문건이다. 최소한 이 문건을 쓸 당시 장자연은 죽을 마음이 없었고, 오히려 소속사를 옮길 희망에 차 있었다. 유장호가 불러주는 대로 문건을 작성했을 개연성이 있다는 얘기다.

두 번째, 장자연 문건은 총 7장이고, KBS가 보도한 것처럼 앞의 4장에는 장자연 본인의 피해사례가 담겨 있다. 나머지 3장에는 뭐가 있을까? 윤지오는 이 3장 중 2장에 소위 장자연 리스트가 있다고 주장한다. 나중에 이야기하겠지만, 이 주장은 신뢰성이 떨어진다. 유력한 설에 따르면, 나머지 3장엔 배우 A씨와 B씨가 당한 일들이 적혀 있다고 한다. 문건 작성의 동기가 A씨 등이 소속사를 옮기는 데 유리한 위치를 점하려고 하는 것이었다면, 그 둘의 이야기가 담기는 게 이치에 맞지 않겠는가?

장자연 문건은 다 진실일까?(2)

여기서 의문이 든다. 같은 기획사에 속해 있다 해도, 소속된 연예인들끼리 자주 만나는 것은 아니다. 소속사는 각 연예인의 일정을 잡아주고, 시간에 맞춰서 차량을 제공하는 존재다. 할 일이 없다고 해서 연예인들이 소속사에 출근해서 시간을 죽이는 일은 드물다. 게다가 A씨처럼 최고의 스타라면, 계약할 때말고는 소속사에 잘 나타나지 않을 것이다. 장자연이 A씨나 B씨와 직접 알고 지냈을 확률이 낮다는 얘기다. '더컨텐츠' 대표 김종승도 같은 말을 한다. "장자연은 A씨, B씨와 더컨텐츠에 소속되어 있을 때는 물론이거니와, 그 이전 이후에 단 한 번도 A씨나 B씨를 만난 사실이 없다."[10] 이는 장자연의 전 매니저에 의해서도 뒷받침된다. 자, 이런 와중에 장자연이 본 적도 없는 A씨와 B씨의 피해사례를 문건에 담는다? 이것 역시 장자연이 유장호의 말을 받아적었을 가능성을 높인다.

장자연 사후 문건에 등장한 이들에 대해 수사가 제대로 이루어지지 않았던 것은 맞다. 하지만 유서가 아닌, 사실 여부가 확실하지 않은 문건에 이름이 실렸다고 해서 그들을 다 불러 조사한다는 건 경찰로서는 부담이었을 것이다. 그 문건에 조선일보 간부 등 유력인사가 있다면 더더욱 그렇다. 장 씨가 살아서 증언한다면 얘기가 좀 다르겠지만, 장 씨는 의문의 여지 없는 자살로 숨을 거뒀고, 이 죽음에 문건의 인물들이 관여했다는 증거는 드러나지 않았다. 이들 중 누구도 기소되지 않은 건 그 때문이었다. 증거가 더 많았던 10년 전에도 조선일보와 장 씨가 연루됐다는 증거를 찾을 수 없었는데, 2019년 과거사위원회가 도대체 무슨 수로 '조선일보가 장자연을 죽였다'고 할 수 있을까? 조현오 전 경찰청장의 다음 말도 음미할 가치가 있다.

> 지금도 그렇게 생각하지만, 장자연 사건과 관련한 가장 큰 피해자 중 한 사람이 방○○ 사장이라고 생각한다. 경찰에서 조사한 바에 따르면 방 사장과 장자연 간 연결고리를 찾을 수 없었다.[11]

물론 조현오의 말을 어떻게 믿느냐는 주장이 제기될 수 있다. 조현오의 말을 다 못 믿을 거라 가정한다면, 그가 제기한 조선일보 외압설도 거론하지 말아야 맞다. 유리한 얘기는 믿고 불리한 얘기는 '조현오니까 거른다'고 한다면, 이거야말로 '내로남불'이 아닌가? 그런데도 많은 이들이 조선일보가 범인이라는 결론이 나기를 바랐으니, 장자연 사건의 재수사는 애당초 실패할 운명을 안고 달렸다고 할 수 있다.

장자연 문건을 본 사람들

이제 장자연 문건을 누가 봤는지 따져볼 차례다. 윤지오가 장자연 사건의 유일한 증언자로 행세한 비결이 문건의 완전판을 봤다고 주장했기 때문이다. 그녀 말의 신빙성을 검증하기 위해서는 문건을 본 또 다른 이의 증언이 필요하다. 문건을 누가 봤는지가 중요한 이유다. 일단 유장호가 있다. 문건 작성에 관여한 사람이니, 너무 당연하다. 두 번째로 유가족. 이들은 문건을 태운 3월 12일, 봉은사 야외주차장에서 문서의 내용을 처음으로 확인했다. 세 번째 인물이 스타일리스트 이 씨다. 그녀는 장자연이 죽기 두 달 전까지 스타일리스트로 일했고, 장 씨가 모든 고민을 다 털어놓았던 상대라고 한다. 마지막으로 김대오 기자가 있다. 2009년 3월 8일, CBS 노컷뉴스 기자였던 김대오는 장 씨가 죽기 전 문건을 남겼다는 소문을 듣고 유장호 대표를 취재했는데, 그 자리에서 문건을 읽고 문건의 존재를 최초로 보도한 바 있다.

유장호는 문건의 내용에 대해 함구한다. 이를 발설해봤자 좋을 게 없으니, 당연해 보인다. 유가족과 이 씨도 문건의 내용을 말하지 않고 있다. 장자연이 살아생전 감추고 싶어했던 문건이니, 그 뜻을 존중한 결과이리라. 그렇다면 김대오 기자는 어떨까? 놀랍게도 김대오 역시 문건의 내용에 대해서는 입을 다물었다. 그가 문건에 대해 보도한 것은 맞지만, 그건 장자연의 심경 고백 글이 존재한다는 내용이었을 뿐, 문건의 내용에 대해서는 일절 쓰지 않았다. KBS보다 먼저 장자연 문건에 대한 특종을 할 수 있었는데 말이다.

김대오가 침묵한 이유

김대오는 2009년 12월 9일 수원지방법원 성남지원에서 조사받을 때 다음과 같이 진술한다. "나는 장자연이 쓴 문서 형식으로 된 맨 마지막에 있는 지장, 이름, 서명만 봤고 사진을 찍었을 뿐이다. 구체적 내용은 아무것도 모른다. 다만 KBS가 장자연 문건을 보도했을 때 개략적 내용을 알았다." 언론사 중 최초로 이 문건을 보도한 기자가 구체적 내용을 모른다니, 이해가 안 간다. 이래 놓고선 김대오는 훗날 장자연 리스트가 있다고 하는 윤지오에게 '내가 문건을 봤는데 사람 이름만 나열된 리스트는 없었다'고 반박한다. 도대체 앞뒤가 맞지 않는데, 미디어오늘 보도는 이 점을 꼬집는다.

> (정의연대) 이민석 변호사는 "김대오는 장자연 문건조차 보지 않았다. 10년 전에 법정에서 (리스트 내용을) 본 적 없다던 김대오가 10년 후에는 장자연 문건을 다 봤는데 거기에 장자연 리스트가 없었다고 말하고 있다"고 지적했다.[12)]

진실은 무엇일까? 김대오는 2018년 시작된 장자연 사건 과거사위에 참고인으로 가서 그간 침묵했던 이유를 말한다. 문건을 본 게 맞지만, 그 내용을 숨기고자 한 유족의 뜻에 따랐다는 것이다. 김대오는 자신의 유튜브 채널인 '오봉뉴스'에서 다음과 같은 말도 한다.

제가 경찰 진술이나 재판에서 증인으로 출석해서 문건을 못 봤다고 했던 부분에 대해서 위증이라고 주장을 하시는 것 같은데, 잘 모르는 말씀이고, 과거사위원회 진상조사단에 다 이야기를 했고, 그거에 대한 타당성에 대해 받아들여졌어요.[13)]

그가 후배와 나눴던 카톡 메시지를 봐도 유족에 대한 진정성이 느껴진다.

후배 왜 고 장자연 자살 사건을 덮으려 하는지 밝혀지면 전쟁이라도 일어납니까? 개지랄한 놈들을 밝혀서 죄값을 물어야 우라통이 가라앉은 것 같은데 어떻게 생각하십니까?

김대오 장자연의 명예는?

후배 제대로 수사해서 밝혀야 고인의 명예가 조금이라도~~ 죽은 사람만 불쌍합니다.

김대오 명예는 개뿔. 유족이 원하지 않으면 아닌 겁니다.[14)]

유가족, 이 씨, 그리고 김대오. 이들의 침묵은 다 나름의 이유가 있었다. 하지만 이들의 침묵은 훗날 엉뚱한 사람이 나타나 '문건 내가 봤다!'며 유일한 증언자로 활개를 치게 만드는 토양을 제공한다. 그 엉뚱한 사람은 바로 윤지오였다.

제2장

증인 윤지오의 탄생

정권이 바뀌다

"주문. 피청구인 대통령 박근혜를 파면한다."

2017년 3월 10일, 헌법재판소는 재판관 8명의 전원일치 의견으로 박근혜 대통령에 대해 파면 결정을 내렸다. 그로부터 두 달 후 열린 대통령선거는 문재인 후보의 일방적인 승리로 끝난다. 정권이 교체된 것이다. 9년의 세월 동안 이전 대통령들이 저질러놓은 적폐가 워낙 많다 보니, 다음 대통령의 최우선 과제는 적폐청산이 될 수밖에 없었다. 2017년 8월 8일, 문무일 검찰총장은 기자간담회를 열고 과거 검찰이 수사한 시국사건에 대해 사과했고, 그해 말, 법무부는 '검찰 과거사위원회'(이하, 과거사위)를 출범시켰다. 검찰의 잘못된 수사로 피해를 본 이들이 구제받을 길이 열린 것이다.

2018년 2월, 청와대 국민청원 게시판에는 '고 장자연의 한 맺힌 죽음의 진실을 밝혀주세요.'라는 제목의 글이 올라왔다. 이 글은 권력을 가진 이가 꽃다운 여성의 목숨을 빼앗고도 버젓이 잘 살아가는 사회가 정상이냐고 따진다. 소위 '권력자'들이 장 씨를 죽였다는 것인데, 이 청원이 한 달여 만에 23만 건의 동의를 얻을 수 있었던 것도 여기에 공감하는 이가 많았기 때문이었다. 결국 장자연 사건은 과거사위에서 다뤄지게 됐다.

윤지오, 국가의 부름을 받다

하지만 10년이나 지난 사건에 새로운 증거가 있을 리 없었기에, 장자연 사건의 재조사는 별다른 진척을 보이지 못했다. 2018년 7월, MBC 시사고발 프로그램 〈PD수첩〉은 장자연 사건을 내보낸다. 그 회차에는 장자연과 접대 자리에 같이 있었던 윤지오가 익명의 여인으로 등장한다. 제작진은 장자연 사건의 수사 과정에서 언급된 인물들의 사진을 윤지오에게 보여줬고, 윤 씨는 그 사진들 중 일부를 기억해냈다. "이름 아는 분도 있고, 이 두 분은 확실히 기억나고요. 이 분은 ○○○, 이 분은 C씨고." 과거사위 진상조사단의 D는 이 장면에서 깊은 감명을 받았고, 당시 캐나다 토론토에 있던 윤지오에게 귀국을 종용한다.

> …방○○(코리아나호텔 사장) 얼굴 언제 봤는지에 대한 것. 힘드시겠지만 말씀해주시면 감사하겠습니다. 제가 기자가 아니라 과거사조사단이니 진상을 밝히는 일을 도와주시면 좋겠습니다. 이건 언론에 보도되는 게 아니라 저희가 조사하는 데 꼭 필요한 일이라서요.[1)]

윤지오는 이 제안을 수락하고, 2018년 11월 28일 우리나라에 와서 과거사위의 참고인으로 진술한 뒤 다시 캐나다로 떠난다. 이때 윤지오는 경호원을 대동하지 않았지만, 신변을 위협할 만한 사건은 전혀 일어나지 않았다. 대신 이 기간 동안 있었던 중요한 사건은 윤지오가 김수민 작가를 만났다는 사실이다.

윤지오, 김수민을 만나다

김수민은 사람들에게 공감 주는 말들을 인스타그램에 적어 인기를 끈 뒤 이를 바탕으로 『혼잣말』이라는 수필집을 펴낸, 나름의 팬층을 거느린 유명 작가다. 김 작가를 윤지오가 쓴 『13번째 증언』의 대필작가로 알고 있는 사람들이 있지만, 이는 전혀 사실이 아니다. 둘의 관계는 책을 내고 싶었던 윤지오가 김 작가에게 도움을 청하면서 시작됐다.

"한국에 곧 귀국하는데 출판사를 소개해줄 수 있냐고 물었습니다."[2)]

김 작가도 장자연 사건에 대해 증언하겠다는 윤지오를 기특하게 생각했기에 나름대로 많은 조언을 해줬다. 김 작가의 나이가 두 살 더 많기에 윤지오는 그녀를 언니라고 불렀고, 모든 개인사를 털어놓았다. 기사에 따르면, 둘은 2018년 6월 29일부터 2019년 3월 8일까지 카카오톡과 보이스톡(통화의 일종)으로 거의 매일 연락했다. 둘 사이에 주고받은 카톡 메시지는 3436개에 달하는데, 이는 하루 평균 13개에 달하는 많은 양이었다(이하, 김수민 카톡은 그녀가 인스타그램에서 공개한 것을 참고했다).

2018년 12월 10일, 메시지만 나눴던 그들은 처음으로 마주앉는다. 식사와 술자리를 함께하며 오랜 시간 이야기를 나눴다는데, 그때는 꿈에도 짐작하지 못했으리라. 그로부터 몇 개월 후 김 작가가 윤지오를 고소하고, 윤지오가 대리인을 시켜 김 작가를 고발하리라는 것을 말이다. 이건 나중에 얘기하고, 여기서는 윤지오가 '증인'이란 '타이틀'에 집착했던 이야기를 하겠다.

'증인'을 내세우는 윤지오

이게 증인을 대하는 태도세요? YTN, MBN, MBC, TV조선, 연합뉴스, 앞으로 인터뷰는 이쪽 언론사랑 안 할게요. 굉장히 무례하세요. 알고 계셨으면 좋겠습니다.(윤지오 라이브방송)

2019년 4월 24일, 윤지오는 캐나다로 도망치듯 출국한다. 윤지오는 출국 과정을 유튜브 라이브로 중계했는데, 위는 공항에서 그녀가 한 말이었다. 이게 증인을 대하는 태도냐, 굉장히 무례하다는 그녀의 말을 들으면 증인이 무슨 벼슬이라도 되는지 의아해진다. 이때만이 아니라 윤지오는 자기가 증인이라는 자부심을 말과 글에서 숱하게 드러냈다.

"13번의 증언을 마친 바 있습니다. 이제는 16번이 됐고, 사실은 유일한 목격자가 아니라 유일한 증언자고요."(2019. 4. 14., 윤지오 북콘서트)

"하루도 조용할 날이 없다고 지난 몇 달간, 절 지켜봐주신 외국분은 말씀하셨습니다. '모든 증인이 윤지오 씨만큼 용기 있지 않다'고요."

"증인으로 상 받은 것도 보도도 제대로 안 하시며 저를 모함하는 기사를 쏟아내고 있네요."

"당신들이 의심하고 모함해도 제가 증인이라는 것은 변함없는 사실이고…."(이상, 윤지오 인스타그램)

심지어 신변 보호를 촉구하는 청와대 청원 글도 다음과 같이 시작된다. "안녕하세요. 증인 윤지오입니다."(2019. 3. 30.)

자신이 목격한 것에 대해 증언한 사람은 한둘이 아니지만, '증인'에 대해 윤지오만큼 집착한 이는 없었을 것이다. 심지어 증언의 무대였던 과거사위가 해체된 지금까지도 윤지오는 스스로를 '증인'이라고 말하고 있다. 이유가 뭘까?

윤지오가 증인에 집착하는 이유

혹시 윤지오는 증인으로 살았던 두 달이 삶에서 가장 행복했던 시기여서 이러는 것은 아닐까? 그럴 법도 하다. 그때는 어디를 가도 카메라를 든 기자들이 따라다녔고, 자신이 인스타그램에 올린 피드들은 죄다 기사화가 됐다. 수많은 이들이 윤지오를 응원했고, 그녀의 인스타그램 팔로워 수는 무려 57만에 달했다. 배우의 꿈을 이루지 못한 아쉬움이 남아 있고 다른 일에서도 특별히 성공을 거두지 못했던 그녀로서는, 그 시절이 봄날이었으리라. 국회에서 열린 북콘서트에서 노래를 부르는 윤지오의 모습은 꿈을 다 이룬 사람처럼 행복해 보였다.

또한 '증인'이란 타이틀은 그녀에게 저자의 꿈을 이루어주기도 했다. 원래 윤지오는 책을 쓰고 싶어했다. 2018년 2월, 라이브방송에서 윤지오가 한 말을 들어보자.

"글은 추후 책을 내고 싶어서 쓰는 거긴 한데, 혼잣말 같은 푸념 비슷하게 하는 것들이 많고, 제 인생에 대한 허심탄회한 얘기들인데… 이게 정리가 잘 되면 에세이 같은 형식으로 책을 내려고요."

수필집을 내고 싶었던 윤지오, 하지만 타이틀이 문제였다. 책을 내려면 그래도 뭔가를 이룬 사람이어야지 않은가. "일단 내가 뭐라도 돼야지 책을 내는데, 예전에는 인터넷상으로 이슈가 된 적이 있어요. 그 타이틀 안에서 책을 내기는 싫어서." 여기서 말하는 이슈가 됐다는 것은 'G컵 베이글녀'로 검색 1위를 차지했던 2011년 얘기로, 당시 서울신문을 비롯한 여러 신문에서 이를 기사화했다. 섹시 화보집이라면 몰라도 수필집을 G컵녀라는 타이틀로 내기는 쑥스럽다. 그런데 과거사위가 출범하면서 얻은 '증인'이란 호칭은 그녀가 얻은 가장 그럴싸한 타이틀이었다. 윤지오가 증인에 집착하는 것도 이해가 된다.

증인 윤지오, 얼굴을 알리다

2019년 3월 4일, 윤지오는 다시 우리나라에 왔다. 과거사위에 출석해 증언하는 것도 목적 중 하나였겠지만, 더 중요한 것은 자신의 책 『13번째 증언』의 홍보였으리라. 진술이 주된 목적이었다면 진술 후 바로 캐나다로 돌아갔을 법하지만, 윤지오는 그 뒤 두 달 가까이 한국에 체류하며 여러 방송 프로그램에 출연했고, 매스컴의 스포트라이트를 한몸에 받는다. 그녀가 신변의 위협을 받는다고 주장했던 점을 고려한다면 자기 얼굴을 알리는 게 이해가 되지 않을 수도 있다. 그녀를 노리는 살인자가 있다면 얼굴도 이름도 모르는 게 목적을 달성하기 더 어려울 테니 말이다. 여기에 대해 윤지오는 '가해자들이 떳떳하게 사는 걸 보면서 억울하다는 생각이 들었다, 이젠 더이상 숨어살고 싶지 않다.'라고 말한다. "제가 공개적으로 나선다면 많은 변화가 생기고 저를 섣불리 해하지 않을 것이라 판단됐기 때문입니다."[3] 나름 일리가 있는 말이기에, 당시 많은 이들이 윤지오의 이 말을 믿었다.

김수민 작가는 이렇게 말한다.

> 지오는 한국 나오기 전부터 어느 방송사를 나갈지 저하고 상의를 많이 했었습니다. 가장 화제가 되는 김어준 라디오 방송과 손석희 뉴스에 나가고 싶어했고, 거길 나가야 가장 화제가 될 거라며 거기에 대해서 저와

자주 논의를 했었습니다.[4)]

2019년 3월 5일, 윤지오는 tbs FM 〈김어준의 뉴스공장〉에 나가 최초로 얼굴을 공개한다. 방송 내내 윤지오는 언니를 잃어 슬픔에 잠긴 후배의 모습을 보여줬다. 사람들은 그녀의 의리와 용기에 감탄했고, 응원을 아끼지 않았다. 방송 내용을 보도한 기사에 달린, 가장 공감을 많이 받은 댓글을 보자.

–****: 윤지오 씨. 용기 내주셔서 감사합니다. 이번에 반드시 고 장자연 억울하게 죽게 만든 방씨 일가를 모조리 수사해서 엄중한 벌을 받게 해야 됩니다.(공감 447, 반대 14)

윤지오, 장자연 리스트를 말하다

〈김어준의 뉴스공장〉(이하, 뉴스공장)에서 윤지오는 장자연 리스트를 언급한다. 구체적인 피해사례가 적힌 장자연 문건과 달리 사람 이름만 적힌 리스트가 있다는 것이다. 김어준은 그 리스트에 대해 묻는다. "거론된 이름들 중 언론사 이름이 대표적으로 거론됐지 않습니까? 그분들 이름도 다 보셨어요?" 윤지오가 답한다. "기억에 남는 것은 한 언론사의 같은, 동일한 성을 가진 세 명이 거론되었던 것으로 기억합니다."[5)] 김어준은 "과거사위에서 진술도 했느냐?"고 묻는다. 윤지오는 했다고 말한다. 『13번째 증언』이란 책에도 윤지오의 진술처럼 B씨 성을 가진 세 사람의 이름이 연달아 적혀 있었다고 돼 있다. 하지만 거기엔 이런 전제가 있었다. "이름과 직위만 간단히 적혀 있었을 뿐, 구체적인 회사명이나 소속이 쓰여 있지는 않았다."(109쪽) 이게 맞다면 B씨 성을 가진 세 사람이 리스트에 있다 해도 그게 같은 언론사라는 것은 알 수 없지 않을까? 그런데 윤 씨는 〈뉴스공장〉

에서 '한 언론사'라고 얘기하며, 그게 조선일보임을 암시한다. 윤지오가 대중이 원하는 것에 맞춰서 이야기를 한 게 아닌지 의심이 드는 대목이다.

이외에도 윤지오는 자신이 10년간 신변 위협을 받아 은둔해야 했다고 이야기한다. 이 방송을 듣던 윤지오의 이모부는 '이건 아니다'라고 생각했다고 한다. 그가 아는 한 윤지오는 신변 위협을 겪은 적도, 은둔생활을 한 적도 없었기 때문이다. 그래서 그는 〈뉴스공장〉 측에 수십 통의 문자와 전화를 했고, 결국 통화하는 데 성공한다. 이모부는 담당 PD에게 자신의 신분을 밝힌 뒤 '윤지오가 증인으로 옳은 일을 하는 건 응원한다. 하지만 이런 점은 좀 우려스럽다, 꼭 김어준 공장장에게 전해달라'고 부탁한다. 담당 PD는 알았다고 한 뒤 별다른 조처를 하지 않는다.[6] 그때 〈뉴스공장〉이 이모부의 말을 진지하게 들었다면 윤지오의 정체가 좀더 일찍 밝혀졌을 테고, 김어준도 지금처럼 "김어준 네가 캐나다 가서 윤지오 좀 잡아와라"라는 비아냥에 시달리지 않았을지도 모른다. 하지만 김어준은 그 이후 자신의 팟캐스트인 〈다스뵈이다〉에 두 번, 〈뉴스공장〉에 한 번 더 윤지오를 출연시키는 등 그녀의 충실한 스피커 역할을 한다.

<김현정의 뉴스쇼>

얼굴을 알린 이후 윤지오의 인기는 치솟았다. 주적 조선일보를 때려잡을 전사가 미모까지 갖췄다는 게 대중이 열광한 이유였다. 여러 언론사에서 인터뷰 요청이 들어왔지만, 윤지오는 지명도가 있는 언론 위주로만 인터뷰에 응했고, 2019년 3월 7일에 출연한 CBS 〈김현정의 뉴스쇼〉는 그중 하나였다. 여기서 윤지오는 〈뉴스공장〉에서 선보인 슬픈 표정에서 한발 더 나아가 실제로 눈물을 흘려버린다.

김현정 휴지, 제가 휴지 좀 드릴게요. 지금 눈물을 흘리셔서요.

윤지오 (눈물) 안 울려고… 진짜 최대한 안 울겠습니다. 죄송합니다.

김현정 어떡합니까? 다 이해합니다. 조금 진정을 하시면서.[7)]

사실 윤지오가 울어야 할 이유는 없었다. 나중에 이야기하겠지만, 윤지오는 장자연과 그다지 친하지 않았으며, 기일이 언제인지조차 알지 못할 정도였다. 그랬던 이가 인터뷰 초반에 맥락 없이 운다면, 연기가 아닐까 의심을 해봐야 하지 않을까? 윤지오는 이 프로그램에서 전직 기자 C씨의 성추행에 대해 이야기한 후 자신의 전매특허가 된 장자연 리스트에 대해 말한다. 영화감독, 정치인, 국회의원, 그리고 의혹이 있는 언론사에 관계된 종사자 등등이 윤지오의 입에서 흘러나왔다. 김어준이 그랬던 것처럼, 김현정도 언론사 얘기가 나오자 눈을 빛낸다.

"유명한 신문사 사장의 이름이 있었습니까? 사주의 이름이 있었습니까?"

〈뉴스공장〉에서와 달리 윤지오는 얼버무리며 대답을 회피한다. 이미 〈뉴스공장〉에서 다 말한 뒤라 새로 나올 게 없다 싶었을 때, 김현정이 다른 이름을 묻는다.

김현정 윤지오 씨가 본 소각된 그 리스트에 있었던 국회의원 이름 기억나세요?

윤지오 좀 특이한 이름이었던 것 같아요.

김현정 왜 특이하죠?

윤지오 일반적인 이름은 아니었던 것으로 기억합니다.[8)]

이름이 특이한 국회의원

훗날 홍준표로 밝혀진 '특이한 이름의 국회의원'은 이 방송에서 처음 발설한 것이었다. 윤지오가 단역으로 나온 드라마 〈꽃보다 남자〉의 주인공이 구준표였기에, 그와 똑같은 이름의 국회의원이 특이하게 느껴졌다는 것이다. 하지만 이건 나중에 밝혀진 얘기고, 윤지오는 이 프로에선 그의 이름을 얘기하지 않는다. 김현정은 이니셜이라도 얘기해달라고 말하나, 윤지오는 경찰, 검찰에 얘기했다면서 그쪽에서 공개하는 게 맞다고 한다. 노컷뉴스(CBS)는 윤지오의 입에서 나온 이 새로운 소식을 기사 제목(「윤지오, "장자연 문건에 특이한 국회의원 이름 있었다"」)으로 뽑았다. CBS는 새로운 증언의 확보에 만족했을 것이다. 하지만 이날의 인터뷰엔 그 뒤 몰아닥칠 폭풍을 예견하게 해주는 엄청난 내용이 들어 있었으니, 그건 김현정과 윤지오가 주고받은 다음 대화였다.

김현정 장자연 씨가 친필로 남긴 문건에 그날을 이렇게 기억했어요. '금융업체 간부 정신이상자, 회사 직원과 동생이 빤히 바라보고 함께하는 접대 자리에서 나에게 얼마나 x같은 xx짓을 했는지 정말 생각을 떠올리고 싶지도 않아.' 여기서 빤히 바라보던 동생이라는 게 윤지오 씨를 말하는 거죠?

윤지오 그렇지 않을까요?

(이상, 동영상 13분 41초~14분 9초)[9)]

이 대화가 중요했던 이유는 정작 장자연 문건에는 이 내용이 없기 때문이다. 그렇다면 저건 뭘까? 바로 왕진진의 가짜편지, 일명 '왕진진 리스트'에 나오는 이야기다.

왕진진 리스트

왕진진, 일명 전준주라고도 하는 이 자는 공인된 사기꾼이다. 홍콩 재벌의 아들, 혹은 카지노 대부 전○○ 씨의 아들이라며 이런저런 사기를 치고 다녔지만, 사람들은 그를 잘 몰랐다. 이 나라엔 사기꾼이 워낙 많으니 말이다.

평범한 사기꾼이던 그가 대중에게 알려진 계기는 장자연을 가지고 사기를 쳤기 때문이다. 그는 자신이 장자연과 잘 아는 사이이며, 장 씨가 살아생전 자신에게 50여 통의 편지를 남겼다고 말했다. 2011년 3월 6일 SBS 뉴스를 통해 공개된 편지들은 장자연 문건과 골격구조가 비슷하지만, 그보다 훨씬 구체적인 내용을 담고 있다. "직원들을 전부 다 일찍 퇴근시키고… 얼마나 여러 번을 당했는지 모르겠어." 이 편지에는 언론사와 문화예술계 인사를 망라한 31명의 인사가 등장하는데, 이는 윤지오가 봤다는 장자연 리스트의 인물과 비슷하다. 사람들은 이를 '왕진진 리스트'라고 불렀는데, 이름만 나열된 장자연 리스트와 달리 여기엔 훨씬 더 구체적인 정황이 묘사돼 있었고, 특히 사람들이 바라마지 않던 다음 문장도 들어 있었다. "나 조선일보 사장에게 당했어. 나 힘들어. 오빠가 복수해줘."[10)]

뉴스가 나가자, 난리가 났다. 사람들은 이번이야말로 조선일보를 잡을 기회라고 생각했다. 이 편지의 진실성을 의심하는 목소리도 있었지만, 믿는 이가 더 많았다. 당시 한창 인기를 끌었던 팟캐스트 '나는 꼼수다'에서 주진우는 "왕진진의 편지가 소설이라면 왕진진은 노벨문학상을 뛰어넘는 천재다."라고 말했다. 그는 '일면식도 없는 사람이 230페이지나 글을 쓸 수 없다', '교도소에서 이렇게 많은 글을 쓰는 것은 불가능하다' 등을 그 근거로 들었다.

가짜로 드러난 왕진진의 편지

주 기자에겐 안타깝게도, 그 편지는 왕진진의 조작이었다. 첫번째 증거, 편지봉투에 우표는 물론이고 소인도 찍혀 있지 않았다. 두번째, 편지를 받았다는 시기에 왕진진은 '특수강간'으로 징역 8년형을 선고받고 교도소에 수감 중이었는데, 그 기간 중 장자연이 그를 면회하거나 편지를 보냈다는 기록은 존재하지 않았다. 셋째, 결정적으로 편지의 필적이 장 씨의 것과 달랐다. 장자연 문건을 봤던 김대오 기자가 애당초 그 편지를 믿지 않았던 것도 필적이 다르기 때문이었는데, 국과수 역시 필적 감정에서 김대오의 말이 사실임을 입증해줬다. 편지를 대서특필했던 SBS는 망신을 당했고, 시청자들에게 머리 숙여 사과해야 했다.

당시 보도본부장 최금락의 말이다.

> 관련 책임을 물어 보도국장과 사회부장을 징계하고 전보 조처했습니다. 보도본부장인 저도 중징계를 받았습니다. 이는 사실 확인과 보도를 기본으로 하는 언론의 원칙과 의무를 다하지 못했다는 깊은 반성에 따른 것입니다. (…) 다시 한번 사과의 말씀을 드립니다.

윤지오의 행적에 의문이 쏟아지던 시절, 사람들은 이렇게 말했다. "그래도 윤지오가 장자연 사건을 수면 위로 끌어올린 공이 있잖아?" 이 논리엔 심각한 문제가 있다. 조선일보를 잡을 수만 있다면 어떤 거짓말을 해도 괜찮다는 것일까? 놀랍게도 그렇게 생각하는 분들이 아주 많았다. 그 말대로라면 왕진진도 추앙해야 최소한의 일관성이라도 있겠지만 그건 또 아니니, '내로남불'이란 사자성어가 생각날 수밖에 없다. 그래도 왕진진 사건이 의미가 전혀 없었던 것은 아니다. 망신을 당한 SBS는 8년 후 윤지오가 등장했을 때 다른 언론사들과 달리 그녀의 말을 철저히 '팩트 체크'했고, 결국 윤지오의 허구성을 드러내는 데 큰 공을 세운다.

<김현정의 뉴스쇼>가 말해주는 것

방송 도중 MC가 웃거나 방귀를 뀔 때, 사람들은 그걸 '방송사고'라 부른다. 그런 것들이야 얼마든지 이해될 수 있지만, 장자연 문건 대신 왕진진의 가짜편지에 나오는 구절을 대본에 집어넣은 것은 방송사고 중에서도 상급에 속한다. 왕진진 가짜편지가 8년 전 이 나라를 떠들썩하게 만든 사건임을 생각하면, 이는 그냥 넘어갈 일은 아니다. 대본을 쓰는 게 작가라 해서 MC인 김현정이 면책될 수는 없다. 문건을 본 증인을 불렀으면 최소한 공개된 문건은 읽어봤어야 했다. 문건이라 해봤자 겨우 4장밖에 안 되는 데다, 그 정도는 읽어야 증인에게 더 그럴듯한 질문을 할 수 있으니 말이다. 그런데 김현정은 대본에 있는, 왕진진이 조작한 가짜편지를 그냥 읽었다. CBS는 뒤늦게 그 사실을 알았는지, 인터뷰 내용을 말로 풀어놓은 노컷뉴스 기사에서 그 부분을 삭제했다. 그게 다였다. 김현정은 여기에 대해 사과하지 않았다. 이 뉴스를 들은 시청자 중 이 오류를 알아챈 이는 거의 없었기에, 이 방송이 문제가 되지도 않았다.

하지만 이 실수는 전화위복이 된다. 이 질문에 윤지오가 "그렇지 않을까요?"라고 답했기 때문이다. 단순히 헷갈렸던 것일까? 수도 없이 증언했고 또 책으로까지 썼던 그 문건을 착각할 수 있을까? 이건 유장호 매니저의 말대로, 윤지오가 그 문건을 자세히 보지 않았으며, 윤지오가 장자연이 죽은 뒤 그녀에 대한 일말의 관심도 갖고 있지 않았다는 뜻도 된다. 그녀 말처럼 장자연 언니를 그리도 사랑했다면 그

가짜편지를 수도 없이 읽었을 테고, 언니를 이용해 관심을 받으려 했던 왕진진을 용서하지 않았으리라.

윤지오, 증언자의 민낯

오직 팩트로만 승부한다고 알려진 디스패치는 「그때 신빙성이 깨졌다… 윤지오, 증언자의 민낯」이란 제목의 기사에서 위 사건을 언급한다.

> 이 편지의 작성자는, 전준주(왕진진)다. 한마디로, 가짜편지다. 하지만 윤지오는 이를 지적하지 않는다. 가짜편지에 고개를 끄덕였다. 윤지오는, 스스로를 '목격자'이자 '증언자'라고 칭했다. 문제는, 그의 목격과 증언이 힘을 잃어간다는 것. 그가 입을 열수록, 앞과 뒤가 어긋난다.[11)]

2019년 6월 20일, SBS 〈궁금한 이야기 Y〉가 윤지오를 다뤘을 때, 담당 피디가 이 장면에 대해 윤지오에게 묻는다. "이건 장자연 문건 내용이 아니라 전준주가 꾸며낸 내용인 거죠?"[12)] 윤지오는 뭐라고 대답했을까?

> 헉… 저는 그거 처음 들었거든요. 그래서 전 당연히 검증돼서 언니가 뭔가 다이어리라든가 편지라든가. 근데 그게 그거였어. 아, 그건 지금 처음 알았어요.[13)]

처음 들었다면서도 윤지오는 별로 놀라지 않는다. 그냥 '헉' 하고 만다. 실은 그날 처음 안 것이 아니었기 때문이다. 국내에 있을 때, 윤지오는 자신이 등장한 기사 중 우호적인 기사만 캡처해서 자기 인스타그램에 올렸다. 이를 위해선 자기 이름이 나온 모든 기사를 검색해야 할 테니, 디스패치 기사도 당연히 읽었을 것이다. 게다가 윤지오는 2019년 4월 19일 본인의 라이브방송에서 여기에 대해 따지는 시청자에게 이렇게 화를 냈다. "왕진진 씨 편지, 저도 봤는데, 가짜예요. 누가 봐도 가짜고. 그걸 보고 뭘 해명하라는 거예요?" 〈궁금한 이야기 Y〉가 방영된 뒤 윤지오의 팔로워 중 한 명도 그녀의 인스다그램에서 이에 대해 추궁했다(오타는 수정하지 않았다).

팔로워 본인 피드에서 왕진진 편지 안다고 했잖아요. 그럼 무슨 내용인지도 알았을 텐데 왜 방송에서는 처음 들었다고 하셨어요?

윤지오 왕진진 씨 편지, 전 내용 다 못 봤습니다. 생각 좀 하시길. 억지로 역지 좀 마시고 가계정 생성하시느라 애쓰십니다.

<KBS 뉴스>에 나가다

요즘은 TV로 공중파 뉴스를 보는 이가 과거보다 줄었지만, 그래도 공중파 뉴스는 그 상징성 때문이라도 무시하긴 어렵다. 윤지오는 3월 7일 〈KBS 뉴스〉에 출연했다. 여기서도 앵커는 장자연 리스트에 대해 묻는다.

앵커 혹시 그 이름 중에서 지금 말하면 구체적으로 알 만한 사람이 있었습니까?

답변 사회적으로 어느 정도 위치 있었던 분들이 대부분이셨습니다.

앵커 실명을 거론하기 힘들다면, 직업으로 말하면 어떤 직업이 있었습니까?

답변 놀라울 만큼 직업군이 다양했던 것으로 기억합니다.

앵커 이를테면 정치인?

답변 정치인도 있었고 방송 쪽에 종사하는 분도 계셨고 또 언론 관계자 분도 계셨던 것으로 기억합니다.

(중략)

앵커 아까 명단에서 이름을 여럿 봤고 유명한 이름을 봤다는데, 혹시 거론돼왔던 조선일보 사장의 이름도 있었습니까?

답변 사실상 주목이 될 수밖에 없는 인물임을 저도 익히 잘 알고 있습니다만, 저는 현재 어떠한 신변 보호도 받지 못하는 상태여서 말씀을 선불리 드릴 수 없다는 점을 양해해주셨으면 좋겠습니다.[14)]

윤지오는 소위 장자연 리스트에 해당 인물이 했던 행위가 쓰여 있지는 않았다고 했다. 조선일보 사장이 특별히 나쁘다는 증거가 있는 게 아님에도, 앵커는 다른 정치인과 방송인은 건너뛰고 조선일보 사장이 그 리스트에 있느냐고 묻는다. 윤지오는 신변 위협을 핑계 대며 언급을 회피하는데, 이는 윤지오가 알맹이 없는 얘기를 하면서도 증언자로 행세한 비결이기도 했다. 국민은 물론이고 질문을 던지는 MC들 중 누구도 이를 의심하지 않았지만, 드디어 여기에 의문을 품은 이가 등장한다.

참앵커 왕종명(1)

'이럴 거면 쟤는 방송에 왜 나오는 거야? 쟤가 정말 뭔가를 알고 있는 게 맞아?' 〈MBC 뉴스데스크〉 왕종명 앵커는 이런 생각을 했던 모양이다. 3월 18일 윤지오와 마주앉은 왕종명은 다른 진행자들과 달리 그녀의 모호함을 추궁했고, 이로 인해 윤지오는 생각지 못했던 난관에 봉착한다.[15)]

첫 번째. 윤지오는 그날 과거사위원회에서 증언을 마친 뒤 기자들과 한 인터뷰에서 C씨가 장자연을 성추행할 당시 그 자리에 다른 연예인이 또 있었다고 얘기한다. 지금까지는 듣지 못했던 새로운 증언, 왕종명은 그 말이 사실이냐고 묻는다.

윤지오 그 부분에 대해서는 증언자로서 말씀을 드릴 수 없는 어려움이 있다는 것을 양해 부탁드립니다.

왕종명 이거를 말을 했다 안했다, 라는 걸 말씀을 해주실 수 없다는 건지, 아니면 또 다른 연예인이 있다는 것을 확인해주실 수 없는 건지?

윤지오 이 부분은 직접 해명하실 수 있는 권리를 그분께 드리고 싶습니다.

왕종명 (황당해하며) 누구한테요?

윤지오 그분께.

C씨 성추행 자리에 다른 연예인이 있다는 것은 그 뒤로도 확인된 바가 없다. 만일 그게 사실이라면 '있긴 한데, 누군지는 말할 수 없다' 정도는 얘기해도 되건만, 윤지오는 그러지 않는다. 이럴 거면 왜 기자들에게 말을 꺼낸 것일까?

참앵커 왕종명(2)

두 번째. 왕종명은 소위 장자연 리스트에 나온, 방씨 성을 가진 세 분, 그리고 이름이 특이한 정치인에 관해 묻는다.

왕종명 이거는 진상조사단 쪽에는 얘기를 하신 거죠?

윤지오 네, 그렇습니다.

왕종명 공개하실 의향은?

윤지오 아시다시피 저는 지난 10년 동안 일관되게 진술을 해오면서 많은 어려움이 있었습니다. 미행에도 시달리고, 수차례 이사를 했고, 결국 해외로 도피하다시피 갈 수밖에 없었던 정황들이 있고요, 오기 전에 교통사고도 두 차례 있었고요. 말씀을 드리지 않는 것은 앞으로 장시간을 대비한 싸움이기 때문에, 지금 말씀드린다고 해서 그분들을 보호하고 싶은 차원에서 말씀을 안 드리는 것이 아니라 명예훼손으로 저를 고소하시면 저는 더이상 증언자 내지는 목격자라는 신분이 아닌, 피의자로서 명예훼손에 대한 배상을 해야 되는 부분이 있습니다. 그분들에게는 단 1원도 쓰고 싶지 않습니다.

윤지오는 중학교 때 가족과 함께 캐나다로 갔다. 가족은 계속 거기 살았지만, 윤지오는 중3 때 공개 오디션에 발탁된 뒤 연예인의 꿈을 이루기 위해 한국으로 왔다. 그리고 실패했다. 할 수 없이 윤지오는 캐나다로 돌아간다. 윤지오는 이게 자신을 노리는 권력자 때문이라고 이야기한다. 사실이 아니지만, 그냥 넘어가자. 황당한 것은 방송에서 이름을 공개하면 명예훼손이 되고, 그 경우 자신이 더이상 증언자가 되지 못한다는 말이다. 아니, 누군가가 윤지오를 고소하면 그녀가 더 증언자가 아니게 되나? 현재 윤지오는 사기를 쳐서 돈을 모았다는 혐의로 형사고발을 당했고, 후원금반환소송과 통신매체이용음란죄, 홍준표로부터 당한 명예훼손 등 5건의 고소고발을 당한 상태다. 그런데도 윤지오는 스스로 증인 윤지오라고 우기고 있다!

참앵커 왕종명(3)

여느 진행자 같으면 그냥 넘어갔겠지만, 왕종명은 달랐다.

왕종명 아니, 피의자가 되는 게 아니라, 이를테면 고소가 될 수는 있어요….

윤지오 그분들은 영향력이 있으신 분들이기 때문에….

왕종명 이런 말씀을 드려볼게요. 진상조사단에서 말하는 것과 생방송으로 진행 중인 뉴스에서 얘기하는 것은 다른 차원의 얘기이고, 윤지오 씨가 용기를 내서 나오신, 장자연 씨 죽음에 대해 진실을 밝히고자 하는 것이, 어쩌면 이런 생방송 뉴스 시간에 이름을 밝히는 게 오히려 진실을 밝히는 데 더 빠른 걸음으로 갈 수 있다는 생각은 안 해보셨어요?

부연설명을 해보자. 윤 씨는 그녀를 위협하는 가장 강력한 용의자가 조선일보고, 그 때문에 자신이 10년 동안 숨어 살았다는 뉘앙스로 얘기했다. 조선일보 등이 윤지오의 신변을 위협하는 이유는 그녀로 하여금 증언을 못 하게 하려는 것, 하지만 방송을 통해 증언을 해버리면 그들이 윤지오를 위협할 명분은 사라지고, 윤지오는 더는 숨어 살지 않아도 된다. 게다가 이미 한 언론사의, B씨 성을 가진 세 사람이라고까지 했으면 다 말한 것이나 다름없으니, 왕종명의 지적은 지극히 합리적이다. 하지만 윤지오는 명예훼손으로 돈을 물어야 하는 상황을 걱정한다. 그녀 증언이 진실이라면 우리 국민이 얼마든지 돈을 걷어줄 텐데?

가능한 답은 하나다. 조선일보 사주 이름이 담긴 장자연 리스트라는 건 애당초 없으며, 그녀가 계속 방씨를 언급하는 이유는 국민의 관심을 받고 증언자 위치를 지키기 위한 술수이기 때문이리라.

참앵커 왕종명(4)

하지만 신변 위협 얘기만 하면 이해하고 넘어갔던 다른 진행자들과 달리 왕종명은 거기에 대해 나름 합리적인 질문을 던진다. 잠시 침묵이 흐르고, 윤지오가 입을 연다.

윤지오 제가 발설하면 책임져주실 수 있나요?

왕종명 저희가요?

윤지오 네.

왕종명 이 안에서 하는 거는 어떻게든….

윤지오 안에서 하는 건 몇 분이고, 그 후로도 저는 살아가야 하는데, 살아가는 것조차 어려움이 많이 따랐던 것이 사실이고, 이 부분에 대해서는 저는 경찰, 검찰에 일관되게 다 말씀을 드렸습니다. 이 부분에 대해선 검찰, 경찰이 공표해야 하는 부분이고, 저는 일반 시민으로서, 증언자로서 말씀드릴 수 없는 것이 당연하다고 생각합니다.

왕종명 알겠습니다. 무슨 입장이신지 충분히 이해했습니다.

아니다. 왕종명은 충분히 이해하지 못했다. 윤지오로부터 더는 얻어낼 게 없다고 생각했던 것일 뿐이다. 증언자는 증언을 하는 자, 그런데 윤지오는 한사코 증언을 거부한다. 신변 위협과 명예훼손이 두려워 그런 것이라면, 윤지오가 용기를 내서 증언했다는 말은 전혀 사실이 아니며, 그녀를 증언자라고 불러서도 안 되는 것 아닐까?

왕종명, 사과하다

왕종명은 앵커로서의 본분을 다했지만, 사태는 정반대로 흘러갔다. 〈뉴스데스크〉를 본 시청자들이 윤지오에 대한 배려가 부족했다며 왕종명을 비난했다. 왕종명은 네이버 검색어 1위에 등극했고, 청와대 게시판엔 왕종명을 하차시키라는 국민청원이 올라왔다. 모두가 사슴을 가리켜 '말'이라고 하면 그게 '말'이 돼버리는 세상이었다. 왕종명은 사과하는 수밖에 없었다.

"무례하고 부적절하게 질문했다는 시청자 비판이 많았습니다. 이 비판을 무겁게 받아들이며 이 시간을 빌려서 윤지오 씨와 시청자 여러분께 진심으로 사과드립니다."[16)]

왕종명은 윤지오에게 사과문자를 보냈고, 직접 전화해 또다시 사과의 뜻을 전했지만, 그 뒤 상당 기간 왕종명은 '적폐'의 아이콘 노릇을 해야 했다. 이날 진보 커뮤니티인 '엠팍'에 올라온 글은 진보 지지층의 시각을 대변해준다.

> "그 앵커, 잔뜩 어그로 끄는 데 성공하셨으니 하차하셔야죠? 사람 하나 골로 보낼 뻔했는데 사과로 끝날 일이 아닌데."
>
> **댓글:**
>
> -특종에 눈이 멀어서 오버한 거죠.
>
> -앵커 교체해야죠. 자질이 완전 0임.
>
> -그 앵커 방송도 평소에 못하는 거 같더만 무리수 뒀구만.[17)]

나중에 윤지오는 자신의 라이브방송에서 이런 말을 한다. 국회에서 열리는 자신의 북콘서트에 왕종명 앵커를 불러 사회를 부탁했다는 것이다. "저, 왕종명 씨한테도 MC 부탁드렸어요. 어쨌든 저로 인해서 피해를 보신 분이니까, 북콘서트에 참여해주시면 이미지 개선에 도움이 될 거라고 생각했어요. 제가 해드릴 수 있는 게 이런 거밖에 없네요."[18]

바쁜 앵커더러 MC를 봐달라는 것은 매우 어려운 부탁이지만, 윤지오는 이걸 자신이 베푸는 은총으로 표현한다. 이쯤 되면 오만이라 해야 하지 않을까 싶다.

<저널리즘 토크쇼 J>의 왕종명 비판

KBS에 〈저널리즘 토크쇼 J〉(이하 J)라는 프로가 있다. 과거에 있었던 〈미디어 비평〉처럼 언론 보도에 대해 비평하는 프로그램인데, 왕종명의 인터뷰에 대해 패널들은 다음과 같은 말을 했다.

민언련 사무처장 김언경 (왕종명이) 굉장히 부적절하고 무례하다고 생각을 했어요. … 베테랑 언론인 왕종명 앵커보다 (윤지오는) 방송에 전혀 전문가가 아닌 일반인이시잖아요. 그런데 윤지오 씨가 훨씬 성숙하게 방송을 하고 있다는 생각이 들었어요. 저는 이게 10년 동안 경찰과 검찰에서 진술을 하고 본인의 생각을 지켜온 내공이 아니었나, 이런 생각이 들어서요, 새삼 참 고맙다라는 생각이 들었습니다. 언론인들이 기본을 숙지했으면 좋겠다, 라는 생각이 듭니다.

방송인 겸 팟캐스트 황태자 최욱 윤지오 씨가 이 자리에 어떻게 나왔는지에 대한 공감이 있었다면 저런 행동은 해서도 안 되고 할 수도 없었겠죠.

장부승 교수 증언하러 나오신 분의 자유의사를 최대한 존중해야 하는 것이고… 이분이 여기 증언하러 나온다는 거는 자기 인생을 걸고 나오는 건데, 그 문제에 대해 좀더 신중하게 접근했었어야 하는 게 아닌가.

정준희 교수 답변 의무가 있는 사람과 그렇지 않은 사람을 구별할 줄 알아야 한다는 거예요. 정치인이라든가 권력자는 답변 의무가 있는 사람이에요. 그 사람을 데려다 앉혀놓고 최대한 어떤 태도를, 나쁜 태도를 보이면서까지 취조를 해야 하는 상황들이 오는 거고요, 이분 같은 경우는 답변 의무가 있는 사람이 아니잖아요. 자기가 증언하기 위해서 나온 사람이고, 그 증언이 최대한 효과를 가질 수 있도록 만들어 주는 것이 저널리즘의 역할….[19]

<저널리즘 토크쇼 J>의 선견지명?

J의 패널들은 하나같이 왕종명 앵커를 두들겨팼다. 그분들에게 묻고 싶어진다. 명예훼손이 두려워 장자연 사건의 범인을 얘기할 수 없다고 버티는 이를 앵커는 그냥 바라봐야만 할까? 그런데도 그들은 윤지오가 방송을 더 잘했고, 왕종명은 기본이 안 돼 있다고 말한다. 결국 왕종명은 사과했고, 그 이후 어느 MC도 윤지오의 이해 안 가는 답변 거부에 이의를 제기하지 못했다. 윤지오 사태에 언론과 국민 모두에게 책임이 있다는 건 이 때문인데, 그녀의 증언이 다 허사로 돌아간 지금까지도 윤지오의 스피커를 자처한 언론사들 중 어느 한 곳도 제대로 된 사과를 하지 않고 있다.

정말 이상한 일은 J가 실제 방송에선 윤지오 관련 부분을 삭제하고 방송을 내보냈다는 점이다. 대신 J는 윤지오 관련 부분을 '미공개'라는 이름으로 유튜브에 올렸고, 현재까지 49만여 명만이 이 영상을 시청했다. J는 왜 이 영상을 방송에 내보내지 않았을까? 그 이유는 모르지만, 이 선택은 신의 한 수가 됐다. 훗날 윤지오의 거짓말이 집중

조명되면서 그녀가 나온 방송 프로그램들이 비난의 도마 위에 올랐지만, J는 여기서 자유로울 수 있었다. 나 역시 미공개영상을 가지고 J를 비난할 마음은 없다. 다만 J가 언론 보도를 비판하는 프로그램이라면, 추후라도 '윤지오에게 놀아난 방송사, 사과 왜 안 하나?' 같은 주제도 다뤄줬으면 좋겠다. 언론사의 흑역사가 될 사건을 팽개치고 미디어비평 프로를 자처하는 것도 민망할 테니 말이다.

고발뉴스, 윤지오의 무지를 드러내주다

고발뉴스라는 인터넷방송이 있다. 이건 잘 모르는 분이 많을지라도, 이상호 기자라면 다들 아실 것이다. 이분에 관해서는 뒤에 자세히 언급할 테니, 여기서는 윤지오가 고발뉴스에 나왔을 때 장면을 정리한다. 일전에 윤지오는 문건이 장자연의 필체가 아니라고 했기에, 이상호는 그 점을 확인하고자 했다.

이상호 (장자연 문건을 보여주며) 자, 요게 좀더 깨끗하게 나온 재판 서류입니다.

윤지오 (자세히 본다) ….

이상호 요거는 맞습니까, 그러면?

윤지오 내용을 혹시 볼 수 있습니까? 이게 원본이라고 회수를 하신 건가요?[20)]

필체를 봐달라는데 내용을 볼 수 있냐니, 이 무슨 동문서답인가. 그리고 원본, 사본 다 봤다는 이가 이게 원본이냐고 묻다니.

이상호 요게 원본으로 수사에 편찰돼 있는 것.

윤지오 언니 글씨체로…?

이상호 ….

윤지오 이건 언니가 쓴 거잖아요?

이상호 이건 언니 글씨체로 보여요?

여기서 윤지오는 긴 침묵에 빠진다. 왜? 언니 글씨체를 모르기 때문이다. 글씨체를 안다면 굳이 내용이 뭔지, 원본인지 사본인지 따질 필요가 없다. 근데 윤지오는 장자연의 글씨를 거의 본 적이 없다. 그럴 일이 뭐가 있겠는가? 만나서 사진 한 장 찍은 게 인연의 전부인데. 침묵 끝에 윤지오가 입을 연다.

윤지오 이게 언니가 쓴 게 아닌가요?

자, 이상호는 문건의 필체가 맞는지 봐달라고 윤지오에게 부탁했다. 그런데 유일한 증언자인 윤지오는 외려 이상호에게 묻고 있다. 이상호는 당황해한다.

이상호 음…….

영상을 올려준 'dramaqween2019' 님에 의하면 이 침묵은 11초간 지속됐다. 윤지오가 다시 묻는다.

윤지오 이거 언니가 쓴 게 맞아요?

훗날 이상호는 윤지오의 후원금 모집에서 1등 공신으로 활약한다.

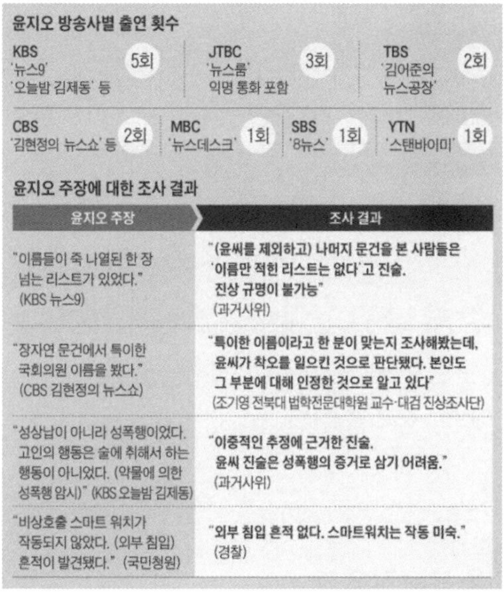

윤지오 방송사별 출연 횟수

- KBS '뉴스9' '오늘밤 김제동' 등 5회
- JTBC '뉴스룸' 익명 통화 포함 3회
- TBS '김어준의 뉴스공장' 2회
- CBS '김현정의 뉴스쇼' 등 2회
- MBC '뉴스데스크' 1회
- SBS '8뉴스' 1회
- YTN '스탠바이미' 1회

윤지오 주장에 대한 조사 결과

윤지오 주장	조사 결과
"이름들이 죽 나열된 한 장 넘는 리스트가 있었다." (KBS 뉴스9)	"(윤씨를 제외하고) 나머지 문건을 본 사람들은 '이름만 적힌 리스트는 없다'고 진술. 진상 규명이 불가능" (과거사위)
"장자연 문건에서 특이한 국회의원 이름을 봤다." (CBS 김현정의 뉴스쇼)	"특이한 이름이라고 한 분이 맞는지 조사해봤는데, 윤씨가 착오를 일으킨 것으로 판단됐다. 본인도 그 부분에 대해 인정한 것으로 알고 있다" (조기영 전북대 법학전문대학원 교수·대검 진상조사단)
"성상납이 아니라 성폭행이었다. 고인의 행동은 술에 취해서 하는 행동이 아니었다. (약물에 의한 성폭행 암시)" (KBS 오늘밤 김제동)	"이중적인 추정에 근거한 진술. 윤씨 진술은 성폭행의 증거로 삼기 어려움." (과거사위)
"비상호출 스마트 워치가 작동되지 않았다. (외부 침입) 흔적이 발견됐다." (국민청원)	"외부 침입 흔적 없다. 스마트워치는 작동 미숙." (경찰)

그림. 윤지오가 퍼뜨린 의혹… 검증 없이 확성기 노릇한 방송사들[21)]

직접 눈앞에서 윤지오와 얘기를 해봤으니 그는 알았을 것이다. 윤지오가 아는 게 별로 없으며, 신변 위협을 느낄 만큼 중요한 증인이 아니라는 것을. 그런데도 이상호는 그 뒤 윤지오와 관계를 유지했고, 결국 국민의 귀한 돈을 우려내는 데 일익을 담당한다. 이제 윤지오 증언의 전매특허인 장자연 리스트의 실체에 대해 따져보기로 하자.

제3장

장자연 리스트는 없다

장자연 문건을 본 윤지오

장자연 사건의 유일한 증인으로 한국에 온 윤지오, 그녀가 중요한 인물로 주목받은 이유는 장자연의 접대 자리에 같이 있었기 때문이기도 하지만, 장자연 문건의 원본과 사본을 모두 봤다고 주장했기 때문이다. KBS가 보도한 문건은 4장에 불과했고, 보도 안 된 3장에는 뭔가 엄청난 비밀이 있지 않을까 생각하던 차에 윤지오가 등장한 것이다. 여러 정황을 종합해 봤을 때 윤지오가 그 문건을 본 것은 사실인 것 같다. 윤지오에 따르면, 자신은 처음 유장호의 차량에서 사본을 읽었고, 봉은사에서 유가족과 함께 원본을 봤다. 윤지오가 쓴 『13번째 증언』을 인용한다.

> 주차장에 도착하니 유족의 모습은 아직 보이지 않았다. 차에 앉아 유족들이 도착하기를 기다리는 동안, Y(유장호-필자)는 품에서 문서를 꺼내 내게 건넸다. 자연 언니가 썼다는 심경고백 글이었다. 나는 떨리는 마음으로 글을 읽어 내려갔다. (…) 게다가 어머니의 기일에도 술 접대를 강

요했다고 적혀 있었다. 많은 일들이 적나라하게 적혀 있던 그 글은 지인들과 가족들에게 피해가 가지 않았으면 좋겠다는 바람으로 끝나 있었다.(108쪽)

김대오 기자는 여기에 대해 "제가 본 문건에는 지인들과 가족들에게 피해가 가지 않았으면 하는 바람으로 끝나 있다, 좋겠다는 구절은 전혀 없었죠."라고 말한다. 누구 말이 맞을까? 문건이 유서가 아닌, 소송을 위한 문서라고 한다면 굳이 그런 구절을 쓸 필요가 없지 않을까? 훗날 저 구절은 왕진진의 편지에 있었던 것으로 드러났으니, 윤지오가 정말 문건을 제대로 봤는지 의문이 든다.

장자연 리스트를 주장하는 윤지오

유장호도 윤지오가 문건을 자세히 보지 않았다고 진술한 바 있지만, 윤지오는 자세히 봤다고 반박한다. 윤지오의 말이 사실이라 가정한다면, 그 장소는 유장호의 차 안이어야 한다. 유족들이 빨리 문서를 없애라고 독촉했던 봉은사에서 "잠깐, 좀 읽고 태웁시다."라며 문서를 읽을 여유는 정황상 없었을 테니 말이다. 그런데 윤지오는 장자연 문건을 읽은 다른 사람들이 본 적이 없는 장자연 리스트—참고로 이 책에선 장자연 리스트를 장자연 문건과 구별해서 사용한다—를 언급한다. 다시 『13번째 증언』의 한 대목이다.

마지막 두 장에는 이름이 쭉 나열되어 있었다. 이른바 '장자연 리스트'였다. 그 리스트에는 이름과 회장, 사장, 대표, 감독 등 직위만 간단히 적혀 있을 뿐, 구체적인 회사명이나 소속이 쓰여 있지는 않았다. 유독 기억에 남는 것은 B 성의 세 사람 이름이 연달아 적혀 있던 부분이다. 그

> 렇게 A4 용지 한 장은 빼곡히, 또 한 장은 1/3 정도의 분량으로 사람들의 명단이 적혀 있었고, 족히 4, 50명 정도는 되는 것 같았다. 리스트까지 포함하여 내가 읽은 문건은 모두 7장의 사본이었다.(109쪽)

장자연 리스트는 정말 있을까?

신기하게도 2009년에 처음 검찰 조사를 받을 때는 윤지오는 장자연 리스트에 대해 언급하지 않았다. 이 중요한 얘기를 사건 당시에 한 적이 없다면, 그리고 문건을 본 다른 이들이 리스트의 존재를 부인한다면, 진위에 대해 의문을 품어야지 않을까? 장자연 문건의 장수를 따져봐도 리스트가 존재했다는 게 맞지 않는다. KBS가 보도한 4장짜리 장자연 문건은 장자연이 겪은 피해사례가 적혀 있었다. 문건 마지막 장, 그러니까 4번째 장에 장자연이 자신의 주민등록번호를 쓰고 지장도 찍었으니, 그다음 장부턴 장자연의 경험담이 나와서는 안 된다. 그런데 다음 두 장에 이름만 적힌 리스트가 있었다면, 총 7장 중 한 장이 빈다. 마지막 한 장에는 도대체 무슨 내용이 있었을까? 윤지오의 말대로 그녀가 문건을 자세히 읽었다면 이것도 설명할 수 있어야 하지만, 윤지오는 이에 관해 설명한 적이 한 번도 없다. 장자연 문건을 만든 이유가 '더컨텐츠'를 압박하기 위해서였으니, 앞에서 말한 대로 장자연이 목격한, 소속사 다른 배우들의 피해사례가 적혀 있다고 보는 게 더 상식적이다. 실제로 장 씨랑 친했던 이 씨도 이를 뒷받침하는 진술을 한 바 있다.

> A씨, B씨, 다른 신인 애들을 적은 문건이 이만큼 (제 손바닥 크기 정도) 있어서 자연이가 그 문건을 보고 적었고….(이 씨 경찰 진술 기록)

장자연 리스트의 의문점

그렇다면 윤지오가 봤다는 장자연 리스트는 정말 있었을까? 의문 하나. 이름만 나열한 게 대체 무슨 의미가 있냐는 것이다. 이전 4장에선 구체적인 인물과 그가 자신에게 했던 행위를 적었던 장자연이 아무런 설명도 없이 사람 이름과 직위만 쭉 적었다는 게 믿어지는가. 각각의 인물들이 어떤 가해를 했는지를 써주든가, 최소한 '나한테 짐승같은 짓을 한 사람들 명단'이라는 제목 정도는 써줘야 리스트에 이름이 오른 이들을 비난할 수 있지만, 이름만 떡하니 나열했다고 해서 그게 자동으로 의미를 갖는 것은 아니다.

의문 둘. 사람의 기억력에는 한계가 있다. 예컨대 40명의 학생을 대상으로 한 학기 동안 수업을 해도, 난 그 40명의 이름을 모두 기억하지 못한다. 그런데 장자연은 접대 자리에서 한두 번 본 것 가지고 그들의 이름과 직위를 모두 외웠고, 리스트에 적었다? 이건 멘사 회원도 불가능할 것 같다. 게다가 장자연이 문건을 작성한 건 유장호의 강압에 못 이겨서였는데, 그런 분위기에서 그렇게 많은 인물의 이름을 외워서 쓰는 게 쉽지 않다.

리스트를 부인하는 김대오

마지막으로, 리스트의 존재를 주장하는 이가 윤지오밖에 없다. 장자연 문건을 본 이는 윤지오 혼자가 아니다. 하지만 윤지오와 달리 문건을 본 다른 이들은 모두 장자연 리스트가 없다고 말한다. 여기에 관해 김대오 기자가 YTN과 인터뷰를 한 내용을 첨부한다.

이동형 김대오 기자가 본 문건이랑 윤지오 씨가 봤다는 문건은 전혀 다른 것이다, 이렇게 판단하시는 건가요?

김대오 윤지오 씨의 가장 큰 주장은 A4지 두 장으로 되어 있는 약 50여 명의 이름이 적힌 일목요연한 리스트 부분이 핵심적인 부분이거든요. 나머지 부분이야 사본을 봤다, 몇 장을 봤다, 이 부분인데요. 제가 박훈 변호사가 소장을 제출할 때도 기자분들에게 많은 이야기를 했었지만, 저는 분명히 문건에서 일목요연한 리스트를 보지 못했거든요.

(중략)

이동형 일단 김 기자가 본 문건에 일목요연하지는 않지만, 몇 명의 이름은 있지 않습니까?

김대오 이름은 등장하지 않습니다.

이동형 등장하지 않습니까? 그러면 어떻게 되는 겁니까?

김대오 직함과.

이동형 직함만 등장합니까?

김대오 그렇습니다. 직함만 등장하는 것이고, 물론 그 인물에 대해서는.

이동형 그러면 구체적인 명단은 없다고 해도 몇 명입니까?

김대오 그게 제3자들, 이번 이 사건이 발생하게 된 소속사 대표 김 모 씨, 그다음에 또 A씨, B씨, 그러한 이름들을 다 뺀다 하더라도 6~7명에 불과합니다.

이동형 그러면 30명, 혹은 50명의 명단은 어디서 나왔을까. 혹시 왕진진 씨인가요? 그분이 폭로했던 가짜편지. 거기에 그 정도 되는 사람들이 등장하지 않나요?

김대오 그렇죠.[1)]

시시각각 변하는 리스트 숫자

유일하게 리스트의 존재를 언급하는 윤지오, 물론 남들이 다 거짓말을 하고 윤지오만 진실을 말할 수는 있다. 이럴 때 필요한 것은 일관성, 같은 이야기를 초지일관한다면 믿는 사람도 있을 수 있다. 하지만 윤지오의 리스트는 일관성이 없었다. 먼저, 책에는 4, 50명의 이름이 나온다고 한다. 사람의 기억이란 오류가 있기 마련이다. 더구나 그게 10년 전 일이라면 더더욱 그렇다. 그래도 사람은 책을 쓸 때 최대한 기억을 더듬어서, 자신이 생각하는 사실을 쓰기 마련이다. 책에서 말한 4, 50명은, 그러니까 윤지오가 기억해낼 수 있는 최선이라고 봐야 한다.

그런데 책이 나온 지 한 달 정도 지난 2019년 4월 11일, 윤지오는 JTBC에 나와 다음과 같이 말한다.

> 사실 어떠한 한 언론사만 주목을 하시는데, 사실은 한 곳이 아니라 저는 개인 혼자지만 제가 상대해야 될 분들은 A4 용지 한 장이 넘어가는 거의 한 30명에 가까운, 공권력을 행사하실 수 있는 법 위에 선 분이시기 때문에 불특정 다수에게서 저는 공격을 받을 수밖에 없는 입장이고. 그분들에 대해서 또 언급을 직접적으로 하면 명예훼손으로 걸리기 때문에.[2)]

보라. 40, 50명이 30명에 가깝다는 것으로 바뀌었다! 기억이란 게 오류가 있기 마련이지만, 열댓 명이 순식간에 왔다갔다하면 듣는 이가 그 말을 어떻게 믿겠는가. 게다가 윤지오는 자신이 본 문건이 총 몇 장인지도 헷갈린다.

김현정을 포기하게 한 윤지오의 허술함(1)

인기프로인 CBS 라디오 〈김현정의 뉴스쇼〉의 한 대목이다.

김현정 지금까지 확인된 팩트는 장자연 씨가 쓴 건 총 7장입니다. 그 7장 중 4장은 경찰이 확보를 했고 뉴스를 통해서도 공개가 됐고 3장은 세상에 없습니다. 소각이 됐습니다. 우리가 아는 그 4장에도 성접대를 한 사람들의 리스트, 대상자에 대한 신상 같은 게 있습니다마는 좀 부정확한 것들도 있고 또 경찰에서 이건 조사해보니까 A일보 사장이라고 돼 있지만 계열사, 스포츠지의 사장도 아니고 임원 내지는 그냥 기자인 것으로 확인됐다, 이렇게 하면서 다 흐지부지된 거거든요. 그래서 우리가 알고 있는 4장말고 다른 3장에는 좀 더 구체적인 뭔가가 있지 않을까. 그러니까 그 4장을 뒷받침하는 뭔가 더 구체적인 이름이라든지 뭔가 상황이라든지 혹은 더 많은 이름이 있지 않을까. 늘 궁금했는데, 그 3장을 본 사람이 유족이 있고 그 소속사 사장, 대표가 있고 그리고 윤지오 씨가 그 3장을 보셨다고요?

윤지오 제가 기억하기로는 4장으로 기억을 하고요.

김현정 4장이 알려진 4장. 그리고 지금 (윤지오 씨는) 소각된 부분을 보신 거죠?

윤지오 원본이라고 하는 부분을 봤는데 유족분들이 보시기 이전에 제가 먼저 봤었고.

김현정 그러면 본 게 총 몇 장을 보신 거예요?

윤지오 저는 4장 정도로 기억을 하고 있습니다.

김현정 4장. 그러면 그 4장이 언론에 공개된 것들을 보신 걸까요? 아니면 공개되지 않고 소각이 된 것까지일까요?

윤지오 공개되지 않은 것들까지.

김현정을 포기하게 한 윤지오의 허술함(2)

당시는 윤지오의 인기가 하늘을 찌를 때라 넘어갔지만, 이 답변은 문제가 있다. 일반적으로 장자연 문건은 7장으로 알려져 있다. 김현정은 공개된 4장을 빼고 사라진 3장을 봤냐고 묻는다. 여기에 관해서는 '그렇다'라는 답변이 나와야 한다. 하지만 윤지오는 엉뚱하게 4장이라고 답한다. 김현정은 당황하는 표정을 짓는다. 정신을 수습한 김현정이 다시 묻는다. 4장은 이미 알려져 있는 것인데, 소각된 것을 본 게 맞느냐고. 정상적이라면 '그렇다'라고 해야 하지만, 윤지오는 엉뚱하게도 원본을 봤다고 말하고, 유족들이 보기 이전에 자기가 먼저 봤다는, 어처구니없는 답변을 한다. 답답해진 김현정이 다시금 묻는다. 총 몇 장을 봤느냐고. 김현정이 기대한 대답은 7장이지만, 윤지오는 4장을 봤다고 한다. 황당해진 김현정, 단도직입적으로 언론에 공개된 것을 봤느냐, 공개 안 된 것을 봤느냐고 묻는다. 윤지오는 공개 안 된 것까지 봤다고 한다. 결국, 김현정은 장수에 관한 추가적인 질문을 포기한다. 문건을 봤다고 우기는 유일한 증언자가 4장과 7장을 헷갈린다? 이게 말이나 되는가? 문건을 자세히 봤다는 윤지오의 말이 맞다면, 최소한 장수는 제대로 기억해야 맞다. 그 문건이 그토록 화제가 됐다는 점을 차치하고라도, 그것 때문에 10년을 쫓겨다녔다고 주장하는 사람이 장수조차 모를 수 있을까. 윤지오가 썼다는 『13번째 증언』 109쪽에는 이런 내용이 있다. "리스트까지 포함하여 내가 읽은 문건은 모두 7장의 사본이었다."

이름이 특이한 국회의원

할 수 없이 김현정은 리스트의 실체를 묻기 시작한다.

김현정 공개되지 않은 것들이 거기에 들어 있는 거군요. 거기에 뭐가 있느냐가 굉장히 궁금한 건데, 뭘 보셨어요?

윤지오 언니가 받았던 부당한 대우에 대해서 거의 호소를 하다시피 또 이름들이 쭉 나열돼 있는 페이지가 한 페이지가 넘어갔었고.

김현정 한 페이지가 넘어갔어요? 거기에서 지금 눈에 띄는 이름들이 혹시 있습니까?

윤지오 기억하는 이름이 있고요. 딱 한 차례 짧은 시간에 봤기 때문에 경황도 너무 없었고 하지만 분명히 기억하고 있고 인물들도 있는 것이 사실이고요.

김현정 그 이름들이 우리가 알 만한 어떤 인물이라고 지금 아예 실명을 다 얘기할 수는 없겠지만 이름들을 좀 얘기해주실 수 있어요? 힌트를 주실 수 있습니까?

이 질문에 대해 윤지오는 '감독님, 정치계, 국회의원, 언론사' 등이 있었다고 한다. 그리고 이름이 특이한 국회의원 얘기를 한다.

김현정 마지막 마무리는 아까 국회의원 실명 기억나세요? 그러니까 윤지오 씨가 본 소각된 그 리스트에 있었던 국회의원 이름 기억나세요?

윤지오 좀 특이한 이름이었던 것 같아요.

김현정 두 글자?

윤지오 그렇진 않은데.

김현정 왜 특이하죠?

윤지오 일반적인 이름은 아니었던 것으로 기억합니다.

김현정 이름이 기억나시는군요? 지금 그 이름을 말씀하시기는 어렵겠지만, 이니셜이라도 언급해주실 수 있습니까?

윤지오 경찰, 검찰에서…

김현정 거기서는 말씀하신 거죠? 어떤 이니셜입니까?

윤지오 그쪽에서 먼저 공개를 해주시는 것이 맞다고 생각을 하거든요.

김현정 한 명입니까?

윤지오 그쪽에서 은닉을 했기 때문에.

김현정 한 명인가요, 국회의원이?

윤지오 제가 기억하는 건 한 명.[3)]

그게 착오였다고?(1)

이전에 언급한 대로 이 국회의원은 자유한국당 대표를 지낸 홍준표로 밝혀진다. 윤지오는 방송 인터뷰에서 홍준표를 구체적으로 거론하지 않았지만, 그녀를 적극적으로 지지하는 정의연대가 홍준표의 실명을 밝힘으로써 세상에 드러났다. '조직폭력 수사를 시작한 91년 3월부터 지금까지 여자가 나오는 술집을 간 적이 없다'는 홍준표로서는 펄쩍 뛸 일이었다. 홍준표 측 강연재 변호사는 4월 26일 윤지오와 정의연대 등을 명예훼손 혐의로 고발했다. 강 변호사는 "윤씨가 '장자연 리스트에 홍준표가 있었다. 내가 봤다. 검찰에 얘기했지만 홍준표의 성추행 사실은 밝혀지지 않고 언론에 보도되지도 않는다'는 취지의 허위사실을 시민단체 관계자들에게 유포했다"고 주장했다.[4)]

어이없는 것은 그다음이었다. 윤지오가 진술을 번복한 것이다. 과거사위 위원으로 활동했던 조기영 전북대 법학전문대학원 교수의 YTN 인터뷰를 보자.

이동형 윤지오 씨가 방송에서 특이한 이름의 국회의원이 장자연 리스트에 있었다고 이야기하기도 했는데, 이 부분에 대해서도 진상조사단에 조사받을 때 이야기를 했다고 이야기했거든요?

조기영 네.

이동형 이것은 크로스체크가 됐습니까?

조기영 윤지오 씨가 특이한 이름이라고 한 분이 맞는지 조사를 해봤는데요. 그것은 윤지오 씨가 착오를 일으킨 것으로 판단됐습니다.

이동형 본인도 인정했습니까? 그 부분에 대해서는?

조기영 네, 그런 것으로 알고 있습니다.[5)]

그게 착오였다고?(2)

사람의 기억은 혼란을 일으킬 수 있다. 하지만 자신이 출연한 드라마 주인공과 똑같은 이름의 인사를 장자연 리스트에서 봤다면, 그건 평생 잊기 어렵다. 게다가 그 사람이 대선 후보로 나왔던 사람이라는 점을 고려하면, 그 이름을 말하는 일은 엄청난 확신이 있지 않으면 안 된다. 윤지오는 그 사실을 여러 방송에서 떠들었다. 그런데 그게 '착오'라니, 이게 말이 되나? 여기에 관한 어느 분의 댓글을 소개한다.

-****; 이름, 그게 그 사안에서 제일 중요한데 특이한 이름인데도 불구하고 착오라고? 난 윤지오 저 여자 숨 쉬는 거 빼고는 다 거짓말이라고 생각한다.

참고로 '홍준표'에 대한 김대오 기자의 말을 들어보자.

이동형 특이한 국회의원 이름을 봤다, 이 부분은 어떻게 생각하세요?

김대오 저는 황당할 뿐이죠. 지금 현재 구체적인 이름은 언론에 보도되지 않고 있습니다만, 많이 특정되고 있는 상황이잖아요? 저로서는 도저히 납득할 수 없는 상황이고, 그때 당시 정치적인 상황과 윤지오 씨라든가 아니면 소속사 대표, 그 위상, 이런 것을 생각했을 때는 전혀 근거가 없는 내용이지 않나.

이동형 김대오 기자가 본 문건에는 그 특이한 국회의원은 이름이 없었습니까?

김대오 안 나옵니다.

이동형 정치인 이름 안 나옵니까?

김대오 안 나옵니다.

이동형 전혀 등장하지 않는다?

김대오 네.[6]

장자연 문건에 대한 김대오의 다른 말을 들어보자.

윤지오 씨 책 속에서나 방송 출연해서 한 내용 속에서는 확연히 윤지오 씨 경험이 아닌 부분이 드러나고 있어요. 대표적으로 장자연 씨의 편지글(문건)에 어머니 기일에 술접대를 했었다, 이 내용과 같은 경우에는 전혀 등장하지 않고 있고 이 부분은 당시 장자연 씨를 술집에 데려다줬던 매니저의 증언에만 나오는 내용이거든요. 때문에 이 증언 내용을 윤지오 씨는 본인이 봤다고 하는 문건에서 봤다고 하면 이거는 성립이 안 되는 거죠.[7]

대결: 윤지오 대 김대오(1)

이쯤 되면 김대오와 윤지오 간에 의견이 엇갈릴 때 우리가 누구 말을 믿어야 할지 답은 나온 것 같다. 만일 윤지오가 사적인 이익을 얻을 목적으로 장자연을 이용했다면, 윤지오가 가장 두려워하는 상대는 바로 김대오여야 한다. 장자연의 죽음에 대해 자신보다 더 많이 아는 이가 있다는 것은 영 성가신 일일 테니 말이다. 그래서일까. 윤지오의 라이브방송(이하, 라방)에 김대오가 접속해서 질문을 던졌을 때, 윤지오는 김대오에게 엄청난 적대감을 보인다. 참고로 김대오는 윤지오에게 정말 장자연 문건을 봤는지 묻고 싶었지만, 달리 연락할 방법이 없어 윤지오의 라방에 접속한 터였다. 김대오 기자의 페이스북 아이디는 'daeo.kim.5.'인데, 라방에 접속한 아이디는 'daeo.kim'이었으니, 김대오 기자가 맞는 것 같다. 그는 자신이 김대오 기자임을 밝히고 정말 문건을 봤는지, 리스트가 정말 있었는지 묻는다. 라방에는 다른 이들도 많이 접속해 있었는데, 윤지오는 그런 것에 아랑곳하지 않고 화를 분출한다.

윤지오 김대오 씬가 이대오 씬가, 그분이 그분이어요? 어쩌라고요? 제가 가 있을 때 본인이 없었나보죠. 본인이 있었을 때 제가 귀신같이 나타나서 졸졸졸 따라다니면서 스토킹해드려야 해요? 뭐 하자는 거예요, 제정신인가? 경찰이세요? 허허허허허. 웃기지도 않네. 저기요, 그 열정으로 가해자 조사 좀 해주세요. 저는 피해자를 위해서 존재하는 증인입니다. 저 사람 차단할게요. 좀 나가요. 댓글 신고할게요, 악성 컨텐츠로. 뭐야, 저 사람.

김대오 저, 김대온데요.

윤지오 김대온데 어쩌시라고요? 본인이 벼슬이세요? 저 윤지온데요, 뭐 어쩌라고요?

대결: 윤지오 대 김대오(2)

김대오 저는 원본 문건을 봤어요.

윤지오 원본 문건을 보셨다는데, 그래서 어쩌라고요? 본인이 한 거 뭐예요? 증언 16번 하셨어요? 신고 안 할게요. 되게 같잖네요. 시간이 아깝고 손가락도 아프네. 저한테 뭘 원하세요? 관종이세요? 본인이야말로 이렇게 해서 본인이 얻는 이득이 뭐예요? 가해자분들한테 사주라도 받으셨어요? 저기요, 미안한데 책 좀 읽으실래요? 저 사본도 보고 원본도 보고 유가족분들이랑 같이 봤거든요. 어디서 난리 치고 있어. 그러면 증언을 하세요, 나한테 이래. 본인이 경찰이에요, 검찰이에요, 뭐예요?

김대오 아, 원본을 봤다?

윤지오 원본 같은 소리 하고 앉아 있어. 네. 조서에 다 있어요. 원본 보고 사본 봤다고. 본인이 원본을 봤다는 증거가 뭔데요? 본인이 원본 봤다는데, 그래서 어쩌라고요? 자랑이세요? 네, 자랑이십니다. 뭐 하셨는데요, 지금까지? 뭐 하고 가만히 계시다가 지금 기어와가지고, 어디서 지금. 본인은 10년 동안 뭐 했어요? 원본 보셨어요? 감사합니다. 증언 좀 해주세요, 그러면. 뭐 하는 사람이야, 진짜.

김대오 나 8시간 조사 받았는데요. C검사한테 받았는데요.

윤지오 8시간 조사받았어요, 한 번? 저 열 시간 넘는 조사 열 번도 넘게 받았어요. 뭐 하는 짓이에요, 지금? 제가 상 드려야 합니까? 당연히 국민의 한 사람으로서 본인이 봤으면 증언을 해야죠. 생색내세요?

김대오 증언했어.

윤지오 했어? 했어는 반말이죠. 얻다 대고 반말입니까. 그래서 하고 싶은 말이 뭔데요, 도대체? 뭘 말하고 싶은 건데 나한테. 돈 달라고

요구하는 거예요, 뭐예요. '지상의 빛'(윤지오가 후원을 받으려고 급히 만든 재단-필자), 본인이 증언자로서 혜택 누리고 싶으세요?

김대오 돈은 필요없어요.

대결: 윤지오 대 김대오(3)

윤지오 그래서 뭐 어쩌라고요, 저한테 지금? 유명하든 뭐하든 뭔 상관입니까? 지금 기본적인 매너 갖고 반말 찍찍하시는데, 저 심리치료 해주는 분(훗날 어머니로 밝혀진다-필자)이 '무시하세요. 절대 화내지 마세요. 나쁜 사람들이 화내게 하려는 겁니다. 차근차근 따져주세요. 절대 화내지 마세요. 사이코들 상대하지 마세요.'라고 적어주셨어요. 본인이 무슨 벼슬이에요? 김대온데 어쩌라고요? 저 윤지온데요, 왜요? 저랑 친해지고 싶으세요? 죄송한데, 친해지고 싶지 않고 말도 섞기 싫으니까 나가주실래요? 본인이 하고 싶은 말 본인 방송에서 해서 돈 많이 버세요, 유튜브 해서. 저한테 이러시지 마시고요. 이것도 녹화해서 또 올리시겠죠. 초상권 침해하지 마시고요, 초상권 침해하셨으면 저한테 돈 주시고요. 미안한데, 님이 뭔데요? 법적으로 저한테 취조하실 거면 본인이 공부해서 경찰 되시고 검찰 하시고.

김대오 50명 넘는 리스트 봤나요? 저는 보지 못했습니다.

윤지오 보질 못했다고요? 원본을 봤는데 왜 보질 못했어요? 그게 왜 원본인데요. 50명이 넘는다고 누가 그랬어요? 말 좀 지어내지 말아요, 좀. 허언증 있어요? 저딴 사람이 다 있지, 진짜. 미안한데, 당신은 이제 뭐라고 떠들어도 제 거엔 안 보이거든요. 숨기기 했으니까, 뭐라고 떠들든지 저는 안 보입니다. 저딴 사람이 다 있냐 진짜. 반말하지 마세요. 얻다 대고 반말이야. 저도 귀한 집 자식

이거든요. 동방예의지국에서 예의 없이 지금. 저딴 사람이 다 있어 진짜. 기분 좋게 방송하고 있는데 꾸역꾸역 와가지고. 본인 인생을 좀 아름답게 사세요. 왜 저러고 사는 거야. 밥은 먹고 다니나. 돈이 여유가 있으면 후원도 하시고 봉사도 하시고. 본인이 한 만행은 결국 돌아오게 돼 있습니다.[8)]

아무리 봐도 윤지오의 분노는 좀 과하다. '내가 볼 땐 리스트가 없었는데, 너 본 거 맞냐?'고 묻는 게 기분이 좀 나쁠 수 있다 해도 '허언증', '만행' 같은 말들로 취급될 일일까? 게다가 김대오가 대략 스무 살쯤 나이가 많다는 점을 고려하면, 윤지오가 저렇게까지 막말을 할 필요가 있을까 싶다. 그런데도 윤지오의 지지자들(일명 '시녀들')은 일방적으로 윤지오의 편을 든다. '대오 씨 꺼지세요', '나가라고 아저씨야', '비겁자', '어그로예요', '똥막대기 꺼져', '추잡한 아저씨 제발 좀 꺼지세요' 같은 댓글을 남긴 그들, 그로부터 시간이 꽤 흐른 지금, 그들은 자신이 단 댓글에 대해 어떤 생각을 할까?

김영희 변호사가 말하는 리스트

우리나라에 있는 동안 윤지오는 외롭지 않았다. 수많은 지지자들이 그녀와 함께했고, 어머니도 같이 와 있었다. 여기에 과거사위 조사단 팀장인 김영희 변호사가 있었다. 김영희는 윤지오의 신빙성이 흔들릴 때마다 시종 그녀를 옹호하는 발언을 했는데, 이건 리스트의 존재에 대해서도 마찬가지였다. '윤지오가 리스트 봤대잖아. 그럼 있는 거야.' 하지만 그녀말고는 아무도 윤지오를 믿는 이가 없었기에 2019년 5월, 과거사위원회는 리스트가 없다는 결론을 내고 재수사를 권고하지 않기로 한다. 김영희는 여기에 대해 이의를 제기한다.

"다수의견은 리스트가 있었던 것으로 판단하고, 그것을 장자연 씨가 작성한 것으로 보이고, 내용은 피해 사실과 관련해서 장자연 씨가 피해를 입게 한 사람들의 명단일 수도 있다."[9)]

과거사위 진상조사단이 13개월의 조사 끝에 내린 결론을 팀장이란 사람이 부정해버리는 것은 이례적이다. 하지만 김영희도 그게 이름만 쭉 나열된, 리스트 형태는 아니라는 사실은 인정한다.

"이름만 모아놓은 것이 없어도 어쨌든 문장형이든 서술형이든 결과적으로 이름만 모아놓은 게 아니더라도 그 이름들은 남아 있었을 것."[10)]

그러니까 문건에 장 씨가 피해사례를 적으면서 가해자 이름을 지목했다는 얘기다. 그걸 리스트라고 우기는 거야 개인 취향이라고 쳐도, 윤지오의 말에 신빙성이 있으려면 그 이름들이 KBS가 보도한 4장이 아닌, 사라진 3장에서 나온 것이어야 한다. 그래서인지 김영희는 KBS 〈오늘밤 김제동〉에 출연해 "조사단은 사라진 3장의 문건에 리스트에 올랐던 걸로 보이는 사람 13명의 이름을 정리해 보고서에 담았다"고 했다. 사라진 문건에 13명의 이름이 있었다는 얘기다.

장자연 리스트의 실체는?

하지만 SBS 기사에 따르면, 이것도 사실이 아니다. 인용한다.

> 그럼 13명의 이름은 사라진 문건 3장 속에 있는 것이 확실시되는 사람들일까? 그렇게 보기는 힘들다. 그 이유는 김 변호사의 인터뷰 내용 속에 있다. 김 변호사는 KBS 〈오늘밤 김제동〉에 출연해 리스트를 봤다는 사람들의 진술을 '취합'했더니 13명이었다고 말했다. 문건 목격자의 교차 진술로 '확인'된 명단이 아니라 '취합'된 명단이라는 것이다.[11)]

사정이 이렇다면 최소한 이름만 나열된 리스트는 없다고 봐도 된다. 윤지오가 처음 경찰 조사를 받을 당시 리스트의 존재를 언급하지 않았던 것도 실제 그 리스트라는 게 존재하지 않았기 때문이다. 그렇다면 40, 50명 또는 30명의 이름이 적힌 리스트, 도대체 윤지오는 그놈의 리스트를 어디서 본 것일까. 여기에 관해 김수민 작가가 중요한 증언을 한다. 2018년 말 윤지오와 만났을 때 윤지오가 이런 말을 했다는 것이다.

> 장자연 사건 관련 수사기관 조사에 출석했을 때 조사관이 나간 사이 책상 위에 회색 문서를 우연히 봤다. 거기서 유명한 사람들 이름을 봤고, 그때 이들이 장자연 언니 자살과 관계있단 걸 알게 됐다.

박훈 변호사에 따르면, 그 문서는 장자연에게 100만원 이상의 수표를 준 발행자 리스트로 추정된다. 그 리스트에 등장하는 이는 32명이고 액수는 총 3억 4000만 원이었다. 32명이라는 숫자는 윤지오가 말하는 숫자와 대충 들어맞는다.[12] 이 말을 들으니 모든 의혹이 풀린다. 참고인 조사 중 우연히 본 수표 발행자 리스트, 그게 바로 장자연 리스트의 실체였다. 이러니 문건을 본 다른 사람들이 리스트가 없다고 하는 것이다. 사람의 기억이란 얼마든지 틀릴 수 있다. 윤지오가 진작 자기가 헷갈렸다고 인정했다면 좋았을 텐데, 그녀는 오히려 이 리스트를 전가의 보도처럼 사용해 증인으로서의 자신의 위치를 높여나간다. 그런데 이게 꼭 좋은 것만은 아니었다. 하나의 거짓말을 덮기 위해선 그보다 훨씬 더 많은 거짓말이 필요한 법이니 말이다.

제4장

신변 위협을 주장하다

인기 절정 윤지오

> 저는 10년이 지나도 여전히 밝혀지지 않고 있는 장자연 언니의 억울함을 밝히는 데 도움이 되기 위해 이 자리에 나왔습니다. (중략) 유서라고 알려진 언니의 글은 유서가 아닌 문건임을 알려드리고 싶습니다. 장자연 언니의 억울함을 풀기 위해서 누가 왜 누가, 왜 (장자연) 언니에게 이 문건을 쓰게 했고 왜 마지막까지 문건을 돌려줄 것을 언니가 요구했음에도 돌려주지 않았는지 조사해주셨으면 하고, 과거사위에 들어가 요청할 계획입니다.[1)]

몇 가지 미덥잖은 행동에도 불구하고 윤지오는 절정의 인기를 구가하고 있었다. 위 성명서는 3월 12일, 윤지오가 대검찰청 과거사 진상조사단에 출석하면서 기자들 앞에서 낭독한 것이다. 반응은 뜨거웠다. 젊고 미모가 되는 여자분이 동료 배우의 억울함을 풀어주기 위해 위험을 무릅쓴다니, 기특하게 생각되는 건 당연했다. 이 기사에 달린 댓글을 보면 그녀에게 보내는 성원이 어느 정도였는지 짐작할 수 있다.

-yasi****: 윤지오 씨의 용기가 다른 사건으로 덮어지지 않길!(공감 21, 비공감 0)

-ygki****: 이번엔 반드시 조선 방씨를 법정에 세우자(공감 19, 비공감 0)

-youn****: 혼자서 너무 두려운 싸움을 하고 있네요. 응원하는 국민들이 있으니 힘내십시오!(공감 18, 비공감 0)

윤지오, 그리고 여성가족부

이런 국민적 성원에도 불구하고 윤지오는 자신이 위험한 처지에 있다는 점을 지속해서 강조했고, 여성가족부는 왜 이런 나를 돕지 않느냐고 따지기도 했다.

과거도 현재도 저는 법적으로 신변 보호를 받지 못하고 있으며 홀로 불안한 마음으로 귀국하여 줄곧 인터뷰를 준비하고 응했습니다. 정작 관심을 가져주시고 힘써주시길 소망했던 여성단체와 페미니스트는 저의 이런 호소적인 인터뷰에도 관심이 없으신 듯합니다.[2)]

윤지오의 권세가 하늘을 찌르던 때였던 만큼, 그녀가 여성가족부를 가리키자 언론과 네티즌들은 일제히 여가부를 비난했다.

…여가부나 여성단체가 윤 씨의 신변 보호에 적극 나서고 있지 않은 것은 아쉬운 일이다. 여성단체가 최근 그 어느 때보다도 여성인권 및 젠더 관련 이슈에 관해 목소리를 높이고 있다는 것을 고려하면 의아할 정도다.[3)]

결국 여가부는 3월 12일부터 경찰이 제공하는 임시 숙소로 옮길 때까지 4일간 윤지오 일행에게 숙소를 제공한다. 이 과정에서 여가부는 산하기관인 한국여성인권진흥원의 기부금 100만 원을 받아 썼는데, 원래 이 돈은 성폭력 피해자와 그 가족 구성원에게 지원할 목적으로 만든 돈이었다.[4)]

그런데 윤지오가 캐나다로 떠나고 난 뒤 언론과 네티즌들이 법적 근거도 없는데 왜 윤지오 같은 이를 지원했느냐며 여가부에게 따지는 촌극이 벌어진다. 왜 지원을 안 하냐고 윽박지르던 이들이 나중에 와선 그때 왜 지원했느냐고 목소리를 높이는 현실이라니, 어이가 없다.

-****: 여가부가 거짓말로 변명을 하다니 이런 썩을 집단. 명백한 근거 없이 지출된 윤지오 지원금 여가부가 책임져라. 아무리 초반 여론이 윤지오를 지지했어도 공무와 행정을 위반하며 지원한 건 엄중히 징계해야 한다.(2019. 5. 10., 공감 35, 비공감 1)

<JTBC 뉴스룸>, 그리고 교통사고

4월 11일 밤, 윤지오는 〈JTBC 뉴스룸〉에 나간다. 그 이전의 인터뷰가 장자연 리스트에 집중됐다면, 여기서 윤지오는 자신이 겪는 신변 위협에 관해 많은 시간을 할애한다.

앵커 작년 여름에 저희 〈뉴스룸〉하고 전화인터뷰하신 이후에 실제로 어떤 위협을 느끼신 적이, 끄떡끄떡하시는데, 있습니까? 어떤 경우입니까? 실제 위협을 느낀 일도 있었다고 하던데.

윤지오 사실은 제가 좀 몸이 안 좋은데 혼자 머리를 못 감아서 사실 단

발로 잘랐어요.

앵커 왜 혼자 못 감으십니까?

윤지오 교통사고가 좀 크게 두 차례가 있었고, 뼈가 부러진 것은 아니지만 근육이 찢어져서 손상되면서 염증이 생겼어요. 그래서 일주일에 네 번 정도 치료를 받다가 와서는 지금은 응급실 한 번 가고 아직 물리치료도 다시 한 번도 못 받았고요.

앵커 그러면 거기에 대해서 의구심을 갖는 사람들은 교통사고는 일어날 수 있는 것 아니냐….

윤지오 그런데 JTBC에 제가 전화인터뷰에서 사실을 기록한 사건을 다룬 책을 쓴다라고 한 시점부터 제 행방을 추적하시는 어떤 분들이 계셨고. 또 사실 어떠한 한 언론사만 주목을 하시는데 사실은 한 곳이 아니라 저는 개인 혼자지만 제가 상대해야 될 분들은 A4 용지 한 장이 넘어가는 거의 한 30명에 가까운, 공권력을 행사하실 수 있는 법 위에 선 분이시기 때문에 불특정 다수에게서 저는 공격을 받을 수밖에 없는 입장이고. 그분들에 대해서 또 언급을 직접적으로 하면 명예훼손으로 걸리기 때문에.[5)]

JTBC의 흑역사, 교통사고

"교통사고가 좀 크게 두 차례가 있었고"라고 윤지오가 말하는 동안, 〈뉴스룸〉에선 차가 부서져 있는 사진을 큼지막하게 화면에 띄웠다. 차 앞쪽, 오른쪽 헤드라이트가 완전히 부서졌고, 충돌 당시의 충격으로 보닛(일명 본네트)이 들려 있다. 말과 달리 사진은 사람의 감성을 자극한다. 저런 일이 영화에만 있는 게 아니라 실제로도 생기는구나! 사람들은 경악했고, 윤지오가 겪는 위험이 어떤 것인지 비로소 깨닫게 됐다.

격앙된 네티즌들은 분노에 찬 댓글을 다는데, 가장 공감을 많이 받은 댓글은 이것이었다.

-gwan****: 친일조선일보 장자연 씨 살려내라. 더러운 집단이다 방가놈들.(공감 3250, 비공감 94)

윤지오는 가해의 주체가 조선일보라고 말하지 않았지만, 사람들은 이미 그 주체가 조선일보라고 단정 짓고 있었다. 하지만 그로부터 10여 일이 지날 무렵, 김수민 작가에 의해 교통사고의 진실이 드러난다. 다음은 윤지오가 김수민과 주고받은 카톡 메시지다. 오타는 수정하지 않는다.

윤지오 나 뒤에서 박은 차가 승용차인데 괜찮았는데 첫날은 갈수록 통증이 심해져. 백퍼 뒷차 과실이고 애기아빠인데 일 끝나고 애를 대리러 가다 그러신 거 같더라고요. 마음이ㅜㅜ 아팠어요. 이참에 마사지나 보험으러 받아보려고요. 차도 똥차라ㅜㅜ 올해는 바꾸려고요.

김수민 뭐, 이래저래 돈 나오고 병원비 나오는 건 나쁘지 않네요. 치료 잘 받아요. 안 아파도 검사 잘 받아보구. 나중에 또 모르는 거니까.

윤지오는 가해차량을 운전했던 이와 나눈 카톡 메시지도 김수민에게 보냈다. 가해차 운전사는 사과하면서 보험사에 연락해 해결하겠다고 했고, 윤지오도 '차가 속도를 낸 상태가 아니어서 우리 둘 다 별로 다치지 않아서 다행이다. 아이들도 잘 데리고 가기 바란다'고 말한다.

단순 접촉사고가 음모로 돌변하다

그러니까 이 사고는 어떤 음모의 결과가 아닌, 아이를 데리러 학교에 가던 남자가 미끄러져 생긴 접촉사고에 불과했다. 캐나다는 추운 곳이고, 1월이기도 했으니, 빙판길도 곳곳에 있을 것이다. 실제로 사진 속엔 눈이 조금 쌓여 있었다. 이런 길에서 교통사고가 난다고 암살 음모 운운하는 이는 전 세계에서 윤지오가 유일하지 않을까? 조선일보가 정말 윤지오를 죽이려고 마음먹었다면 이런 식으로 어설프게 하진 않을 것 같다. 김수민 작가가 〈궁금한 이야기 Y〉에서 한 말을 들어보자.

"'많이 다쳤냐?'니까 '아니, 살짝 다쳤어'라고 그랬다. 나중에 〈뉴스룸〉 보니까 왜 저렇게 말을 하지?, 그거 보고 깜짝 놀랐다."[6)]

게다가 JTBC가 주로 내보낸 사진은 가해자 차량이었다. 그 차가 뒤에서 추돌했으니 윤지오 차는 뒤쪽 범퍼가 망가졌고 가해자 차량은 앞부분이 파손됐는데, 파손 정도로만 보면 가해자 차량이 더 컸다. 그래서일까? JTBC는 처음에 가해자 차량을 클로즈업해서 보여줬고, 잠시 윤지오 차량을 비춰주다 다시 가해자 차량으로 돌아간다. JTBC가 사고를 좀 더 심각하게 여기도록 의도적으로 그렇게 한 게 아닐까 싶다.

JTBC에게 윤지오의 말을 제대로 검증하지 않고 내보낸 책임을 물을 수는 있겠지만, 그 당시엔 누구나 다 속을 수밖에 없는 분위기였으니 그럴 수 있다 치자. 그렇더라도 제대로 된 언론사라면 자신의 기사가 잘못된 것을 알았을 때 그것에 대해 사과하는 게 맞다. 하지만 윤지오가 출연한 〈김어준의 뉴스공장〉과 〈김현정의 뉴스쇼〉, KBS 〈오늘밤 김제동〉 등등 그 누구도 여기에 대해 사과한 적이 없다. MBC의 왕종명 앵커가 사과하긴 했지만, 그건 윤지오에게 잘못했다고 빈 것이었다. 그래도 나는 JTBC는 다를 것으로 생각했다. JTBC가 누군가. 최순실의 태블릿PC를 찾아냄으로써 박근혜 탄핵의 일등 공신이 된, 최고의 신뢰도를 자랑하는 그 언론사가 아닌가. 국민의 신망을 한몸에 받는 언론사라면 사과가 필요할 때 사과도 할 수 있지 않을까?

JTBC는 사과했을까?

하지만 JTBC라고 특별히 다를 건 없었다. 윤지오의 진실성에 대한 논란이 일던 4월 23일, 손석희 앵커는 이호진 기자를 불러 다음과 같은 대화를 나눈다.

앵커 …의문의 교통사고를 당했다는 내용들이 있었습니다. 이것이 대표적이죠, 지금 의혹이 제기되는 것이?

기자 맞습니다. 윤 씨는 당시 교통사고를 당한 다음에 많이 불안해했다고 〈뉴스룸〉에 출연해서 이야기를 했는데, 윤 씨와 김 씨가 당시에 나눴던 SNS를 보면, 대수롭지 않게 여겼던 정황이 나옵니다. 이에 대해서 물어봤는데, 윤 씨는 나중에 가족들과 사고를 돌이켜서 이야기를 하다 보니 불안감을 느끼게 되었다라고 말을 했습니다. 이에 대해서 일각에서는 윤 씨가 자신이 처했던 상황을 왜곡한 것이 아니냐, 이런 비판도 나오고 있습니다.

앵커 윤지오 씨가 장자연 사건을 사적으로 이용하려고 했다, 그런 의도가 분명히 있었다라는 얘기도 지금 계속 제기가 되고 있습니다. 이 부분은 어떻게 봐야 될까요?

기자 최초 수사에서 윤 씨가 주목을 받았던 것은 잘 아시다시피 전직 언론인인 C씨가 장자연 씨를 성추행했다는 사건에 대해서 유일한

목격자로 여겨졌기 때문입니다. 그 부분은 지금까지 윤 씨의 증언 이 흔들린 적이 없습니다.[7]

이건 팩트 체크를 빙자한 윤지오 힘 실어주기였다. 교통사고에 대해선 균형을 잡는 척하면서 윤지오의 주장에 무게를 실어줬고, C씨의 성추행에 대한 증언이 '흔들린 적이 없다'며 그녀의 진실성을 보장해줬다. 훗날 C씨가 재판에서 무죄를 선고받은 게 진술이 일관되지 않았기 때문인데 말이다.

결국 JTBC는 윤지오에게 이용당한 것에 대해 시청자들에게 사과하지 않았다. 그리고 그 선택은 대가를 치러야 했다. 사람들은 JTBC에 실망했고, 한때 참언론인의 표상으로 여겨지던 손석희는 그 뒤 비난에 시달리고 있다. 윤지오에 관한 기사가 나올 때마다 사람들은 이런 댓글을 단다. '손석희, 김어준, 안민석! 캐나다 가서 윤지오 좀 잡아와.'

손석희 씨께 권한다. 윤지오 사건에 대해 제대로 검증하지 않고 방송을 내보낸 것에 대해 지금이라도 사과하시라. 신뢰도 1위를 매년 하는 언론인이라면, 그 신뢰에 값하는 행동으로 시청자에게 보답해야 하지 않는가?

스마트워치 사건, 아주 고약한 사기극

하지만 〈JTBC 뉴스룸〉의 교통사고 해프닝은 '스마트워치 사건'에 비하면 아무것도 아니다. 윤지오가 이 사건을 벌인 것은 〈JTBC 뉴스룸〉에 나가 의문의 교통사고를 당했다는 얘기를 하기 10여 일 전인 3월 30일 새벽이다. 시간상으로 뒤에 나와야 함에도 이 사건을 JTBC보다 늦게 언급하는 이유는, 사건의 스케일도 크고 그 파장 또

한 JTBC의 것과는 비교가 안 되기 때문이다. 이 사건 덕분에 윤지오 일행은 더 좋은 호텔로 옮겨갔고, 여경 5명을 심부름꾼처럼 부릴 수 있게 됐지만, 그녀의 노림수는 이것만은 아니었다. 사건 직후 윤지오가 '지상의 빛'이라는 비영리재단을 만들고 '나 같은 공익제보자를 돕게 하겠다'며 돈을 걷기 시작한 걸 보면 그녀의 최종 목표를 짐작할 수 있으리라.

기억이 가물가물한 분을 위해 그 사건을 다시 가져와본다. 2019년 3월 30일, 윤지오는 갑자기 신변의 위협을 느낀다. 무엇 때문에?

> 벽 쪽에서 의심스러운 기계음이 지속적으로 나타났고 오늘 새벽에는 화장실 천정 쪽에서 동일한 소리가 났다. 환풍구도 누군가 고의로 끈을 끊어놨다. 전날 출입문 잠금장치도 갑작스럽게 고장나 (문이) 잠기지도 않고 움직여지지도 않아 수리했다. 다시 확인해보니 문 쪽에 오일로 보이는 액체 형태가 문틀 위에서부터 흘러내린 흔적을 발견했다.[8)]

일부 언론에선 윤지오가 묵는 호텔방 키가 추가로 2개 더 발급됐다고도 했지만, 이건 너무 나갔다 싶었는지 언론사 대부분이 무시했다.

윤지오, 국민청원을 올리다

하지만 호텔 키 복사를 뺀 나머지 정황만으로도 충분히 위급한 상황, 다행히 그녀는 경찰이 지급한, 위험에 처한 사람을 위한 스마트워치를 갖고 있었다. 윤지오는 그 스마트워치를 무려 세 번이나 눌렀다. 규정대로라면 경찰이 바로 출동했어야 하지만, 경찰은 9시간 반이 지나도록 출동하지 않았다. 이 정도면 충분히 기다렸다고 생각했는지, 윤지오는 청와대 국민청원 게시판에 '안녕하세요. 증인 윤지오입

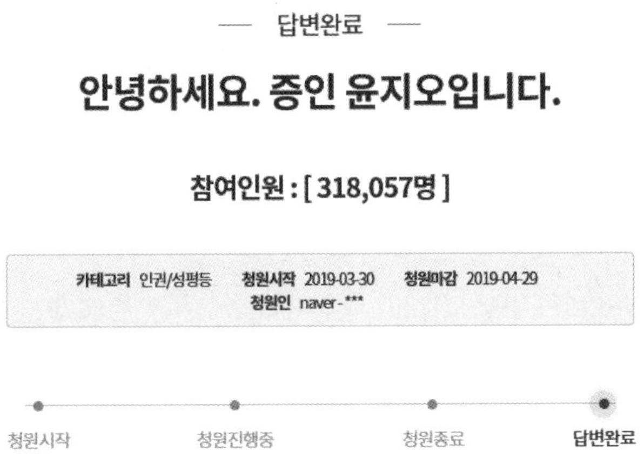
— 답변완료 —

안녕하세요. 증인 윤지오입니다.

참여인원 : [318,057명]

카테고리 인권/성평등 청원시작 2019-03-30 청원마감 2019-04-29
청원인 naver-***

청원시작 청원진행중 청원종료 답변완료

그림. 스마트워치 사건 당일 윤지오가 올린 국민청원. 31만 명이 멋모르고 동의했다.

니다'라는 제목의 글을 작성한다. 그중 일부를 여기에 옮긴다.

> …10년간 목격자이며 유일한 증언자로서의 삶을 그리 넉넉하지도 평탄하지도 않은 것이 사실입니다. 오늘 제가 이렇게 글을 쓰게 된 이유는 신변 보호를 위하여 경찰 측에서 지급해주신 위치추적장치 겸 비상호출 스마트워치가 작동이 되지 않아 현재 신고 후 약 9시간 39분 경과하였고 아직까지도 아무런 연락조차 되지 않는 무책임한 경찰의 모습에 깊은 절망과 실망감을 뭐라 말하기조차 어렵습니다. 호출 버튼은 총 3차례 눌려졌으며 최초 신고 시각은 오전 5시 55분입니다. 신변 보호 방송을 하는 저로서는 과정을 다 중계하여 많은 분들께서 목격자가 되어주셨습니다.… 국가의 보호를 받아야 하는 국민의 한 사람으로서 제가 현재 처한 이런 상황이 더이상 용납되어지지 않아 경찰 측의 상황 설명과 사과를 요구하는 바이며 앞으로 5대 강력범죄 외 보호가 필요한 모든 피해자, 목격자와 증언자가 제대로 된 보호를 받을 수 있는 시설과 인력 정책의 개선을 정중히 요청드립니다.[9]

윤지오에게 사과하는 경찰청장

이 청원은 하루 만에 청와대가 답변할 의무가 있는 기준 20만 명을 돌파했다. 언론사들도 증인에 대한 경호가 허술하다며 경찰을 비난하는 기사를 냈지만, 이 사건을 접한 사람들의 충격은 이루 말할 수 없을 정도였다. 그래도 치안이 좋다고 생각되는 대한민국 서울에서 이런 일이 벌어진다니, 윤지오를 노리는 적들의 힘은 정말 막강하구나! 그들은 댓글과 SNS를 통해 자신들의 분노를 표출한다.[10)]

-hys1****: 윤지오 씨 신변에 문제 생기면 난리날 거야. 건들지 마라.(공감 3384, 반대 25)

-hara****: 이런 거 보면 고 장자연 씨는 단순자살이 아닐 수도 있겠다는 생각이 강하게 든다.(공감 3302, 반대 13)

-sapj****: 살인청부업자 시켜서 계속 죽이려고 한다는 거 자체가 지금 21세기에서 일어나고 있다는 게 어처구니가 없다. 내놓고 죽이려고 하냐 이 계잡것들아.(공감 266, 반대 4)

-kjvi****: 얼마나 윗선이길래 이렇게 조사를 안 하는 건지. 하기 싫어하는 게 다 보인다 이것들아.(공감 255, 반대 2)

-ilov****: 경찰이 지키고 있는 걸 뻔히 아는 상태에서도 대담하게 저렇게 할 수 있다는 건 공권력 위에서 놀고 있다는 거.(공감 215, 반대 3)

폭주하는 비난 속에서 경찰이 할 수 있는 것은 사과밖에 없었다. 결국 서울지방경찰청장은 기자간담회를 열어 윤지오에게 사과했고, 이낙연 총리로부터 신변 보호도 제대로 못한다는 질책을 받아야 했다. 경찰은 윤 씨를 강남의 괜찮은 호텔로 옮겨줬고, 윤 씨의 신변 보호를 위해 경정급 인사 등 여경 5명으로 구성된 신변 경호 특별팀을 꾸렸다. "24시간 교대로 운영되는 신변 경호 특별팀은 가장 높은 수준의 신변 보호 장치다. 신변 경호에 문제 없다는 결과가 나올 때까지 특별팀을 운영할 계획이다."[11)]

스마트워치 사건, 경찰은 왜 출동하지 않았나?

어쩌면 이런 생각이 들지도 모르겠다. 이 사건이 윤지오의 음모라고 해도, 스마트워치를 눌렀는데 경찰이 출동하지 않은 것은 잘못한 게 아닌가?

잘잘못을 가리기 전에 먼저 스마트워치에 대해 알아보자. 스마트워치는 2015년 10월 도입됐다. 경찰이 신변 보호 대상자에게 GPS 위치추적 기능이 장착된 스마트워치를 주고, 대상자가 위험에 처했을 때 SOS 버튼만 누르면 112 상황실에 신고가 접수되는 시스템이다. 윤 씨가 받은 스마트워치는 2019년에 나온 최신형 기기로, 응급 버튼을 1.5초 누르면 112 신고센터, 상황실 팀장, 신변 보호 담당 경찰관에게 동시에 문자가 전송된다.

3월 30일 당일, 윤지오는 새벽 5시 55분부터 세 차례 스마트워치를 눌렀다. 하지만 경찰 조사 결과 처음 두 번은 윤 씨가 1.5초 이내로 버튼을 짧게 눌러 호출이 안 됐고, 3번째는 길게 눌렀지만 거의 동시에 전원 버튼을 눌러 신고가 취소됐다.

윤지오는 작동법을 몰랐던 것일까? 당연히, 경찰은 스마트워치를 전달하면서 작동법을 숙지시킨다. 윤지오는 2018년에 증인으로 출석하면서 스마트워치를 지급받은 적이 있으니, 기기가 조금 신형이라 해도 사용법을 모를 수는 없다. 게다가 윤지오는 라이브방송에서 비밀로 해야 할 스마트워치를 자랑하며, "이 버튼을 누르면 10분 안으로 출동한다"며 시청자들에게 사용법을 가르쳐준다. 이랬던 윤지오가 버튼을 짧게 눌렀다는 것은, 내 생각으로는 사기극의 밑밥을 뿌렸다는 것말고는 해석할 길이 없다.

TV조선의 〈탐사보도 세븐〉은 이 의혹에 대해 조사한다. 경찰 관계자의 말을 들어보자.

> 작동법을 다시 가서 설명하니까 '나 이거 안다', '지금 바쁘다', '촬영해야 한다' 하면서 사용할 줄 안다고 했대요. 본인이 안다고 하니까 또 다음에 신변 보호 숙소 가서 그때 설명했다고 하더라고요.[12]

생각해보라. 당신이 신변을 위협받는 중이다. 그래서 경찰이 스마트워치를 지급한다. 이럴 때 당신은 사용법에 대한 경찰의 설명을 건성으로 듣겠는가? 그럴 리가 없다. 실제로 한번 해보고 진짜 작동하는지도 시험해볼 것이다. 그런데 저 경찰의 말대로라면 윤지오는 자기 안전에 아무런 관심도 없었고, 그녀가 주장하는 신변위협도 허구일 확률이 높다. 설령 윤 씨가 작동법을 진짜로 몰랐다 해도, 9시간 반이 넘도록 경찰이 오기를 기다렸다는 점은 도저히 납득하기 어렵다. 벽에서 나는 소리가 그렇게 무서웠다면, 휴대폰으로라도 112에 신고했어야 하지 않겠는가?

위협의 실체

〈탐사보도 세븐〉은 그 위협의 실체가 무엇인지 말해준다.

> **윤 씨가 묵었던 호텔 관계자** (외부 침입이) 있을 수도 없어요. 있을 수 없고, (CCTV) 카메라가 다 비추고 있어서 들어올 수도 없고요. 그냥 하는 소리예요. 외부 침입 있을 수가 없어요.

기자 그때 환풍구 끈에 날카롭게 자른 흔적이 있고….

관계자 턱도없어요.

기자 실제로는 왜 잘랐어요?

관계자 자른 게 아니고, 이제 환풍기 같은 걸 뜯고 점검하잖아요? 그 과정에서 전에 우리가 끼워놨는데 그게 약간 삐뚤게 끼워져 있던 거지.

CCTV 분석 결과, 누군가가 침입하려 한 흔적은 없었다. 설령 환풍구 끈이 끊어져 있었다 해도, 그 안으로 사람이 들어가는 것은 불가능하다. 윤지오가 말한 기름은 '도어'에 들어 있는 유압유가 흐른 흔적이고, 윤 씨가 문을 열 때 맡았다는 가스 냄새는 객실 내부에서 윤 씨가 사용한 본드 냄새였다. 게다가 윤 씨 옆에는 경호원이 있었고, 숙소에서 5분 거리에 파출소가 세 개나 있었다.

하등 위험할 게 없는 이 상황에서 윤 씨는 스마트워치를 눌렀다. 그 결과 경찰 한 명이 제대로 대응하지 못했다며 구청으로 전보발령이 났다. 윤 씨가 스마트워치를 잘못 누르긴 했지만, 세 군데 중 한 군데, 전담 경찰관에게는 문자가 갔기 때문이다. 물론 그가 문자를 확인만 했더라면 이 소동이 나진 않았을 테니, 그에게도 책임이 전혀 없는 것은 아니다. 그 시각에 그는 집에 있었고, 시간으로 보아 잠에서 깨지 않았던 것 같다(정말 위급한 피해자가 스마트워치를 눌렀다면 어땠을까를 생각하면, 여기에 대해서는 개선책이 필요하긴 하다).

스마트워치를 누른 진짜 이유

스마트워치를 눌렀던 날 윤지오가 조금이라도 두려움을 느꼈다면 이 해프닝도 얼마든지 이해해줄 수 있지만, 실은 그것도 아니었다.

며칠 뒤, 윤 씨는 자신의 라이브방송에서 스마트워치를 누른 진짜 이유를 설명한다.

"경찰 측에서 얼마나 늦게 대응을 하는지 지켜보고 싶었어요."[13]

신변 위협은 전혀 없었다는 얘기다. 경찰의 대응속도가 궁금했을 수는 있다. 실수로, 또는 고의로 112에 장난전화를 거는 이들이 얼마나 많은가! 그렇지만 윤 씨가 비난받아야 하는 이유는 이로 인해 벌어진 소동을 자신의 이익으로 치환했다는 데에 있다. 윤지오가 올린 청와대 청원의 뒷부분에는 다음과 같은 내용이 있다.

> …현재 제가 체감하는 신변 보호는 전혀 이뤄지지 않고 있으며 국가에서 보호를 받을 수 없다 인식하고 판단하여 사비로 사설경호원분들과 24시간 함께 모든 일정을 소화하고 있습니다. 이를 안타깝게 보신 국민분들께서 후원을 하고자 하셨고 이상호 기자님과 방송에서 몇 시간 동안 후원계좌를 열었으나 몇 시간 만에 후원계좌를 닫게 되었습니다. 시청과 변호인단으로부터 기부금품법과 기부금과 후원금에 대해서 들을 수 있었고 저는 후원을 받을 수 있는 자격조건이 되지 않다고 들어 현재 스토리펀딩을 신청하였고 비영리단체 개설을 추진 중에 있습니다.

'나 위험하니까 경호원 써야 하거든? 재단 만들 테니 돈 줘!' 그랬다. 윤 씨가 의도적으로 이 사건을 일으킨 게 맞다면, 그가 노렸던 것은 바로 '돈'이었다. 여기에 청원 동의를 해준 31만 8057명의 국민은 이 사실을 꿈에도 몰랐으리라.

국민 세금은 날아가고

스마트워치 사건 덕분에 윤지오는 시설이 더 좋은 강남의 한 호텔로 옮길 수 있었다. 그 비용은 국민 세금의 일부인 '범죄피해자보호기금'으로 충당됐다. 이 돈은 원래 범죄로 피해를 입은 국민들을 위해 쓸 목적으로 조성되었으니, 이렇다 할 피해를 본 적이 없고 이미 증언까지 다 마친 윤지오에게 이 기금을 지원할 이유는 전혀 없었다.

백 보 양보해 윤지오가 그 혜택을 볼 자격이 있다 해도, 40여 일이나 숙박비를 지원한 것은 지나쳤다. 애시당초 범죄피해자보호센터는 예산이 턱없이 부족해서, 피해자에게 하루 숙박비 9만 원에 닷새 정도 지원하는 게 최대치였다. 지난 3년간의 통계를 봐도 피해자 1인당 임시숙소 사용일은 겨우 1.6일이었다. 그런데 윤지오에겐 3월 14일부터 30일까지는 1실당 9만 9000원, 3월 31일에는 1실당 13만 5000원, 4월 1일부터 캐나다로 가는 4월 23일까지 1실당 12만 1000원, 방이 2개이니 여기에 2를 곱해서 총 927만 4000원을 지원했다. 윤 씨로 인해 정말 보호가 필요한 다른 피해자들이 혜택을 못 봤을 수도 있다는 얘기다.

국회의원 재직 당시 이 법을 대표 발의했던 박민식 변호사는 이를 이유로 윤 씨를 고발했고, 내친김에 법무장관과 경찰청장도 직무유기 혐의로 함께 고발했다. 법무장관의 입장은 어땠을까? 당시의 법무장관 박상기는 6월 12일 검찰 과거사위원회 활동에 관한 브리핑을 하면서 기자들의 질의응답을 거부한다. 그 뒤 〈탐사보도 세븐〉팀 기자가 박 장관을 쫓아가 이에 관해 물었지만, 그는 아무 말도 하지 않았다. 이 사태에 대해 책임질 사람은 아무도 없는 것일까? 수십만의 국민이 신변 보호 똑바로 하라고 경찰을 질타하는 와중에 벌어진 일이니, 그들에게만 책임을 덧씌우는 게 억울할 수도 있다. 하지만 고위 공직자가 원래 책임지는 자리라는 점에서, 그들의 침묵은 여러모로 아쉽다. 최소한 지금이라도 윤지오를 데려와 돈을 물게 하는 조치라도 취하는 게 맞지 않을까?

윤지오, 갑질은 계속된다

스마트워치 사건 이후 윤지오는 철저히 '갑'의 지위를 즐긴다. 이때가 아니면 언제 갑질을 해보겠느냐는 듯이. 사건 다음날인 3월 31일, 라이브방송 도중 경찰로부터 전화가 걸려왔을 때 윤지오는 호되게 경찰을 몰아붙인다.

경찰 112 상황실 쪽으로 연락이 안 됐었나요?

윤지오 저는 알 수가 없죠. 저는 세 번이나 눌렀는데.

경찰 무슨 일 있었습니까? 죄송합니다.

윤지오 죄송하다고 될 일은 아닌 것 같고요. 뭐가 잘못된 건가요? 기계 자체가 문제가 있다고 해도 제가 책임질 건 아니니고.

경찰 기계 자체의 문제는 있지 않을 겁니다.

윤지오 그런데 왜 신고조차 되지 않은 건가요?

경찰 제가 다시 확인하고 전화드리겠습니다.

윤지오 저 이미 죽고 없겠네요? 지금 몇 시간 지난지 아시고 계시나요?

경찰 네, 그렇습니다, 네. 어떤 상황이 있었던 건 아니죠?

윤지오 상황이 있었으니까 눌렀겠죠. 제가 장난으로 눌렀겠어요?

경찰 …제가 확인하고 다시 전화드리겠습니다.(끊음)

윤지오 아, 열받아.[14]

대화를 보면 경찰이 기가 팍 죽어 있는 게 보인다. 소홀히 대했다간 또 무슨 행패를 부릴지 모르니, 그럴 만도 했다. 윤지오는 점점 기고만장해진다. 어, 그래? 좀더 요구해도 되겠네? 하루 숙박비 9만

9000원짜리에서 12만 1000원짜리 호텔로 옮기긴 했지만, 국민을 등에 업은 윤지오 증인님에게 그 방은 턱없이 부족했다. 그래서 그녀는 아예 특급호텔로 옮겨달라고 요구한다.

더 좋은 호텔의 꿈(1)

윤지오 어제 말씀드렸는데, 전달받으신 거 있을까요?

담당자 아… 숙소.

윤지오 네, 숙소 변경.

2019년 4월 9일, 윤지오는 경찰에 전화해 전날 요구한 숙소 변경 건이 어찌 됐는지 묻는다. 참고로 이런 전화는 윤지오가 직접 하는 게 아니라, 사설경호원이 한다. 전화가 연결되면 경호원은 "바꿔드릴게요!" 하며 전화기를 윤지오에게 넘긴다. 최순실의 휴대폰을 자기 옷에 문지르던 청와대 행정관의 투혼이 떠오른다. 이 대단한 윤지오의 요구를 경찰은 예산이 부족해서 안 된다고 거절한다.

윤지오 그니까 예산 땜에 그런 거란 얘기죠? 그건 1차적인 문제고, 지금 2차적인 문제가 문 자체가 굉장히 허술한데 잠금장치가 (중략) 보안 자체가 방금 말했다시피 허술한데 여기서 어떻게 지내라는 건지 전 이해를 할 수 없네요.

잠금장치에 문제가 있다면, 경찰보다는 호텔 측에 연락하는 게 훨씬 낫지 않을까? 담당자는 정해진 예산 이상을 쓰면 특혜라며, 문제가 생길 수 있다고 답한다.

윤지오 제가 특혜를 바라는 게 아니라 지금 상황을 말씀드리는 거고, 예산 10만원에서 벗어나는 금액은 제가 지불하겠다고 말씀드리는 거예요.

더 좋은 호텔의 꿈(2)

불안하다고 그 난리를 쳐서 호텔을 옮겨놓고선 그보다 더 비싼 곳으로 옮겨달라니, 경찰이 난색을 보이는 것은 당연하다. 초과분을 윤지오가 낸다고 하지만, 그걸 믿을 수도 없다. 게다가 윤지오라면 '경찰이 방값을 나더러 내게 한다'며 국민청원을 할 수도 있잖은가? 경찰의 거절에 윤지오는 본색을 드러낸다.

윤지오 그리고 지금 (엄마가) 와계시잖아요. 와계시는데 장소가 워낙 침대가 하나고 의자 같은 경우도 너무 불편하셔서, 저도 솔직히 완전 편하게 잠을 잘 수가 없어요. 신경이 쓰이니까. 못 쉬시니까. 같이 계신데 같은 방안인데, 그래서 그런 거 때문에 방을 좀 변경을 했으면 좋겠다고 말씀을 드린 거고.

그러니까 윤지오는 어머니 편하라고 잠금장치 핑계를 댄 것이었다. 이 효심은 충분히 감동적이지만, 원래 효도란 자기 힘으로 해야지 국민 세금으로 해선 안 된다. 결국 경찰은 윤지오의 효도에 동참하지 않는다. 이제 남은 것은 그녀의 만능 치트키 신변 위협뿐이다.

윤지오 그러면 오늘밤에 제가 무슨 일 생기면 경찰 측에서 책임지시는 거죠?

담당자 ….

윤지오 왜 대답을 안 하세요? 무슨 일이 발생하면 경찰 측에서 책임지는 거 맞죠?

(이상, 모두 '주 14'의 인스타라이브)

이것말고도 윤지오는 외출 후 자기 방에서 무슨 일이 일어나는지 모른다며 호텔방에 CCTV를 달아달라고 하는 등 경찰이 감당하지 못할 요구를 하는데, 경찰이 그간 보호했던 사람들 중 '피곤함' 부문 1위를 꼽는다면 윤지오가 압도적 1위를 할 것 같다. 그런데도 이 통화 내내 윤지오의 시녀들은 시종 한심한 댓글을 달았다.

"안전보다 예산이 먼저냐??"

"군부대 안 BOQ라도 빌릴 수 없을까요?"

"우리나라 경찰들 답이 없네."

이 시녀들의 존재도 윤지오의 사기극에 큰 도움을 준 바, 윤지오가 927만 원을 내지 않겠다면 이들에게 환수받는 것도 한 방법일 것 같다. 내가 가진 자료에는 이분들의 아이디가 다 있으니, 추적은 얼마든지 가능하다.

알고 보니 조작 미숙

스마트워치 사건에 대한 경찰의 조사 결과는 그로부터 20여 일이 지난 뒤 발표된다. 윤지오가 스마트워치를 제대로 작동시키지 않았다는 게 경찰 측의 결론. 언론은 일제히 '조작 미숙', '조작상 오류'라는 제목의 기사를 낸다. 상식적으로 생각했을 때, 이건 윤지오가 미안해해야 할 일이다. 자신이 버튼을 잘못 눌러서 서울지방경찰청장과 국무총리가 사과하고, 경찰 한 명이 전보 발령이 난 데다가, 경찰이 국민으로부터 된통 욕을 먹었으니까.

보통사람 같으면 죄송하다고 머리를 조아렸겠지만, 윤지오는 달랐다. 그녀는 오히려 경찰에 전화를 걸어 '조작'이란 단어에 대해 불만을 쏟아낸다. 좀 길지만, 전화통화 내용을 그대로 옮긴다.

윤지오 어제 저한테 기기 결함에 대해 새벽에 설명해주셨잖아요. 근데 제가 잘못해서 조작을 했다고 기사가 났어요. 보셨어요?

경찰 자세히 못 봤어요.

윤지오 자세히 보셔야 될 거 같고, 거기에 대해 제가 해명할 게 아니라 경찰 측에서 말씀을 해주셔야 할 것 같은데요. 어제 설명해주셨던 부분이요. 제가 조작을 한 게 아니잖아요. 제가 조작을 했다고 기사가 나갔잖아요.

경찰 그 조작이라고, 그게 버튼 조작 얘기하는 걸 건데요. SOS 버튼 조작이란 얘기는 버튼을 눌렀다는 걸 조작이라는 단어로 얘기하는 거예요.

윤지오 그게, 본질적 의미가 그게 아니잖아요. 제가 뭘 잘못한 것처럼. 그거는 제대로 해명을 해주셔야지.(한숨)

경찰 그 뜻은 전달을 하겠으나, 저희가 스마트워치를 조작하는 과정에서, 이렇게 통상적으로 얘기를 하지 버튼을 누른다 얘기는 안 하잖아요.

윤지오 근데 그 조작과 그 조작의 의미가 다르잖아요. 오해의 소지가… 그 뜻으로 기사를 쓴 게 아닌 거, 모르세요?[15]

조작 미숙에 대한 윤지오의 생각(1)

여기까지 보면 '응? 이건 뭐지?' 싶을 것이다. 그 조작과 이 조작은 엄연히 다른데, 윤지오는 '아 몰라, 조작은 다 나쁜 거야!', 이러고 앉아 있다. 안 그래도 경찰 측에서 윤지오를 좋게 볼 수가 없는 판에 이렇게 떼를 쓰고 있으니, 적반하장도 유분수다.

경찰 그 기사는 우리가 쓴 게 아니에요.

윤지오 그러니까 해명해주시라고 부탁을 드리는 거잖아요. 다들 오해를 하고 있는데.

경찰 뜻을 전달은 할게요. 근데 그 기자분들이 쓴 기사를 단어를 바꿔라, 이거는 잘못 썼다라고 이야기를 할 수는 없는 부분인데.

윤지오 아니 잘못 쓰셨는데, 그게 아니죠. 잘못 썼는데 당연히 바로잡아 줘야 하는 거죠. 그래서 지금까지 경찰 측 보호를 받는 거고.

경찰 그거에 대해서 기사가 잘못됐다, 이런 뜻이 맞지 않다고 생각한다면 저희 청에서 해명을 한다는 게, 지오 씨가 직접 말씀을 할 수도 있을 거 같은데.

윤지오 아니죠. 제가 지금까지 말을 해도 왜곡된 기사만 나가고, 증인으로서 신빙성이 있느냐 이러고 있고. 제가 증언자로 상 받을 때 취재도 오셨으면서 단 한 줄도 기사가 안 나갔고. 그런 상황에서 조작을 했다, 그러고 있는데, 제가 무슨 해명을 해요?

여기서 말하는 '상'은 호루라기상이다. 공익제보를 한 사람에게 주는 이 상은 상금도 400만 원가량 되는데, 윤지오는 2019년 4월 22일에 이 상을 받았다. 이 기사는 노컷뉴스에 보도됐으니, 한 줄도 기사가 안 나간 것은 아니다. 한 군데에만 보도된 이유는 증인 윤지오의 신빙성이 의심받기 시작한 때가 바로 이 즈음이어서인데, 윤지오는 이 상을 탄 다음날 사기 혐의로 고소를 당하고, 그다음날 캐나다로 간다.

조작 미숙에 대한 윤지오의 생각(2)

이 얘기는 나중에 다시 하기로 하고, 일단 '조작'에 관한 고구마스러운 대화를 복기해보자.

경찰 근데 그 조작이란 단어가 저희 청에서 발표를 한 건가요?

윤지오 그러니까 제대로 발표를 해주셔야지 기사가 제대로 써지는 거잖아요. 그렇게 말씀해주신다 해도 기사가 제대로 써지지 않을 거예요.

경찰 그럼 일단 뜻만 전달해드리면 되는 거예요?

윤지오 제대로 공표를 해주셔야죠. 제가 조작이 아니라 기기 자체가….

경찰 기기 자체에는 문제가 없었어요. 버튼을 누를 때 꾹 누르지 않고 살짝, 너무 짧게 눌렀기 때문에 신고가 되지 않았다, 버튼 조작, 우리가 게임기 조작이라고 하잖아요.

윤지오 대부분의 사람들은 그렇게 생각을 안 한다고 말씀을 드린 거고, 그럼 조작이란 단어를 안 쓰시고 눌려지는 과정이라든지. 죄송한데, 그럼 예전 영상 다 공개를 해요? (스마트워치를) 눌렀던 영상이 있는데….

경찰 저한테 물어보실 게 아니라 지오 씨 판단으로 공개하는 건데요. 지오 씨가 조작이란 단어 때문에 오해를 받고 있으니 이거 바로 잡아주기를 원한다고 전달하면 되는 거잖아요. 영상을 풀고 안 풀고는 저에게 얘기하실 필요도 없고, 그러세요, 마세요, 라고 이야기할 권한도 없고. 다만 지오 씨가 원하는 부분이, 그 뜻을 전달해드리면 되는 거잖아요.

윤지오 뜻을 전달할 뿐만 아니라 제대로 공표를 해주셔야죠. 어차피 그 결과 발표를 해주셔야 되는 거잖아요.

경찰 그건 청에서 판단해서 하는 거고, 저는 그 뜻만 전달해드릴게요. 제가 언론을 다루는 사람이 아니니까.

윤지오 저도 언론을 다루는 사람도 아닌데, 오명을 쓰고 누명을 쓰고. 해명을 할 수 있는 입장이 아니잖아요.

경찰 제가 어떤 것을 해드리면 되죠?

윤지오 조작이 아니라 버튼이 눌려서 형사님께 전달이 됐잖아요. 근데 그 형사님이 확인 안 한 건 사실이잖아요.

경찰 그 내용도 아니라고 기사가 나갔어요?

윤지오 그건 당연히 안 쓰겠죠.

경찰 그거는 아닌 거 같은데.

윤지오 아까 기사를 안 보셨댔는데, 기사를 보시긴 하셨네요?

경찰 꼼꼼하게 다 읽어봤냐고 한다면 놓치는 부분이 있을 수 있으니까 그리 얘기한 거고.

윤지오 꼼꼼하게 읽어보신 건 맞는 거 같고.

경찰 정확하게 원하는 걸 얘기하세요.

윤지오 정확하게 원하는 거 계속 말씀드렸는데, 몇 번이나.

경찰 그래서 제가 전달을 하겠다고 말씀드렸잖아요. 제가 그 이상 어떻게 할 수 있을까요?

윤지오 아니어요. 그럼 그렇게 전달해주세요. 부탁드릴게요.[16)]

조작, 에필로그

영상을 보는 내내 '고구마'라는 단어가 떠올랐는데, 내가 이 정도였으니 이 경찰은 얼마나 힘들었을까 마음이 아프다. 참고로 이 영상에 달린 댓글 중 가장 인기가 많은 것은 '전화받은 사람 부처 인증'이었다. 윤지오에게 아쉬운 점은 사안에 대한 판단력이 크게 떨어진다는 데 있다. 이 대화를 보면 누구나 '아, 윤지오가 되지도 않는 걸로 떼를 쓰고 있구나' 하고 생각할 텐데, 윤지오는 오히려 경찰이 억지를 부린다고 생각하며 전화통화를 라이브로 내보낸다. "여러분, 이게 뭐예요, 지금. 다 들으셨죠? 정정을 안 해주시려고 하시는 거 같은 건 제가 오해하는 건가요? 일단 정리하고, 이거 공개로 놔둘게요. 너무 억울하네요, 진짜."

전화를 끊은 뒤 시청자들을 향해 억울함을 호소하는 윤지오, 그저 한숨만 나온다. 그녀는 왜 이리도 상황 판단을 못 하는 것일까? 제때 공부를 안 한 탓이다. 초중고 과정만 제대로 다녔다면 이 정도까진 아닐 텐데, 안타깝게도 윤지오는 그런 기회를 스스로 차버렸다. 윤지오의 학력에 대해 알아봐야 하는 건 바로 이 때문이다.

제5장

윤지오의 학력

학력을 자랑하는 윤지오

"친구가 나한테 (한 말인데), 너 공부 잘하는데 왜 연예인 하려고 해?"

"고등학교 4년 과정을 1년 만에 조기졸업했고, 스물세 살에 최연소 MBA 땄는데, 변호사나 검사, 판사 이런 거, 공부 몇 년만 하면 될 수 있을 것 같은데요."

"고등학교 때 조기졸업했어요. 영어가 안 돼서 한 학년을 낮춰서 다녔는데, 4년 과정을 1년 만에 끝냈어요. 그만큼 열심히 살았어요. 열심히 산게 죄예요? 무식한 것 좀 그만 티내세요."

"어제 나한테 인터뷰했던 뉴시스 기자, ○○대 출신이던데 나보다 학벌도 딸리면서 대체 왜 그러는 거야?"(이상, 윤지오 라방)

"상위 1% 엄친딸이자 베이글녀로 주목을 받았던 최연소 MBA 석사 윤지오입니다."(2011년 tvN 〈친절한 미선씨〉에서)

윤지오는 자신의 학력을 자주 언급했다. 이해가 안 되는 것은 아니다. 윤지오의 원래 꿈은 연예인이었다. 안타깝게도 윤지오는 그 꿈을 이루는 데 실패했다. 좌절감을 극복하기 위해선 다른 뭔가를 이루면 도움이 되는데, 공부는 그 대안이 될 수 있다. 그런 취지에서 본다면 그녀가 자신의 학력을 내세우는 것을 나무랄 수는 없다. 문제는 그녀의 학력에 석연치 않은 점이 있다는 것이다. 윤지오의 학력을 얘기하는 게 장자연 사건과 무슨 상관이냐는 지적이 있을 수 있겠지만, 이건 윤지오가 자초한 측면이 있다. 라이브방송에서 자신의 학력에 대해 너무 자주 떠들었기에, 증언의 신빙성 논란이 불거지면서 학력을 파헤치는 이들이 늘어날 수밖에 없었다.

노스요크 고등학교의 진실(1)

그 시작은 고등학교 조기 졸업이었다. 윤지오는 토론토에 있는 노스요크 고등학교 4년 과정을 무려 1년 만에 조기졸업했다고 했다. "연예인을 향한 열정에다 향수병까지 더해져 '미친 듯이' 공부만 했어요. 정말 하루 1시간을 자면서 했죠."[1)]

조기졸업이란 게 꼭 불가능한 건 아니지만, 그것도 정도 문제다. 4년 과정을 3년도 아니고 1년에 졸업하는 게 과연 가능하기나 할까. 게다가 윤지오는 중학교 때 캐나다로 건너가 영어도 제대로 못 하는 상태였는데, 그러고도 1년 만에 졸업할 수 있다는 게 쉬이 믿기지 않는다.

〈궁금한 이야기 Y〉에서 여기에 대해 취재했다. 캐나다 사립학교에서 40년째 근무 중인 교장은 1년 만에 조기졸업이 가능하냐는 질문에 이렇게 답한다. "그는 틀림없이 굉장히 뛰어난 학생이거나 거짓말을 한 것이다. 교사 경력 40년 동안 1년에 22코스를 끝낸 학생은 본 적이 없다."[2)] 그렇다면 노스요크 고등학교 관계자의 말을 들어봐야 하지만, 캐나다에 노스요크라는 학교는 존재하지 않았다. 폐교됐

단다.

물론 우리나라에도 학생이 없어서 폐교된 학교가 있긴 하다. 하지만 윤지오에 의하면 그 학교는 명문이었고, 명문학교가 문을 닫는 일은 좀처럼 없다.

이게 어찌 된 일일까. 토론토 교육청 담당자는 그 학교가 "사탕 나눠주듯 학점을 주는 학교"였고, "학점을 수여하는 과정에서 정부의 기준에 따르지 않"았기에 폐교됐을 것이라고 말한다. 실제로 Y팀이 노스요크 고등학교가 있던 곳을 찾아가 보니 그냥 평범한 사무실이었다. 사무실 관계자 말에 따르면 그 학교는 한국 사람이 운영하는 학교였는데, 말이 학교지 한국의 학원 비슷한 곳이었다고 했다. 수업료만 내면 졸업장을 주는, 소위 학점 장사를 하는 곳, 이것이 윤지오가 1년 만에 고등학교 과정을 마친 비결이었다.

노스요크 고등학교의 진실(2)

그런데도 윤지오는 노스요크 고등학교가 명문이라는 걸 다른 이들이 믿게 하려고 양념 (MSG)까지 치는데, 그중 하나가 자기 학교에 아랍 왕자가 다녔다는 얘기였다.

> 얘가 진짜 건방져. 손가락에 에메랄드 반지 같은 거 끼워져 있고 이러는데, 항상 시녀라고 해야 되나, 하인, 그런 여자들이 있는데. 기억나는 게, 여름이어서 수업에 여자 두 명이 양쪽에 있어요. 수업에는 원래 들어오면 안 되는데 돈이 워낙 많으니까 뭐라고 제재를 안 하더라고요. 시녀들이 옆에 서 있는데, 그때 여름이니까 이만 한 깃털, 영화 속에서나 보던 엄청 큰 깃털을 양옆에서 계속 부치는 거야. 타조 깃털 같은 건가, 엄청 큰 거. 시원하지도 않아요. 근데 그걸 계속 부치더라고요. 화장실을 외국

같은 경우는 쉬는 시간이 아니라도 갈 수 있거든요. 그때는 부채질 안 하겠지 그랬는데 옆으로 걸으면서 계속 부채질을 하고(웃음).(윤지오 라이브방송)

자기가 생각해도 너무 어설픈 거짓말이어서 웃은 걸까.

아랍 왕자가 영국이나 미국이 아닌, 추운 캐나다에 가서 학교에 다닌다는 설정도 고개가 갸우뚱해지지만, 한국 사람이 운영하는 학원 비슷한 곳에서 수업을 듣는다는 건 더 말이 안 된다. 토론토 날씨는 한여름이라 해도 우리나라 초여름에 불과하고, 그나마도 방학 시즌일 것이다. 게다가 정말 날이 덥다면, 그리고 진짜 아랍 왕자라면, 자기 돈으로라도 에어컨을 사서 틀었겠지, 시녀에게 타조 깃털로 부채질을 하게 한다? 한숨이 나온다. 오죽하면 어떤 분이 이런 댓글을 달았을까. "영화 〈알라딘〉 보고 망상에 쩔어서 하는 말 아님? 왜, 등교도 코끼리 타고 왔다고 하지."

아랍 왕자의 실제가 궁금하실 분을 위해 아랍에미리트(UAE) 샤르자 연방의 왕자가 어떤 학교를 나왔는지 덧붙여둔다.

샤르자에서 태어나 9살 때 영국으로 건너간 칼리드 알 카시미는 켄트의 명문학교 톤브리지 스쿨에서 교육을 받았다. 이후 런던 임페리얼 칼리지에서 프랑스어와 스페인어를 전공하다 예술학교인 센트럴 생 마틴스로 적을 옮겨 건축과 패션을 공부했다.[3)]

보라, 왕자들은 우리가 한번은 들어봤음 직한 명문학교를 다닌다. 한국인이 운영하는, 그나마도 폐교한 학교 다닌 아랍 왕자 있으면 한 명만 가르쳐주시라.

그렇다면 MBA는?

"안녕하세요. 국내 최연소 MBA 석사 윤지오입니다."(올리브TV 크레이지 마켓, 2013.8.7.)

위에서도 얘기했지만, 윤지오는 한양대 MBA 석사를 딴 것을 굉장히 강조한다. 그것도 최연소라니, 대단해 보이긴 한다. 그리고 고교 1년 졸업설과 달리 최연소 MBA는 최소한 거짓은 아니다.

하지만 대학원에 입학하는 일은 학부 과정에 비교하면 훨씬 쉽다. 우리나라 대부분의 수험생은 대학에 가려고 전력을 다한다. 서열상 상위권에 있는 대학은 경쟁률이 높고, 상위권이 아니라 해도 정원은 다 채운다. 하지만 대학을 졸업하는 학생이 다 대학원에 진학하지는 않는다. 서열상 상위권에 있는 대학의 대학원도 정원을 채우지 못하는 일이 흔하다는 얘기다. 게다가 일반인을 대상으로 한 대학원이 점점 늘어난다. 10년이 넘게 동결된 등록금 때문에 대학마다 재정상태가 그리 좋지 않다 보니, 그런 유의 대학원이 수입을 늘리는 수단이 된 것이다. 웬만한 대학에 다 개설된 최고경영자과정은 사회적 지위가 높은 인사들을 입학시킨다. 이 과정은 졸업할 때 논문을 요구하지도 않으며, 출석을 잘 하지 않아도 학위를 준다. 바쁜 분들이 들어오는지라 이게 당연해 보인다.

윤지오가 자랑하는 한양대 MBA는 어떤 종류일까? 한양대 MBA 과정은 크게 세 종류로 나뉜다. 다른 두 과정은 정말 열심히 공부해야 학위를 딸 수 있지만, 윤지오가 취득한 YES MBA는 그보다는 공부 부담이 덜한 과정이다. 관련 기사를 옮긴다.

글로벌 YES(Young Entrepreneur Spirit) 트랙은 가족기업(Family Business) 경영 전문성과 국제 경쟁력을 갖춘 차세대 오너경영자 양성을 목표로 하는 과정이며, 리더로서의 사명감과 비전과 전문성을 키우는 데 역점을 두고 있다. 특히 해외 대학과의 다각적 연계를 활용해 현장감 있는 국제감각과 역량을 키우도록 구성된 교과과정이 학생들에게 매우 좋은 반응을 얻고 있는 것으로 알려졌다.[4)]

윤지오가 MBA를 취득한 이유

설명만 봐도 어떤 이들이 들어오는지 알 수 있다. 이곳엔 최고경영자 과정까지는 아니더라도 최소한 자기 분야에서 실적을 쌓은 30, 40대 경영인들이 입학한다. 이와 비슷한 과정에서 강의를 한 적이 있는데, 그들이 건넨 명함은 대충 이러했다. '○○그룹 전무', '주식회사 ○○○○○ 상무', '주식회사 ○○○○ 대표이사', '프로골퍼', '○○○ 팀장', '○○○법률사무소 변호사' 등등. 그런데 87년생인 윤지오는 21세에 YES MBA에 입학하고, 23세 때인 2011년 석사학위를 받았다. 이 나이 또래에 MBA에 입학하는 학생이 과연 있기나 할까? 한양대 온라인뉴스매체 인터뷰에서 윤지오가 한 말을 보자. "같이 수업 듣는 학생들과 연배 차가 컸어요. 대부분 현직에서 기업을 운영하시는 분들이었거든요."[5)] 그녀가 최연소 MBA 석사인 것은 너무도 당연하지만, 이게 과연 자랑스러운 일인지는 회의적이다.

여기서 이런 질문을 던져보자. 윤지오는 왜 MBA 석사를 취득했을까? 이 과정에 입학하는 이들이 얻고자 하는 것은 자기 일에 보탬이 되는 지식을 배우고, 과정을 함께하는 다른 이들과 친분을 쌓는 것이리라. 그런데 윤지오는 기업에 들어가 일한 적도 없거니와, 앞으로도 그럴 마음이 없었다. 윤지오의 말이다. "어릴 적부터 연기만을 꿈꿔왔다. 공부를 열심히 했던 것도 연기자 생활을 반대하는 부모님을 설득하기 위해서였다."[6)] 하지만 MBA는 연기를 배우는 곳이 아니다.

수많은 배우 중 MBA를 취득한 이가 거의 없다시피 한 것은 그 때문이다. 그녀는 자신이 그룹 부대표라고 하지만, 이것 역시, 나중에 얘기하겠지만, 전혀 사실이 아니다. 그런데 윤지오는 왜 뜬금없이 비싼 등록금을 내가며 MBA 석사를 취득했을까? 한양대 온라인뉴스매체 인터뷰에선 연예기획사 대표가 되고 싶었기 때문이라는데, 여기말고는 어디서도 이런 비슷한 말조차 한 적이 없으니, 즉석에서 지어낸 말이라고 넘어가련다. 내가 생각하는 이유는 '달리 내세울 게 없으니 이거라도 자랑하려고'이다. 실제로 윤지오는 자신이 출연한 거의 모든 프로에서 '최연소 MBA 석사'를 내세웠다. 심지어 명함에도 이걸 써넣었다는데, 그 정도 우려먹었으면 등록금은 뽑았겠다 싶다.

윤지오는 못 뜬 이유

그래도 안쓰럽긴 하다. 연기자에게 필요한 것은 연기력이지 MBA 석사 따위가 아니니 말이다. 윤지오는 자신이 뜨지 못한 이유를 두 가지로 본다. 하나는 장자연 사건의 증인이기 때문이라는 것. 하지만 장자연 사건 당시 윤지오의 존재감은 미미했다. 그가 누군지도 모르는 이들이 훨씬 더 많았다는 얘기다. 윤지오 말대로 그 사건이 자신에게 굴레로 작용했다고 쳐도, 음주운전이나 마약을 한 이들도 다시 연예계로 복귀하는 판에, 게다가 같은 사건에 연루됐던 A씨가 상도 타는 등 승승장구하는 와중에, 왜 윤지오만 그 사건 때문에 못 떠야 했을까. 두 번째는 성상납 요구를 거절해서, 이다. 윤지오는 자신의 인스타그램에서 다음과 같은 이야기를 한다. "언니(장자연)도 긴 무명 시절 저와 같이 버텨왔고 저나 언니는 성상납을 한 적이 없어요. 그랬다면 주연을 맡고 광고를 찍으며 생활고에 허덕이지 않았을 거예요." 성상납을 안 한 게 배우로 성공하지 못한 이유라는 것이다. 이는 잘나가는 다른 배우들에 대한 심각한 모독이 아닌가!

진짜 이유는 무엇일까? 윤지오를 무대에 세웠던 연극 관계자 2명의 공통된 증언을 들어보자. "연기력이 부족해 캐스팅이 안 된 것이지, 장자연 사건에 연루되어 캐스팅이 안 된 것이 아니다. 그 사건에 연루되었는지도 몰랐다."[7] 실제로 윤지오는 몇 편의 영화에 캐스팅이 됐다. 2009년 개봉된 〈인사동 스캔들〉에서 룸살롱 아가씨로 나온 바 있으며, 같은 해 개봉된 〈애자〉에도 나왔다. 2009년은 장자연 씨가 죽은 바로 그해다. 장자연 사건의 증언 때문에 캐스팅이 안 된 건 아니라는 얘기다. 그 후 윤지오는 2011년 개봉한 〈회초리〉와 〈너는 펫〉에선 각각 약사와 뮤지컬 배우로 나오는 등 나름의 활동을 한다. 비록 단역이지만 무명배우는 다들 이렇게 연기자 생활을 시작하고, 거기서 눈에 띄면, 또는 경력이 쌓이면 더 큰 배역이 맡겨지기 마련이다. 윤지오가 MBA 같은 겉멋에 휘둘리는 대신 연기에 인생을 걸고 더 정진했다면 어땠을까? 최소한 증인 타이틀을 내세워 돈을 걷는 일은 하지 않았으리라.

6개 국어를 구사한다는 윤지오

이것 이외에도 윤지오는 자신의 학습능력에 관해 자랑하길 즐긴다.

2011년 뉴스를 보면 그녀가 영어, 중국어, 일어 등 5개 국어를 구사한다고 한다.[8] 5개 국어 중 하나는 한국어일 테니 다른 하나가 무엇일지 궁금해진다.

또 다른 기사를 봤더니 윤지오가 '영어, 프랑스어 등 6개 국어를 구사한다'고 되어 있다.[9] 하나는 프랑스어로 확인됐는데, 6개 국어라니 또 하나를 찾아야 한다.

그러던 차에 한양대 온라인뉴스매체 인터뷰를 봤더니 이런 말이 실려 있다. 연예인의 꿈을 갖고 도전한 캐나다의 큰 오디션에서 우승한 뒤 한국에 왔는데, 너무 잘하는 이가 많아서 오디션에서 번번이 떨어졌다.

"과연 그들보다 내가 잘할 수 있는 게 뭘까 계속 고민했어요. 그래서 외국어와 악기를 놓지 않고 꾸준히 배웠어요. 덕분에 3개 국어와 여러 가지 악기를 제 특기로 삼고 있어요."

이럴 수가, 여기서는 갑자기 3개 국어가 됐다.

뭐, 6개 국어를 하려면 3개 국어를 거쳐야 하니 그럴 수도 있겠다 싶지만, 그게 아니다. 5개 국어, 6개 국어는 2011년 기사고, 3개 국어는 2012년이다! 이걸 도대체 어떻게 해석해야 하는지 모르겠다.

이쯤 되면 허언증이다

윤지오의 라이브방송을 보면 단서를 찾을 수 있을까. 한 라이브방송에서 윤지오가 한 말은 이렇다. "말하고 듣고 이런 건 괜찮은데, 쓰고 읽고 이런 건 좀 약한데, 그래도 조금 구사할 수 있는 것은 일본어, 중국어, 불어? 독일어, 스페인어는 지금 공부하고 있어요."[10]

또 다른 방송이다. "다른 언어를 할 줄 알아요. 영어는 공통어니까 영어를 해서 (라이브방송에) 올려드리고, 중국어, 일본어, 러시아어는 순차적으로 올리려고 합니다. 올리고 나면 아무래도 많은 분들이 (장자연 사건에 대한) 사실에 대해 이해도가 높을 거 같아요."[11] 러시아어, 스페인어까지, 그럼 모두 몇 개야?

하지만 이 방송 뒤에 편집된 다른 영상을 보면, 러시아 수도인 Moscow의 발음도 못 해서 누군가에게 배우고 있다. 이 세상에 5개 국어, 6개 국어를 하는 사람들이 없는 것은 아니다. 하지만 그들은 대부분 영어권 사람들이다. 유럽의 언어들은 어순이 비슷하고 단어에도 공통점이 있어서, 언어에 대한 이해력이 뛰어나다면 얼마든지 단기간에 습득할 수 있다. 그런데 윤지오에게 그런 능력이 있던가? 많은 분들이 윤지오의 영어가 그다지 뛰어나지 못함을 지적하고, 여기 소개하진 않겠지만 영어를 못해서 벌어진 황당한 사례들도 여럿 있다. 그런데도 윤지오는 다른 언어를, 그것도 여러 개를, 할 수 있다고 얘기한다. 해외 언론들에 보내는 메시지를 녹음해 올리겠다고도 얘기한다. 하지만 그녀는 그 약속을 끝내 지키지 않았다. 한 라방에서 "중국어로 웨이보(중국판 SNS)를 작성했는데, 발음이 조금 안 좋아서 약간만 교정한 뒤 올리겠다"고 했지만, 그 웨이보는 끝내 업로드되지 않았다. 이런 일도 있었다. 라방 도중 어느 분이 윤지오에게 '중국어로 얘기 좀 해보라'고 부탁하지만, 그녀는 모른 체했다. 왜일까? 6개 국어는커녕 2개 국어도 제대로 소화하지 못하기 때문이리라.

로클럭에도 합격했다고?

로클럭(law clerk)이라는 게 있다. 우리말로 '재판연구원'으로, 변호사 자격을 갖춘 사람들 중 재판 업무를 보조할 사람을 임용하는, 일종의 계약직 수습공무원이다. 이 제도가 생긴 이유는 판사 나이가 너무 젊으면 재판할 때 조금 어려움이 있을 수 있다는 우려 때문이었다. 나이가 좀 있어야만 더 잘 판단할 수 있는 일들이 부지기수인데, 2009년의 경우 신임 판사 평균연령이 28.8세였다! 그래서 로클럭이 생겼다. 과거에는 사법시험 합격 후 연수원 과정을 마치면 바로 판사로 임용될 수 있었지만, 이제는 최소 5년의 법조계 경력을 이수해야만 판사가 될 수 있게 됐다. 그런데 판사의 업무를 보조하는 로클럭 경력이 있다면, 판사 되기가 훨씬 수월해진다. 당연히 경쟁도 치열해, 로스쿨 재학 중 성적이 30% 안에 들어야 한다. 그 뒤 필기시험과 인성검사 등을 통과해야 로클럭 임용예정자가 된다. 여기서 끝이 아니다. 로스쿨이 끝난 뒤 변호사시험에도 합격해야 한다. 정리해보자. 로클럭이 되려면 1) 로스쿨에 합격하고, 2) 필기시험과 인성검사를 통과한 뒤, 3) 변호사시험에 합격해야 한다.

로클럭 얘기를 자세히 한 이유는 윤지오가 여기에 대해서도 구라를 쳤기 때문이다. rose rosa 님이 올려준 윤지오의 라이브방송에서 그녀가 한 말을 옮긴다.

"로클럭이라고, 재판연구원이라고 하는데, 제가 사실은 몇 년 전에 합격을 했었는데, 아예 클래스 자체를 못 들어갔어요. 그때 당시엔 우울증이 심각하게 와가지고."

윤지오 말이면 무조건 옹호하는 소위 시녀들은 난리가 났다.

'아 그래서 말을 강단 있게 잘하시는구나.'

'지오님 법조인 하셨으면 좋겠어요. 인권변호사.'

'너무 멋있으세요.'

로클럭도 구라다(1)

윤지오는 로스쿨을 졸업하지 않았다. 그녀는, 이모부의 증언에 따르면, 서울에 있는 그리스도대학에서 관광경영학 학사학위를 취득했다. 로스쿨에 합격한 적은 단언컨대 없다. 그런데 어떻게 로클럭에 합격했을까? 어느 분이 '경영학과시면 전공도 아니신데 대단하시네요. 역시 머리가 남다르신 듯.'이라고 글을 남겼는데, 이건 머리와 상관없이 시스템상 불가능한 얘기다. 다행히 라방이라고 해서 모두 시녀들만 있는 건 아니었다.

moj**** 경영학과 출신이 무슨 로클럭이요?

윤지오가 답을 하지 않자, 그가 재차 묻는다.

moj**** 아니 로스쿨부터 다녀야 로클럭이든 뭐든 하죠. 경영학과 출신이 무슨 로클럭을 합격했었다는 개소리를 해요.

역시 윤지오는 답하지 않는다. 그 대신 앞으로는 의학 쪽으로 도전해보겠다는 얘기를 하다가 갑자기 엉뚱한 얘기를 한다.

윤지오 로클럭은 몇 년 전에 합격을 했는데, 등록만 하고 수업을 아예 못 들어갔었죠. 제가 병원에 입원을 해서.

moj**** 로클럭 합격을 어떻게 하냐고. 로스쿨을 입학을 못했는데. 로스 쿨을 다녀야 로클럭 응시를 하지.

로클럭도 구라다(2)

이쯤 되니 사람들이 로클럭에 대해 묻기 시작한다. 로클럭이 뭐냐, 그게 가능하냐 등등의 질문들. 윤지오가 드디어 해당 사안에 대해 답을 한다.

"무식하신 분이 많으시네. 아이고, 좀 검색을 해보세요."

그러고는 자신이 직접 검색을 시작한다. 윤지오의 시녀 한 명은 '골이 빈 걸 티내고 다니는 스타일인 듯'이라며 moj**** 님을 공격한다. 그런데 검색하던 윤지오가 갑자기 방송을 끝낸다.

"저는 오늘 해야 될 게 너무 많아서, 벌써 거의 한 시간 넘게 방송을 해서, 이젠 제 할 일을 좀 볼게요. 오늘도 파이팅."

moj**** 님이 '답 안 해?'라고 해보지만, 방송은 그렇게 끝나고 말았다.[12)]

추측건대, 윤지오는 로클럭이 어떤 과정을 거쳐 들어갈 수 있는지조차 몰랐던 것 같다. 검색해보니 먼저 로스쿨에 합격해야 한다는 것을 알게 되자 잽싸게 방송을 종료한 것이리라. 여기에 관해 윤지오는 캐나다의 로클럭 시스템은 한국과 다르다며 자신이 거짓을 말한 게 아니라고 해명한다. 캐나다 로클럭에 합격했다는 건 진짜라는 것이다. 여기에 관한 판단은 독자 여러분께 맡긴다.

윤지오는 법조계를 선망했다

앞으로 자주 언급하겠지만, 윤지오는 법조계에 대한 열망을 수시로 드러낸다. 누가 자기 말의 진위 여부를 따지기라도 하면 '당신이 검사냐', '공부해서 검사 되든지'라고 반격하곤 했다. 그녀는 검사를 동경했던 것일까? 미투로 유명한 서지현 검사 덕분에 용기를 내서 세상에 나오게 됐다고 말한 것을 보면, 그런 마음이 없지는 않은 것 같다.[13] 이거야 그럴 수 있지만, 라이브방송에서 한 다음 말은 정말이지 어이가 없다.

> 진짜 맘 잡고 공부하면 법조인도 될 수 있을 것 같아요. 4년 과정을 1년 만에 조기졸업했고, 스물세 살에 최연소 MBA도 땄는데, 변호사나 검사, 판사, 이런 거 공부 몇 년만 하면 될 수 있을 것 같은데요?[14]

윤지오가 원래부터 이런 사람은 아니었을 것이다. 자신이 이룬 것이 만족스럽지 않다 보니 스스로를 치장하려고 여러 가지 거짓말을 하게 됐고, 그 과정에서 거짓말에 대한 죄의식이 사라졌을 것이다. 혹시 자신의 거짓말이 드러나면 다른 즉흥적인 거짓말로 그 상황을 모면하면 된다고 생각했으리라. 그녀가 지금이라도 과거를 반성하고 새로운 인생을 출발하면 좋겠지만, 실체가 드러난 후에도 여전히 자기변명에만 급급한 그녀를 보면 그건 힘들 것 같다. '너무 멀리 왔다'며 한숨을 짓는 사람의 쓸쓸한 표정이 떠오르는데, 살면서 자기 본분에 충실해야 하는 것은 이 때문이다. 갑자기 궁금해진다. 윤지오는 증인으로서의 본분에는 충실했던 것일까? 이제 그녀 증언의 진실성에 대해 알아볼 차례다.

제6장

윤지오는 왜 증언을 16번이나 했을까?

기억의 오작동

"증언 16번 해보셨어요?"

증인이라는 자신의 위치에 만족하는 윤지오는 증언 횟수를 굉장히 강조한다. 오죽하면 책 제목이 『13번째 증언』이겠는가? 이런 의문을 제기할 수 있다. 아무리 중요한 증인이라 해도 2009년 한 해 동안 13번이나 증언할 필요가 과연 있을까? 당시 윤 씨를 조사했던 검사의 말을 들어보자.

> 일단 처음에 강제추행이라고 (윤지오가) 지목한 피의자도 바뀌었고… 사람도 바뀌었고 또 인상착의도 여러 번 변경되었고…. 뭔가 정확하지 않은 기억이나 어떠한 착오, 착각이 섞여 있는 것 같은 그런 상태였습니다. 진술의 정확성이 떨어지고 다른 일시와 장소가 섞여 있거나 무언가를 착각하는 그런 내용이 포함되어 있었기 때문에 여러 번 조사하게 된 거죠. 경찰에서.[1]

여기서 말하는 진술은 전직 기자 C씨의 성추행에 관한 내용이다. 윤지오의 진술이 어떻게 변했는지, 매일경제 5월 13일자 기사(「'윤지오 증언' 검증 부실에… 故 장자연 수사 신빙성 흔들」)를 통해 정리해보자.

-2009년 3월 15일 경찰 1회 조사: 일본어를 잘하는 50대를 용의자로 지목함. "장소는 가라오케이고, 어느 신문사인지 모르고, 나이는 50대 초반으로 일본어를 유창하게 잘 했고…."

-3월 18일 경찰 2회 조사: 머니투데이 대표 H씨를 용의자로 언급. 40대 중반으로 연령대 번복. 키가 168cm라고 진술(참고로, C씨의 키는 177cm다). "가라오케로 자리를 옮겨… 술을 마시는 과정에서… 머니투데이 H○○이 (강제추행했습니다)."

-3월 24일 경찰 3회 조사: 경찰이 유력 인사 42명의 사진을 보여줌. 윤지오는 H대표를 지목하지 못하고 50~60대 다른 언론사 사장 3명을 지목.

-3월 25일 경찰 4회 조사: H대표는 일본어를 구사하지 않았고 다른 곳에서 소개받은 신문사 회장이 잘한다고 진술 번복.

-4월 10일, H대표가 경찰에 추행이 일어난 당일 다른 곳에 있었다는 알리바이 소명 자료를 제출해 용의선상에서 제외됨.

-4월 14일 경찰 5회 조사: 이때 윤지오에게 최면수사를 함. H대표와 C씨 동영상을 보여주자 용의자로 C씨를 지목.[2)]

증언의 신빙성이 의심된다

자신이 증인이라고 자부하려면 제대로 증언을 해야 했는데, 이래서야 되겠는가? 다음 문답을 봐도 윤 씨 증언의 신빙성을 의심할 수밖에 없다.

질문 무엇 때문에 머니투데이 대표 H라고 지목을 한 것인가요?

윤지오 그 사람이 신문사에 있다는 말을 들었고 명함을 받은 기억이 있어 집에 있는 명함을 찾아보았는데 그중에서 머니투데이 대표 H의 명함이 있어 가라오케에서 본 사람이라고 생각이 되어 지목을 한 것입니다.

질문 C씨의 직업이 무엇이라고 소개받았는가요?

윤지오 제 기억으로는 인사를 할 때 신문사에 있다는 말을 들었는데, C라는 분의 직업이 어떻게 되는지 알려주세요.

질문 C씨 키는 어떻게 되는가요?

윤지오 모르겠지만 저보다 컸던 것 같고 어깨 부분이 둥글었습니다.

질문 진술인의 키는 얼마인가요?

윤지오 173cm입니다.

질문 경찰에서 조사받을 때 진술인보다 키가 작고 커봐야 168 정도 된다고 진술하였는데 어떤가요?

윤지오 위와 같이 진술했습니다. 사실 경찰에서는 H라고 생각을 했으니까요.

질문 그렇다면 진술인은 C를 H라고 이름만 착각한 게 아니라 실제로 H가 추행을 하였다고 생각하고 있었기 때문에… 키가 168cm 정도라 말하고, 심지어는 최면상태에서조차 진술인보다 키가 작다고 한 거 아닌가요?

윤지오 모르겠어요. 키가 중요해요? 대질조사를 받을 때 C씨가 저보다 키가 큰 걸 알았어요.

질문 C씨는 키는 177cm 정도고 몸무게는 82~83kg인데, 진술인은 왜 경찰에서 진술인보다 키가 작고 168cm 정도 된다고 하였나요?

윤지오 모르겠어요. 그때는 지금까지 만났던 사람은 거의 저보다 키가 작았고 저보다 키가 큰 사람이 없었다고 생각되었어요.[3)]

고딕으로 강조한 부분에 주목하자. 증언이라면 직접 본 것을 말해야지, 범인을 미리 단정 짓고 거기에 맞춰 진술을 조작해서야 되겠는가? 결국 검찰은 C씨에게 무혐의 판정을 내린다.

"강제추행을 한 사람이 누구인지에 관하여 진술을 3회나 번복하는 등 윤애영(윤지오의 본명-필자)의 진술은… 그대로 믿기 어렵다." "H가 알리바이를 주장하면서 행적을 소명하는 자료를 제출하자 새로운 사람을 지목해야 한다는 심리적 부담감 등에서 피의자를 지목했을 가능성을 배제할 수 없다."[4)] 이는 10년 뒤 열린 재판에서도 C가 무죄를 받는 이유가 된다.

윤지오는 방 사장을 모른다

윤지오에게 그렇게 수모를 당했음에도 김대오 기자는 그녀가 C씨 성추행에 대해서만은 일관된 증언을 하고 있다고 칭찬한 바 있다. 하지만 위에서 봤듯이 그 증언에서마저 윤지오는 여러 번 착오를 일으켰다. 이건 그녀의 기억력이 그다지 좋지 못한 탓이며, 그녀가 여러 번의 증언을 하게 된 것도 이 때문이었다. 〈궁금한 이야기 Y〉에서도 윤지오는 자기 기억력이 좋지 않다고 인정한 바 있다. 그렇다면 그녀가 조선일보 방 씨 등 다른 주제에 대해서는 제대로 진술한 것일까? 김수민 작가의 얘기를 들어보면, 그것도 아니다.

과거사위원회 참고인 조사를 받으며 조사관에게 물어봤다. '윤지오가 조사를 받으면서 일명 방 씨 일가에 대해 진술을 했나'였다. 조사관이 솔직히 말해주겠다며 '윤지오는 그 말을 전혀 말하지 않았다'면서 '정말 국민들은 그렇게 알고 있냐'고 반문했다. 당시 이 말을, 함께 조사를 받던 사람이 함께 듣고 깜짝 놀랐다. 우리는 녹음하지 않았지만 검찰은 전 과정을 녹음을 했으니, 사실이 아니면 처벌받을 의사도 있다.[5]

실제로 윤지오는 조사단 단원과 주고받은 카톡 메시지를 김 작가에게 보냈는데, 거기 쓰여 있는 말은 "저는 그때도 지금도 방 사장에 대해 모른다"였다. 물론 윤지오는 김 작가의 말이 사실이 아니라고 한다. "다양한 언론에서 한 언론사의 동일한 성을 가진 세 사람이라고 누차 언급했고, 과거사 진상조사단에는 실명으로 그 세 사람을 진술했다. 진상조사단에 그 기록이 있을 것이니 참조해달라."[6]

도대체 누구 말이 맞는 것일까? 당시 수사를 담당했던 검사의 얘기를 들어보면 설령 윤지오가 진상조사단에서 조선일보 관련 진술을 했다고 해도, 그게 증거로 채택되기는 어려웠을 것 같다.

"언론에서는 윤지오에 대해 유일한 목격자라고 하는데, 당시 현장에는 윤지오, 장자연, 조 씨 외에도 3~4명이 더 있었고, 다른 3~4명의 사람들과 윤지오의 진술이 상반되며, 윤지오보다도 훨씬 더 장자연과 절친했던 사람들도 '성접대나 강제추행 사실에 대해선 들어본 적이 없다'고 하므로…" "피의자들이 극구 부인하며, 윤지오의 진술이 참고인들의 진술과도 배치되는 상황에서 검찰로서는 윤지오의 진술에 대한 증거가치를 신중히 판단할 수밖에 없었다." 그러면서 그는 "과거 수사 당시 검찰이 윤지오의 진술을 믿지 못한 이유에 대해서는 검증이나 고민이 조금도 없이, '기존 수사는 부실했고 윤지오의 진술이 모두 옳다'는 식의 프레임 만들기는 보도가 아닌 선동의

성격을 띠게 된다."고 경고했다.[7)]

장자연이 마약에 취했다?

장자연 사건에 조금이라도 관심이 있는 사람이라면, 윤지오의 다음 말을 기억할 것이다.

"장자연 씨는 맥주 한 잔을 마시지 않았는데도, 마치 약에 취한 사람처럼 보였다. 술자리를 먼저 떠난 이후에 고 장자연 씨는 성폭행을 당했을 수도 있다."

이는 윤지오가 16번째, 그러니까 한국을 떠나기 전 마지막으로 진상조사단에 출석했을 때 진술한 내용이다. 그녀는 3월 28일 KBS 〈오늘밤 김제동〉에 출연해서도 비슷한 말을 했다. 약에 취한 것 같다는 거야 직접 봤으니 그리 말할 수 있다 해도, 성폭행 가능성은 본인이 먼저 자리를 떴으니 그야말로 추정에 불과하다. 증언이라는 게 자신이 본 것을 말해야 한다는 점에서, 이는 매우 부적절한 발언이다. 게다가 검증도 안 된 이 말이 언론에 대서특필되면서 고인의 명예가 훼손됐다는 점도 묵과해선 안 된다. 고인의 명예를 위해 어떤 언론과도 인터뷰하지 않는 유족들의 마음을 헤아렸다면, 이런 짓은 하지 않았으리라.

시기상의 문제도 있다. 왜 윤지오는 과거사위 조사단과의 이전 면담에서는 이런 얘기를 전혀 하지 않다가, 조사단의 임기가 끝나갈 시점에야 했던 것일까? 〈오늘밤 김제동〉에서 그녀가 한 말을 보면 그 이유가 짐작이 간다.

"이 사건은 성상납이 아니라 성폭행이며, 굉장히 악질적인 특수강간죄가 적용되는 것이다. 재조사가 진행돼 특수강간죄가 인정되면 공소시효가 15년으로 늘어나 일말의 희망을 보게 된다."[8)]

약 얘기를 한 진짜 이유는?

윤지오가 보지도 않은 얘기를 추정했으니, 나도 추정을 해보자. 증인으로서 행복한 나날을 보내고 있던 윤지오로서는 진상조사단의 활동이 끝나가는 게 불만이다. 그렇게 되면 장자연 사건이 더는 언급되지 않을 것이며, 자신의 봄날도 간다. 이래서는 안 된다. 그때 마침 약물 성폭행 의혹이 물의를 일으킨 '버닝선 사태'가 터졌다. 그래, 이거야! 윤지오는 장자연이 약물 성폭행을 당했다고 진술한다. 이렇다 할 성과 없이 1년을 보낸 진상조사단, 특히 김영희 팀장은 검증이 됐건 안 됐건 윤지오의 진술이 반갑다. '장자연 약물 성폭행'이 만들어진 이유다. 신민영 변호사도 다음과 같이 이야기한다.

> "사실 과거사위가 (장자연 사건 재조사에) 들어가면서 법적으로 가장 큰 걸림돌이 공소시효였다. 그런데 윤 씨가 마약·약물 얘기를 하면서 공소시효가 긴 특수강간죄를 적용할 여지가 생겼다. 과거사위 조사 또는 수사를 계속하기 위해서 윤 씨가 입맛에 맞는 진술을 한 것이 아닌가 의심이 들었다."[9)]

한 네티즌은 댓글을 통해 다음과 같은 질문을 했다.

-bent****: 고 장자연이 피해자라면 항상 동석하던 윤지오도 필히 피해자일 것이다. 그런데 왜 자신의 피해는 밝히거나 고소하지 않고 장자연의 증인만 자처하는지요? 약을 탔음 장자연의 술에만 약을 탔겠어요? 윤지오 씨가 마신 술은 어땠나요?

김영희의 언론플레이(1)

기억력도 좋지 않은 데다 목적을 위해서는 짜맞추기도 서슴지 않는 증인, 하지만 윤지오의 입에만 매달렸던 진상조사단으로선 어쩔 수 없었던 모양이다. 조사단 팀장 김영희 변호사는 3월 18일 YTN 〈이동형의 뉴스 정면승부〉에 나와 다음과 같이 말한다.

> 윤지오 씨는 세상에 모습을 드러낸 용감한 분이고요. 너무 감사하게 생각하고, 그분이 굉장히 기억력이 좋으시고, 사람 얼굴을 잘 구별하는 분입니다. 제가 조사를 하면서, 또 예전 기록을 보면서 참 똑똑한 사람이다, 이런 생각이 들었는데요.[10]

김영희는 3월 18일의 JTBC에서는 손석희 앵커와 다음과 같은 대화를 주고받는다.

> **앵커** 고 장자연 씨 사건의 경우에 동료배우 윤지오 씨가 증인으로 나와서 지난번에 한 얘기가 있지 않습니까? 그러니까 명단에 이름이 특이한 국회의원이 있었다라는. 이걸 다 밝혔다는 것으로 저는 들었는데.
>
> **김영희** 검찰 과거사진상조사단 총괄팀장: 조사단에 와서는 그 국회의원 이름을 확인을 해줬고요. 그리고 또 모 언론사의 3명의 이름도 정확하게 말을 해줬고, 특히 국회의원에 대해서는 이름만이 아니라 사실은 얼굴도 확인했고.
>
> **앵커** 그런가요?
>
> **김영희** 얼굴을 기억하고 계시더라고요.
>
> **앵커** 현역인가요?
>
> **김영희** 그건 죄송하지만…. 그 당시에 어쨌든 국회의원이었고 윤지오 씨가 기억력이 좋은 분입니다. 얼굴도 잘 구별을 하고요. 그래서

정확히 기억을 해내서 저희가 깜짝 놀랐습니다.

앵커 그러면 그 내용도 곧 발표가 됩니까?

김영희 그 부분은 많은 의논을 거쳐서 좀 더 확인하고… 기억이 굉장히 구체적이었습니다. 옷, 배지 이런 부분들을 다 기억하고 있었습니다.[11)]

김영희의 언론플레이(2)

배지라는 말에 손석희는 놀란다. 별반 떳떳할 게 없는 접대 자리에 가면서 신분을 노출한다는 게 이상하니 말이다.

앵커 국회의원 배지요?

김영희 네. 그러니까 배지가 달려 있었다, 이런 거죠.

앵커 배지를 달고 거기를 간 모양이죠?

김영희 너무 자세한 얘기는 못 할 것 같습니다.

앵커 그러면 그 사람말고 윤지오 씨의 기억에 지금 말씀하시기를 그 기억이 굉장히 정확해서 놀랐다고 말씀하셨는데, 아까 언론사 세 사람 얘기도 하셨고요. 또 다른 그런 대상들도 있습니까?

김영희 사실은 기억할 수 있는 사람이… 더 얘기를 했는데, 그 부분은 지금 윤지오 씨 입장은 한꺼번에 다 얘기하는 것보다는 시간을 두고 싸우겠다는 입장이라고 인스타그램에 글을 올렸다는 기사를 봤는데, 충분히 존중하고 좀더 안심하고 사회에 알릴 수 있도록 설득해야 된다고 생각합니다.[12)]

다들 알다시피, 저 국회의원의 이름은 홍준표다. 지금은 배지 안에 '국회'라고 친절하게 쓰여 있으니(다음 페이지의 〈그림〉, 오른쪽) 누구라

그림. 지금과 달리 2016년까지는 배지에 한자로 '국(國)'을 썼다. 오른쪽은 현재 배지.

도 알 수 있지만, 그 이전의 배지는 〈그림〉의 왼쪽과 같았다. 접대 자리에 국회의원이 배지를 달고 가는 것도 좀 이상하지만, 설사 그랬다 해도 윤지오가 저 배지를 보고 국회의원이라는 걸 알 수 있었을까? 칭찬은 윤지오도 춤추게 한다고, 김영희의 거듭된 언론플레이는 윤 씨로 하여금 자신의 기억력이 좋다고 믿게 만든 것 같다. 4월 14일, 국회 의원회관에서 북콘서트가 끝나고 난 뒤 열린 기자간담회에서 윤지오는 놀라운 말을 한다.

"남들보다 기억력이 우수해 또렷이 블랙박스처럼 기억하는 부분이 있다. 증언을 16번이나 한 것도 수사기관에서 (제 말에) 신빙성이 있다고 판단했기 때문이다."[13)]

이 기억력 좋은 증인이 16번이나 진술을 했다면 장자연 사건을 다룬 과거사위원회는 아주 큰 성과를 냈을 것 같다. 과연 그렇게 됐을까?

과거사위의 결론

2018년 3월 출범해 13개월의 조사를 마무리한 과거사위의 결론은 참담했다. 장 씨의 소속사 대표 김종승의 위증 혐의에 대해서만 재수사를 권고했을 뿐, 다른 혐의에 대해서는 더 수사할 필요가 없다고 판단한 것이다. 다음은 과거사위 결론에 관한 기사를 요약한 것이다.

-윤지오가 그렇게 있다고 우겼던 장자연 리스트의 진상 규명을 할 수 없다고 판단했다. 윤 씨말고 문건을 본 다른 사람들은 이름만 적힌 리스트는 없다고 진술했다. 특히 김대오 기자 등은 목록 형태의 문건은 없었다고 일관되게 진술하고 있다. 장 씨 유족도 조사단과의 전화통화에서 사람 이름만 나열된 리스트는 없었다고 진술했다.

-"특이한 이름의 정치인(홍준표) 1명이 있다"는 윤 씨의 주장도 사실무근으로 판명됐다. 윤지오는 그 사람이 '안경을 안 썼고 사투리를 쓰는 사람이 아니'라고 진술했으니, 이는 우리가 아는 홍준표와는 거리가 멀다. 조사팀이 홍준표의 10년 전 사진과 지금 사진을 보여주자 윤 씨가 "아닌 것 같다"고 했단다. 결국 조사단은 윤 씨가 착오를 일으킨 것으로 판단했다.

-장 씨가 약물에 의해 성폭행을 당했을지 모른다는 윤 씨의 주장은 "이중적인 추정에 근거한 것"이라서 받아들여지지 않았다.

이 밖에 조선일보 방 사장에 대한 성접대 의혹과 조선일보 사장 아들에 대한 술접대 의혹도 범죄사실을 판단할 자료가 발견되지 않아 수사대상이 되지 못했다. 한마디로 윤 씨가 했던 주장은 대부분 인정되지 않았다. 오죽하면 이 내용을 다룬 기사 제목이 「결국 배척된 윤지오 입」이겠는가?[14)]

김영희의 뒤끝

윤 씨의 주장 중에서 받아들여진 게 전혀 없지는 않다. 김대오 기자가 일관된 진술을 했다고 칭찬했듯이, 전직 기자 C씨의 강제추행 혐의에 대해서는 과거사위가 수사를 권고했으니 말이다. 검찰은 과거와 달리 신빙성이 있다고 판단해 C씨를 기소했고, 결국 재판이 열린다. 검찰은 C씨에게 징역 1년을 구형한다. 2019년 8월 22일, 1심 선고가 내려졌다. 무죄였다.

> 검찰은 조 씨가 2008년 8월 5일 장 씨 소속사 대표의 생일파티에 참석해 장 씨에게 부적절한 행위를 했다고 봤다. 그러나 재판부는 당시 추행 행위를 봤다고 주장하는 유일한 증인인 윤지오 씨의 진술을 그대로 믿을 수는 없다고 판단했다. 윤 씨가 2009년 수사 당시 경찰과 검찰에서 여러 차례 조사를 받는 과정에서 윤 씨가 지목한 가해자가 바뀐 것이 결정적인 문제로 지적됐다.[15)]

윤지오가 국내에 있어서 재판에서 증언했다면 조금은 달라졌을 수도 있었겠지만, 캐나다로 도망간 증인의 말을 어떻게 믿는가? 결국 과거사위 13개월은 아무런 성과도 남기지 못하고 끝났다. 국민 세금을 써가면서 벌인 일이라 아쉽긴 하지만, 결과가 그렇다면 할 수 없는 일이다.

그런데, 앞에서도 언급한 바 있지만, 조사단 팀장 김영희는 도대체 이해할 수 없는 말을 한다. CBS 〈시사자키 정관용〉에서 김영희가 한 말을 보자. "저는 1년 넘게 너무나 최선을 다했는데 오늘 이런 결과가 나와서 너무나 참담하고요. 결국 공은 시민들의 몫으로 넘어갔다고 생각합니다."[16)] 그에 따르면, 자기들은 조사를 잘 했는데, 과거사위가 다수의견을 무시하고 검사 2명의 주장만 일방적으로 채택했다는 것이다. 지금이 박근혜 정부 때라면 또 모르겠지만, 적폐 청산에 여념이 없는 문재인 대통령이 버티고 있는데 저게 도대체 무슨 얘기일까? 심지어 문 대통령은 3월 18일 '고 장자연 씨 사건을 두고 "법무부장관과 행정안전부장관이 함께 책임을 지고 사건의 실체와 제기되는 여러 의혹을 낱낱이 규명해주기 바란다'는 특별담화까지 한 바 있다.[17] 검사는 행정부에 소속된 공무원이고, 그 행정부의 수반은 다름 아닌 대통령이다. 그렇다면 그 검사들로서는 이 수사를 열심히 할 이유가 충분하다고 봐야 하지 않을까? 그런데도 검사들 때문에 엉뚱한 결론이 내려졌다니, 이건 좀 너무 나간 것 같다.

박준영 변호사의 반박

과거사위원회에서 활동했고 영화 〈재심〉으로 유명한 박준영 변호사는 김영희의 말이 "무책임한 비판"이라고 반박한다. 과거사위의 결론이 어떻게 내려졌는지, 그의 설명을 들어보자.

-과거사위원회는 내부 단원과 외부 단원으로 구성된다. 그런데 외부 단원 중에는 조사에 열심히 참여하는 이가 별로 없었다. 그래서 외부 단원들의 요구로 팀별로 상근하는 평검사가 당초 1명이었다가 2명이 됐다.

-자주 참여하지 않은 외부 단원은 뭘 잘 모르니까 다른 이의 의견에 동조하게 된다. '다수의견'이란 건 다 허상이다.

-게다가 김영희 변호사는 시종 언론플레이를 하면서 의견을 한쪽으로 몰고 갔다. 이러니 다수가 찬성했다 해도 객관적이고 합리적인 의견이라 할 수 없다.

-이 점을 잘 아는 과거사위원들이 합리적인 결론을 내렸다.[18]

이어서 박준영은 김 변호사를 비판한다. "내부사정 언급 없이 외부 단원 다수 의견이 무시됐다고 주장하며 정치권과 시민이 나서야 한다는 취지의 무책임한 주장을 하고 있다. 장자연 사건을 통해 '돈과 권력을 이용한 성착취'를 바로잡으려는 많은 시민들의 바람을 모르는 게 아니다. 그 바람이 크더라도 법과 원칙에 따라 조사를 진행해야 한다. 끊임없이 의혹을 제기하는 것만 능사가 아니다."

사실 과거사위는 애초부터 초점을 잘못 맞췄다. 장자연 자살의 이유를 알고자 했다면 전에 언급한 A씨나 유장호를 불러 조사했어야지, 문건을 대충 본 게 아는 것의 전부인 윤지오의 입에만 의존해선 안 되는 일이었다.

김영희는 쉬고 싶다

윤지오가 캐나다로 간 지 석 달이 지난 2019년 7월, TV조선 〈탐사보도 세븐〉은 윤지오에 대해 다루면서 김영희의 얘기를 담았다. 여기 출연한, 익명을 요구한 진상조사단 관계자는 김영희 변호사가 윤지오를 특별히 신뢰한 이유를 다음과 같이 추측한다.

"본인이 내리고 싶은 결론에 부합하는 진술을 해주는 사람이었기 때문에 그랬던 거 아닐까요? 어떤 주장을 하려면 그에 맞는 근거를 가지고 이야기를 해야 하는 건데, 김영희 변호사는 그런 게 부족하지 않았나 싶습니다."[19]

〈탐사보도 세븐〉은 김영희 인터뷰를 시도했다. 그녀는 인터뷰에 응하지 않겠다면서 다음과 같이 해명한다.

"죄송한데, 과거사 관련해서 인터뷰를 어느 언론사하고도 하지 않고 있어요. 그동안 과거사 일로 1년 4개월 정도 너무 고생해서 쉬고 싶은 거예요. 이해해주시면 감사하겠습니다."

과거사위가 끝나자마자 여러 방송에 나와서 억울함을 호소하던 김영희 변호사, 어쩌면 그녀도 피해자일지 모르겠다. 많은 국민들이 윤지오에게 속아 넘어간 것처럼, 김 변호사 역시 속았을 수도 있으니 말이다. 그래도 과거사위 팀장이라면 저런 무책임한 말을 하는 대신, 솔직한 심정을 이야기해줘야 하지 않았을까? 예를 들면 이렇게 말이다. "이 사건은 재조사를 하는 게 아니었어요. 10년 전 검·경의 판단이 옳았거든요. '거대한 권력에 의한 살인'은 애당초 없었습니다."

제7장

윤지오는 장자연과 친했을까?

매주 세 번씩 만났다는 윤지오

윤지오가 아무리 거짓말을 남발했다 해도, 그녀가 장자연과 정말 친했다면 최소한 그 선의는 인정할 수 있다. 윤지오가 장자연과 친했는지 알아보는 게 중요한 이유다. 윤지오가 쓴 책에는 다음과 같이 돼 있다.

> 언니와 자주 붙어 다니다 보니 자연스럽게 친해졌다. 연예계 활동에 필요한 프로필용 사진도 함께 찍었다. (…) 이틀에 한 번꼴로 K에게 불려가는 날을 제외하고 나는 언니와 자주 만났다.(『13번째 증언』, 71~72쪽)

윤지오는 자신이 장자연과 매우 친했으며, 주당 세 번씩 만났다고 했다. 라이브방송에서 한 분이 '장자연 님과 친했나요?'라고 묻자, 윤지오는 이렇게 답한다.

> 친한 사람 그 이상이죠. 정신 좀 차려요, 좀. 가족을 위해서도 목숨 걸고

이렇게 안 합니다.[1])

아무리 같은 소속사라도 연예인끼리 친해지기는 어렵다. 앞에서도 잠깐 언급했듯이, 소속사는 어디까지나 연예인들의 스케줄을 관리하고 지원하는 곳이지, 소속 연예인들을 불러서 같이 뭔가를 하는 경우는 드물기 때문이다. 그래도 윤지오는 장자연과 접대 자리에 같이 있었으니 친해질 수도 있지 않았을까? 경우는 좀 다르지만, 내가 방송에 나갈 때 경험을 떠올려본다. 몇 시간씩 걸리는 녹화가 끝난다. 처음엔 식사라도, 혹은 술이라도 같이 하나 싶었지만, 그런 경우는 거의 없었다. 다들 어디론가 가기 바빠서, 녹화 후 5분만 지나면 스태프들말곤 아무도 남지 않는다. 아, 이런 게 비즈니스 관계구나, 싶었다. 해당 프로그램이 종료되면 그나마 남은 관계도 끝나는 게 대부분이다. 그런데, 같은 소속사라는 이유만으로 장자연이 자기보다 일곱 살이나 어린 윤지오와 친하게 지냈을까. 결정적으로 윤지오가 해당 소속사에 있었던 기간은 5개월에 불과했기에, 친해질 시간도 거의 없었으리라. 윤지오가 김수민 작가에게 했다는 말을 들어보자.

"솔직히 장자연 언니와 친한 사이가 아니었고, 회사에서 몇 번 마주쳤을 뿐이었다."

같이 찍은 사진은 딱 한 장

사진의 존재는 친분을 증명하는 데 제법 중요하다. 어느 지방자치단체 지사 이 아무개 씨와 사귀었다고 주장하는 여배우 김 아무개 씨가 그 신빙성을 의심받는 이유도 같이 찍은 사진이 한 장도 없기 때문이었다. 이게 문제가 되자 김 씨는 같이 간 낙짓집에서 자신이 찍어줬다는 이 씨의 독사진을 공개했지만, 놀랍게도 그 사진은 이 씨가 아닌, 이 씨와 닮은 지역신문 기자가 찍은 셀카였다. 그 뒤 김 씨를 이 씨와 연결시키는 사람은 줄어들었다.

윤지오는 장자연과 친했다는 증거로 자신의 인스타그램에 장자연과 함께 찍은 사진 한 장을 공개했다. 골프장에서 둘이 활짝 웃으며 찍은 사진인데, 초상권 때문에 여기에는 싣지 못하니 꼭 보고 싶은 사람은 구글을 검색하시라.

그 사진을 보면 친하다고 생각할 수도 있겠지만, 문제는 그녀가 제시하는 사진이 달랑 이것 한 장뿐이라는 것이다. 한 장이라도 있으니 아예 없는 것보다는 낫지만, 친한 사이, 게다가 한창 신날 20대라면, 둘이 같이 찍은 사진이 수없이 많지 않을까. 그런데 사진이 단 한 장뿐이라면, 그리 친밀한 관계가 아니라는 얘기가 될 가능성이 크다.

경찰도 둘 사이가 친했는지 의심한다. 장자연이 죽고 난 뒤 경찰 조사에서 윤지오가 한 진술을 보자.

윤지오 2009년 12월 말경(2008년을 잘못 말한 것으로 보인다-필자) 〈꽃보다 남자〉 드라마 촬영을 할 때 자연이 언니를 녹화를 할 때 만났고, 1월경에 핸드폰으로 통화를 마지막으로 하였습니다.

문 진술인과 망자인 장자연이가 〈꽃보다 남자〉 드라마에 같이 출연을 하였는데, 마지막으로 만난 시점과 통화를 한 시점이 오래되었다고 생각되는데 친한 사이가 아닌가요?

윤지오 저 같은 경우는 더컨텐츠 기획사에서 같이 일할 때는 자주 만났고, 자주 연락을 하였는데, 제가 기획사를 그만둔 이후에는 자연이 언니에게 미안하기 때문에 제가 연락을 못 했기 때문에 그렇게 된 것이지, 기획사에서 같이 일을 할 때는 자연이 언니와는 친자매보다 더 친하게 지낸 사이였습니다.[2)]

정말 친했을까?

여기서도 윤지오는 친자매처럼 친했다고 주장하며, 그 후 연락을 안 한 이유는 혼자 소속사를 나온 게 미안했기 때문이라고 말한다. 하지만 소속사가 달라졌다고 연락을 끊는다면 그걸 친하다고 할 수는 없다. 나중에 언급할 KBS 〈거리의 만찬〉이란 프로에 출연했을 때, 윤지오는 〈꽃보다 남자〉 촬영이 끝난 뒤 화장실에서 장자연을 우연히 만났다고 했다. 거기서 장자연은 윤지오에게 고민을 털어놓으려 했지만, 윤지오는 자신이 바로 이동해야 해서 듣지 못하고 나왔다고 말한다. 그 뒤 언니의 죽음을 들었다면서, 그때가 마지막이라며 윤지오는 운다. 정말 중요한 말을 하려는데 자기가 못들은 게 안타깝다는 듯이 말이다.

경찰 진술에서는 1월에 전화를 한 번 했다고 적혀 있지만, 그리고 그땐 무슨 말을 했는지 모르지만, 이건 좀 아니다. 윤지오가 정말 언니와 친했다면, 그리고 언니가 꼭 할 말이 있는 걸 알았다면, 그날은 어렵다 해도 일정이 끝난 뒤라도 전화하는 게 사람의 도리다. 그런데 그 뒤 한 번도 전화를 안 걸었다고? 난 윤지오의 화장실 얘기가 지어낸 것이라 추측하지만, 혹시 윤지오의 말이 사실이라면 그때 장자연은 이런 말을 하고 싶었으리라.

"너, 제발 좀 나랑 친하다고 얘기하고 다니지 마!"

10년 전, 윤지오의 증언(1)

물론 사람은 바뀔 수 있다. 누군가가 죽고 난 뒤에야 그 사람의 가치를 깨닫고, '더 잘할 걸 그랬다'며 후회하는 경우도 얼마든지 가능하다. 살아생전 친한 사이가 아니었다 해도 지인이 권력의 음모에 의해 희생되는 것을 목격한다면, 억울함을 풀어주겠다며 뜻밖의 행동에 나서기도 하지 않는가? 윤지오는 이와는 거리가 멀다. 일단 윤지오는 장자연이 무슨 음모 때문에 희생됐다는 생각을 하진 않았는데, 이는 2009년 그녀가 법정에서, 그리고 경찰서에서 했던 진술을 보면 알 수 있다.

윤지오의 법정 증언

문 증인은 피고인 김○○이 부르는 자리에 갔다고 하였는데, 피고인 김○○이 증인에게 술을 따르라거나 성접대를 하라고 강요한 사실이 있나요?

윤지오 그런 것은 없고, 노래를 부르거나 춤을 추게 된 것도 강압적으로 한 것은 아닙니다.

문 피고인 김○○이 증인이나 장자연을 그런 자리에 데려갔을 때 주로 만나는 사람들은 연예 관계자들이 많았지요?

윤지오 주로 그런 편이기는 하였습니다.

문 그런 사람들에게 증인이나 장자연이 신인 배우이니까 얼굴을 알리기 위한 목적으로 참석한 것이지요?

윤지오 예.

문 증인은 피고인 김○○이 권유하는 것이 아니더라도 함께하는 손님들에게 2차를 간다든지, 개인적인 만남을 갖자는 이야기를 들은 적이 있나요?

윤지오 변○○ 대표가 증인에게 선물로 MP3를 주겠다고 하면서 저녁에 만나자고 하여서 증인이 피고인 김○○에게 말을 하였더니 볼 필요가 없다고 하여서 만나지 않았고, 나중에 피고인 김○○과 같이 식사를 할 때 받았습니다.

문 장자연으로부터 함께하는 손님들이 2차를 간다든지, 개인적인 만남을 갖자는 이야기를 했다고 들은 적이 있나요?

윤지오 장자연이 따로 이야기한 적은 없고, 술자리 같은 곳에 가기 싫으니까 장자연이 한숨을 쉬면서 "너는 아직 발톱의 때만큼도 느끼지 못했을 것이다."고 말한 적은 있습니다.

문 (장자연 문건과 관련) 성상납과 관련하여 구체적인 내용은 적혀 있지 않았나요?

윤지오 성상납을 했다는 내용이 아니라 성상납을 강요받았다는 것입니다.

10년 전, 윤지오의 증언(2)

여기에 더해 윤지오는 장자연이 자살한 것이 접대 때문만은 아니라고 말한다.

문 증인은 장자연이 죽은 후에 장자연이 왜 자살을 했을 것이라는 생각을 하였나요?

윤지오 사람이 죽음까지 가는 데는 힘든 심경과 많은 생각을 했을 것이라고 생각하고 장자연이 워낙 여리고 감당하기 힘든 무엇인가가 있었을 것이라고 생각하는데, 그것이 확실히 어떠한 것인지 모르겠습니다. 당시에는 증인과 장자연이 각별한 사이였지만 증인이 회사를 먼저 나오면서 깊게 이야기한 적이 없고, 이런 일이 벌어진 후에 장자연의 유가족들에게 장자연이 우울증이 있었고 많이 힘들어했다는 것밖에 들은 것이 없습니다.

문 증인은 장자연이 술접대 등에 나간 것이 자살의 원인이 되었다고 생각하지는 않나요?

윤지오 어느 정도의 원인은 있었겠지만, 전체적인 이유가 그런 것 때문이라고는 생각하지 않습니다.

(중략)

문 술집에서 김○○ 대표 옆 좌석에서 진술인과 장자연이 술시중을 들었다고 하는데, 어떻게 술시중을 들게 하였는가요?

윤지오 술자리에서는 김○○ 대표가 저와 자연이 언니를 양옆에 앉게 한 다음에 접대를 하는 손님들에게 우리 기획사에 소속된 배우라고 소개하면 이름을 말하면서 '안녕하세요'라고 인사하였고, 제 생각에 김○○ 대표가 게이이기 때문에 손님들에게 자신이 여자도 좋아한다는 말투로 농담을 하면서 이야기를 하였고, 저희들에게 술시중을 들게 하거나 별다른 행동을 하지 않았습니다.

문 그렇다면, 술좌석에서 진술인이나 장자연에게 술을 따르게 하거나 육체적으로 접촉을 하거나, 심지어는 접대하는 손님과 같이 춤을 추게 하거나 블루스를 추도록 강요는 하지 않았는가요?

윤지오 김○○ 대표는 저와 자연이 언니에게 술은 절대로 따르지 못하게 하였고, 접대하는 손님에게도 술을 따르지 못하게 하였고, 춤을 강제로 추도록 한 적은 없고, 어떤 손님이 저와 같이 브루스를 한번 추자고 권하자 김○○ 대표가 안 된다고 말을 하였고, 어떤 술좌석에서는 높은 사람이 왔을 때 눈치를 주면서 술을 따르라고 하여 저와 자연이 언니가 술을 따라준 적이 있습니다.

윤지오의 경찰 진술

문 진술인은 장자연이 무엇 때문에 자살을 하였다고 생각하는가요?

윤지오 제가 확인은 하지 않았지만, 김○○ 대표가 심적이나 협박을 했기 때문에 우울증으로 고생하였다는 말을 자연이 언니가 사고가 난 이후에 ○○ 언니를 통해 알게 되었고, 한편으로는 기획사에 소속된 연예인은 항상 출세를 하기 위해 어쩔 수 없이 그런 행동을

하다 보니 극적인 행동을 한 것으로 보입니다. 앞으로는 이런 일이 생기지 않았으면 좋겠습니다.[3)]

검은 옷의 진실(1)

그러니까 소속사 대표는 장자연으로 하여금 접대 자리에서 술을 따르거나 블루스를 추는 행위를 막았고, 그 접대 자리도 신인배우의 얼굴을 알리고자 한 것이었다. 게다가 장 씨의 죽음은 그런 접대 때문도 아니다! 도대체 여기에 무슨 음모가 도사리고 있는가? 이랬던 윤 씨가 10년이 지난 뒤에 나타나 조선일보와 이름이 특이한 정치인의 이름을 거론하며 그들이 장자연을 죽였으며 자신마저 제거하려 든다고 말하는 게 이해되는가?

자기 말의 신빙성을 더하려는 의도인지, 윤지오는 장자연이 죽고 난 뒤 10년간 검은 옷만 입고 다녔다고 말한다. 불과 5개월 남짓 알았던 이가 죽었다고 그 긴 세월을 검은 옷만 입었다고? 지금 생각하면 어이가 없다. 조선시대에도 아버지가 돌아가시면 겨우 3년 동안 상복을 입었는데, 21세기 대한민국의 20대 여성이 가족도 아닌 이를 위해 10년간 검은 옷을 입는다고? 당시 사람들은 그 말을 믿었지만, 그 후 윤지오의 거짓말이 하나둘씩 드러나면서 검은 옷 이야기도 신빙성을 의심받는다. 게다가 인터넷에는 그녀가 아프리카TV BJ 시절 찍었던, 야한 옷을 입고 즐거워하는 영상이 한둘이 아니다. 윤지오는 여기에 대해 다음과 같이 해명한다. 5월 1일 그녀가 자신의 인스타그램에 올린 글이다.

"저는 '피해자는 왜 검은색 옷만 입고 구석에서 울어야만 하냐'고 물었다. 제가 왜 검은색 옷만 10년 내내 입어야 하나?"

검은 옷의 진실(2)

윤지오가 이러는 게 한두 번이 아니지만, 이번 반박도 선후 관계가 완전히 바뀌었다. 아무도 그녀에게 검은 옷을 10년간 입어야 한다고 하지 않았다. 그녀가 먼저 그렇게 말했기 때문에 사람들이 영상을 근거로 '그건 아니지 않으냐?'고 따진 것이다. 자신이 10년간 검은 옷을 입었다고 한 적이 없다는 말도 전혀 사실이 아니다. 이를 뒷받침하는 영상들이 여기저기 널려 있으니 말이다. 〈김어준의 다스뵈이다〉에서 윤지오는 다음과 같이 말한다.

> 이런 일들을 겪었다고 해서 제가 죄인처럼 만날 고개 숙이고, 검은 옷만 입고 다니고 구석에 있고 이럴 필요가 없었는데, 그동안 저는 집밖에도 안 나가고 몇 년을 일 자체를 못 했거든요. 사람 자체도 못 만나고. 그럴 필요가 없고 본인을 위한 삶이 가장 중요하잖아요. 그걸 저는 너무 오랜 시간이 지나서 알게 됐거든요.[4)]

검은 옷만 입고 다닐 필요가 없었는데 그러지 못했다, 그걸 너무 오랜 시간이 지나서 알게 됐다는 뜻이 아닌가! 다음은 YTN 뉴스프로그램 〈스탠바이미〉의 한 장면이다.

MC 최영주가 윤지오에게 이렇게 묻는다. "지난 10년간 굉장히 피해자로서 살아왔고 검은색 옷만 입고 살아왔다는 인터뷰를 봤는데, 오늘 굉장히 밝은 의상 입고 오셨어요." 윤지오는 이렇게 답한다. "… 여태껏 그래 왔는데… 저도 일반적인 30대 여성이어서 그런 모습을 하나하나 찾고 싶고."[5)]

〈오늘밤 김제동〉에서 한 말을 보자. "제가 사실 죄인처럼 너무 검은색만 입고 다녀서, 제가 잘못한 게 없어서 오늘은 좀 밝게…."[6)]

이랬던 이가 '왜 내가 검은 옷만 입어야 하냐?'고 도리어 성을 내다니, 이럴 때 쓰는 말이 '적반하장'이 아닌가. 추측건대 윤지오는 검은 옷 프레임으로 증언자로서 자신의 진정성을 각인시키고자 했던 것 같다. 아무리 그래도 그걸 반박하는 영상 증거들이 있다면 잘못했다고 사과하는 게 상식에 맞지만, 내가 언제 그런 말을 했느냐고 성을 내는 걸 보면 윤지오가 보통사람은 아니다.

숨어 지낸 것도 구라

검은 옷을 입지 않았다고 해서 숨어 살았다는 게 반박되는 것은 아니다. 보라색 옷을 입고도 얼마든지 숨어 살 수 있으니 말이다. 하지만 윤지오는 숨어 살기는커녕 장자연이 죽은 직후에도 많은 활동을 한 모양이다.

> 윤 씨의 싸이월드 미니홈페이지에 따르면 윤 씨는 2010년 3월 7일 남양주의 한 화장품 매장에서 TV 광고를 찍었다. 윤 씨는 'TV CF'로 시작하는 제목의 게시글에서 "단 몇 초를 위해 남양주에서 밤새 한 촬영"이라며 "즐겁고 행복했다"고 적었다.… 다음날인 3월 8일에도 "넓었던 세트장 안에 환한 조명들 덕에 따뜻했던 촬영장"이라며 "대기탈(할) 때는 모두 셀카질에…"라고 쓴 뒤 화장품 브랜드 배경의 사진을 게시했다. 또 "세트장 자체가 화장품 매장이었다는… 모델들 모두 놀라고…"라고 쓴 뒤 "센터(가운데 자리)여서 생글생글 기분 좋았던…"이라고 적었다. 윤 씨의 홈페이지를 보면, 그는 장 씨가 사망한 이후 플루티스트로 활동했고 연말에는 은행 광고도 찍었다. 치킨업체 홍보물 촬영, 영화 VIP시사회 초대, 인터넷매체 인터뷰 등도 한 사실들도 공개돼 있다.[7)]

2010년 3월 7일이 장자연의 1주기라는 사실을 접어둔다 해도, 장자연 사후 저리도 활발한 활동을 한 이가 '10년간 아무도 안 만났다', '일 자체를 못 했다'고 말하는 건 어이없다. 도대체 윤지오는 왜 이런 거짓말을 남발한 것일까? 실제로는 장자연과 전혀 친하지 않았기 때문이다. 친하지도 않았던 이가 목숨을 걸고 증언을 한다면 믿을 사람이 없을 테니, 거짓말로라도 친분을 증명하려 한 것이 아니겠는가? 하지만 윤지오는 자신이 그런 말을 한 적이 없다면서 오히려 성을 내니, 그 뻔뻔함에 혀를 내두르게 된다. 다음은 그녀가 자신의 인스타그램에 쓴 말이다.

"'윤지오는 검은 옷만 10년 동안 입고 숨어 지냈다.' 그들은 그렇게 어느 영상에서도 제가 인터뷰에서도 말한 적 없는 허위사실을 만들어내며 '거짓의 방패'를 만들어냈습니다."

장 씨 전 남자친구의 증언

이 밖에도 윤지오가 장자연과 친하지 않았다는 증거는 많다. 애인을 사귀게 되면 가까운 친구에게 소개하기 마련이다. 친구를 만나야 하는데 그사이 애인과 헤어지는 게 싫어서일 수도 있고, 애인을 다른 이들에게 자랑하고픈 마음도 있을 것이다. 장자연에게는 죽기 한 달 반 전까지 1년간 사귄 남자친구가 있었다. 윤지오가 정말 장자연과 가까운 사이였다면, 그 남친이 윤 씨를 최소한 한 번은 봤어야 한다. 설령 윤 씨가 장 씨 남친과 한 번도 만난 적이 없다 해도, 윤지오가 주당 3회씩 장자연과 만날 만큼 친했다면, 남친이 윤지오의 존재를 아는 게 상식에 맞다. '버닝선' 취재로 유명한 SBS 강경윤 기자가 남친 최 씨를 인터뷰했다.

장례식 이후 차마 연락을 드리지 못했지만, 저나 유족분들이나 비슷한 마음일 거라고 생각해요. 자연이의 이름만 나와도 무서워서 기사를 읽지 못하겠어요. 그런데 윤지오 씨라는 분은, 그 상황을 겪지도 못했으면서 마약, 성폭행, 성접대, 술시중 등 자연이에게 치명적인 주장을 서슴없이 하고 있어요. 저를 비롯해 자연이와 절친했던 친구들은 자연이에게 윤지오 씨의 이름을 단 한 번도 듣지 못했어요. 그런데 윤지오 씨가 고인의 이름을 담은 책을 내고, '굿즈'를 만들다뇨. 그건 너무 잔인한 일이에요. 자연이와 절친했고 참고인 조사를 받았던 사람들도 신변 위협, 미행을 당해본 적 없어요.[8)]

진영논리의 끝판왕, 클리앙(1)

위 기사가 나간 것은 5월 23일, 이때쯤엔 웬만한 사람은 윤지오의 실체를 알고 있었다. 어머니 핑계를 대고 캐나다로 도망치듯 출국했으니, 그녀를 의심하는 게 이치에 맞다. 하지만 인터넷 커뮤니티 '클리앙'은 달랐다. '문빠' 사이트의 최고봉이라 할 클리앙은 그 신앙의 깊이가 박사모에 버금갈 정도라 평가받는데, 그 평가에 걸맞게 클리앙은 지금까지도 '아 몰랑. 조선일보가 장자연 죽였어'를 외치며 윤지오를 떠받들고 있다. 예컨대 강경윤의 장자연 전 남친 기사를 본 클리앙 이용자분이 글을 썼다.

가만히 있다가 뜬금없이 인터뷰했네요. 이 시점에 윤지오를 공격하는 발언이 주요 내용이고 장자연 씨는 죽고 싶다는 하소연을 자주 했었다는 게 주요 내용입니다. 하필 이 시점에? 그 사람 인터뷰 보면 장자연 씨는 그냥 우울증으로 인해 자살했다고 결론 내리게 되네요….[9)]

댓글에서는 음모론 파티가 벌어진다.

-저놈들 통장 내역 조사 좀 해봤음 싶네요.

-나중에 취업 어디로 하나 조사해보면…

-자칭 남친이겠죠.

-또 하나의 왕진진 아닐까요.

-변함없는 사실은 조선 방가와 엮여 있다는 거죠.

-이 타이밍에? 그저 웃지요.

진영논리의 끝판왕, 클리앙(2)

윤지오 남친이 조선일보로부터 사주를 받고 저런 인터뷰를 했다는 얘기다. 그때쯤엔 '엠팍'(mlbpark)을 비롯한 대부분의 대형 커뮤니티가 윤지오에게 휘둘린 걸 참회하고 있었으니, 꿋꿋하게 버티는 클리앙의 기개는 다른 의미로 칭찬해줄 만하다.

그런데 그들 말대로 저 남친은 급조된 인물일까? 전혀 그렇지 않다. 2009년 장자연이 죽고 난 뒤 경찰은 장 씨의 휴대전화기에 남겨진 최 씨와의 메시지와 통화 내역을 근거로 최 씨를 블러 참고인 조사를 했다. 저들이 떠드는 게 다 헛소리라는 얘기다. 그간 뭐 하다가 지금 나섰냐는 의혹도 해명할 수 있다. 장자연의 유족, 마음을 나눈 친구였던 스타일리스트 이 씨 등등 살아생전 장 씨를 아끼던 이들이 다 그랬듯, 최 씨 역시 장자연에 대해 10년간 침묵을 지켰다. 그런데 '이 타이밍'에 최 씨가 나선 이유는 윤지오 때문이었다.

"최근 고인과 친했다고 주장하는 한 배우의 기사를 읽었다. '언니가 성폭행을 당한 것 같았다', '마약에 취했을 것 같다' 등 얘기를 하는 걸 보면서 '아무리 확인할 수 없는 망자의 일이라고 할지라도, 도를 넘은 게 아닌가'라는 생각이 들었다. 적어도 자연이의 명예를 훼손하는 일에 대해서 바로잡아야겠다고 생각했다."[10]

그의 동기가 충분히 이해가 간다. 이런데도 클리앙은 '방가방가'를 외치며 남친의 존재를 부정한다. 이들의 진영논리는 거의 종교 수준인데, 윤지오의 어설픈 거짓말이 통할 수 있었던 데는 이렇게 종교적 신념을 가진 이들의 존재가 절대적이었다.

윤지오가 윤지오에게 했어야 하는 말

남친 기사에 대해 윤지오가 그냥 있을 리는 없었기에, 그녀는 자신의 인스타그램에 다음과 같은 피드를 남긴다.

진짜 분노하게 되네요. 언니에 대해서 제대로 알지도 못하는 저 사람이나 그것을 기사화하는 기자와 언론매체나… 제가 아는 언니 남친은 저 분이 아닙니다. 당신이 그래서 누군데요? 뭐가 언니를 위한 일인지를 알아야죠. 아는 것도 없으면 언니 이름 함부로 들먹이지 말고 비켜요. 부끄럽고 창피한 줄을 아셔야지.

많은 이들이 이런 말을 한다. 윤지오 얘기를 들어보면 꼭 자신한테 하는 얘기 같다고. 이 피드 역시 그랬다. "아는 것도 없으면 언니 이름 함부로 들먹이지 말고 비켜요. 부끄럽고 창피한 줄을 아셔야지."라는 말이야말로 우리가 윤지오에게 하고픈 말이 아닌가? 그런데 윤지오는 이번에 사람 잘못 봤다. 강경윤 기자는 윤지오에게 순종하는 다른 기자들과 달랐기에, 윤지오의 피드를 읽고 이를 반박하는 DM(다이렉트 메시지: 인스타그램 하는 이들끼리 쪽지로 의견을 주고받는 것)

을 보낸다. '최 씨는 장자연이 죽기 한 달여 전까지 사귀던 남친이 맞고, 장자연과 친했던 지인들도 최 씨를 다 알고 있다, 그런 최 씨를 네가 모른다면, 윤지오 너야말로 장자연 씨와 가깝지 않았던 게 아니냐? 최 씨의 명예를 위해 사실관계를 바로잡길 바란다.'

대결, 강경윤 대 윤지오

여기에 대해 윤지오가 또 발끈하면서, 강경윤과 윤지오는 DM으로 설전을 벌인다. 맞춤법은 바로잡지 않는다.

윤지오 제가 알고 그알(〈그것이 알고 싶다〉)팀이 알고 있는 남자친구분은 저분이 아닙니다. 저에게 말씀하고자 하는 요지가 무엇인지요?

강경윤 요지는, 사과하시라고요. 본인이 모르면 진실이 아닌 건가요?

윤지오 저를 먼저 공격한 것이 그쪽인데, 그쪽이 사과하셔야 맞죠.

강경윤 틀린 부분이 있으면 그걸 언급하세요.

윤지오 당신들이야말로 당신들이 아는 단면만 진실인 듯 다루죠.

강경윤 당신? 윤지오 씨가 아는 게 단면이란 생각은 안 하고요?

윤지오 무턱되고 하고 싶은 말씀만 하시고 사과하라니요? 기사 제목부터 절 겨냥해서 썼고 먼저 언급하신 것은 그쪽이시죠.

강경윤 무턱대고라뇨. 사실 확인한 부분에 대해 기사를 썼다고 취재 경위 설명해드렸잖아요. 원하는 게 진실 아닌가요?

윤지오 변호사분 통해서 연락하시기 바람합니다. 제 인터뷰도 안 하셨고요.

강경윤 변호사 누구요?

윤지오 기자분이시니 잘 아시겠죠.

강경윤 수사기록상 있는 내용 토대로 썼고, 크로스체크했잖아요. 최 씨가 누군지, 윤지오 씨는 모르시죠?

윤지오 그게 무슨 크로스체크라는 건지.[11)]

강경윤은 다시금 변호사가 누구냐고 묻는다. 몇 번을 더 묻지만, 윤지오는 대답하지 않는다. 윤지오가 자신의 변호사에 관해 얘기한 적은 정말 십수 번이 넘지만, 그 변호사가 실체를 드러낸 적은 거의 없다시피 하다. 네스호에 살고 있다는 전설의 괴물 '네시'나 UFO를 타고 가끔씩 나타난다는 외계인을 떠올리면 될 듯하다. 저 대화에서 윤 씨는 기자가 나름대로 크로스 체크를 해서 올린 기사에 대해 "아 몰라. 내가 모르면 아닌 거야!"라고 우긴다. 이 책을 쓰게 된 이유는 진영논리에 의한 진실의 왜곡을 고발하고 윤지오의 젓값을 치르게 하기 위함이지만, 또 한편으로는 책을 읽고 윤지오가 자신의 잘못을 깨닫기를 바라서이기도 한다. 이루어질 가능성이 희박한 충고를 던지는 것은 그런 차원이다. 지오 씨, 지금이라도 진심으로 국민들에게 사과하세요. 그리고 유족들에게 잘못을 인정하고 용서를 비세요. 그러지 않는다면, 당신은 앞으로도 마음 편히 살지 못할 거예요.

제8장

윤지오, 언론과 싸우다

뉴시스의 폭로

권 모(40) 씨는 TV에서 울고 있는 그녀를 보고 의구심이 들었다. 권 씨는 2008년 더컨텐츠엔터테인먼트에서 장자연과 윤지오의 매니지먼트를 한 인물이다.… "지오는 자연이와 친하지 않았다. 당시 지오가 싸이월드에 자연이와 찍은 사진 한 장 올린 적이 없다."… 백 모(41) 씨도 마찬가지다. 백 씨는 더컨텐츠에서 2007년 12월부터 2009년 2월까지 장자연 담당 매니저였다. "요즘 윤지오를 보고 가장 먼저 든 생각은 '갑자기 관심받고 싶어서 저러나?', '누가 시켰나?'다. 지오는 자연이와 그렇게까지 친분이 있지 않았다. 따로 연락하는 것을 본 적이 없고, 따로 만났다고 들은 적도 없다. 지금 지오는 다 두루뭉실히 말하지 않느냐. 회사에서도 (장자연 사망) 이전에 나갔고, 알고 있는 사실이 전혀 없다. 접대자리를 강요한 적은 절대 없다. 오히려 지오는 술자리에 안 불러주면 섭섭해했다. '나 어제 누구 만나서 뭐 했어~'라며 유명한 사람들과 친분을 과시했다. 지금 하는 행동이 이해가 안 된다."[1)]

뉴시스에 실린 「윤지오, 장자연 사건의 절대선인가?」라는 기사의 일부다. '기자수첩' 형식으로 쓴 이 기사는 윤 씨 매니저인 권 아무개 씨와 백 아무개 씨의 입을 빌려 증언자로서의 윤 씨의 신빙성에 의문을 던진다. 정말 놀라운 사실은 이 기사가 쓰인 시점이 4월 8일이라는 점이다. 이때는 아직 윤지오의 권력이 막강하던 시기로, 대부분의 국민이 윤지오를 의인으로 칭송하고 있었다. 그런 시점에서 욕먹을 게 뻔한 기사를 썼으니, 작성자인 최지윤 기자에게 '기개 있다'고 평할 수 있겠다. 모두가 한 곳을 바라보고 있을 때 "여기가 아니야. 저기야!"라고 외치려면 용기와 더불어 남다른 통찰력도 필요한데, 최지윤 기자가 윤지오의 매니저들을 인터뷰한 것은 그 통찰력의 일환이었다.

네티즌과 윤지오의 분노

이때라도 다른 언론들이 이 기사에 주목해 윤지오를 의심했다면 그녀의 사기행각이 더 일찍 드러났을 테고, 최소한 호텔비로 지급될 세금 몇백만 원은 아낄 수 있었을 테지만, 사태는 그렇게 흘러가지 않았다.

-dein****: 뉴시스 최지윤 기자. 당신이 저 입장이라면 자신의 인생을 걸고 나와 조선일보와 공권력을 상대로 저 폭로를 하고 세상의 관심 받는 일을 할 수 있을 거라 생각하나. 얄팍하고 무지하다. 기자로서 기본은 둘째치고 인간성이 나쁜 사람이네.

네티즌들의 융단폭격은 당연한 것이었다. 하지만 전혀 예상치 못한 일이 일어났으니, 윤지오가 뉴시스에 대해 분노를 쏟아낸 것이다. 4월 8일 오전 10시, 기사가 인터넷에 뜨고 4시간이 지났을 무렵, 윤지오는 더불어민주당 안민석, 이종걸, 바른미래당 김수민, 정의당 추혜선 등 자유한국당을 뺀 여야 의원들의 초청을 받고 국회에 간다. 수많은 취재진이 몰린 이날, 윤지오는 안민석과 추혜선 사이에 우뚝 서서 일장 연설을 한다. 그런데 그 내용이 좀 뜬금없었다.

아침에 뉴시스 기사를 봤습니다. 뉴시스 기자님 오신 분 계신가요? 안오셨나요? 정정보도 부탁드립니다. 안 그러면 제가 할 수 있는 선에서 법적으로 대응하도록 하겠습니다. 있는 사실만 봐주시고 부디 기자로서의 사명감을 지켜주셨으면 감사하겠습니다.[2]

카메라를 들고 서 있는 기자들, 그리고 TV로만 보던 국회의원들, 결코 쉬운 자리는 아니다. 보통 사람 같으면 아무리 열받는 일이 있어도 그저 '저를 불러주셔서 감사드린다, 진실이 밝혀지도록 최선을 다하겠다', 뭐 이런 정도의 덕담을 하고 말았을 것이다. 대부분의 사람이 매스컴 앞에서는 좋은 사람인 척하기 일쑤니 말이다. 하지만 윤지오는 여기서 한 언론사를 저격하며 법적 대응을 시사한다. '아니, 저렇게 성깔이 있는 사람이었던가?' 편안히 누워 영상을 보던 난 그 대목에서 놀라 자리에서 일어난다. 그 영상을 본 다른 이들도 나만큼 놀랐겠지만, 그때는 이것 역시 '진실을 밝히고자 하는 증언자의 의지' 정도로 미화되고 말았다.

국회의원들, 숟가락을 얹다

비공개 간담회가 끝난 뒤 이날 모임에 참석한 국회의원 9명은 '윤지오와 함께하는 의원 모임'을 결성한다.

안민석 '윤지오와 함께 동행하는 의원 모임'을 결성할 것에 함께 마음을 모았습니다.

김수민 윤지오 씨의 용기에 힘입어 저희 국회도 최선 다하겠습니다.

최경환 윤지오 씨의 방패막이 되자, 이런 말씀 드립니다.[3)]

이들의 명분은 증인 윤지오를 지키자는 것이었지만, 실상은 윤지오의 명성에 편승해 숟가락을 얹으려는 행위였다. 이는 윤지오의 행각이 거짓임이 드러난 뒤 이들이 했던 말에서 여실히 드러난다.

안민석 그 모임은 그때 말로만 그러고 그 이후에 한 번도 모인 적이 없는데…. 그때는 도와주는 게 당연했죠. 지금 있는 이런 이야기들은 어떻게 우리가 알 수 있겠어요?

남인순 제가 그거 (윤지오 초청 간담회)에 개입을 해서 한 게 아니기 때문에 자세한 소식은 몰라요.[4)]

'말로만 그러고 한 번도 안 모였다'니, 너무하지 않은가? 박근혜 탄핵 당시 맹활약을 했던 스타 국회의원 안민석의 명예는 이렇게 추락했다. 이건 물론 나중 일이고, 당시 영상으로 윤지오의 발언을 지켜보던 뉴시스 기자들은 모골이 송연했을 것이다. 국민의 성원을 받는 것에 더해 여당 실세 국회의원들까지 윤지오를 봐주고 있었으니까.

의혹의 시작

여기에 다른 언론사도 합세해 뉴시스를 비난했다.

…뉴시스 칼럼은 권력에 대항하는 윤지오 씨의 행보를 막고 장자연 사건의 실체를 못 밝히게 하려는 백래시의 전형입니다. '메시지를 반박할

수 없을 때는 메신저를 공격하라'는 정치 전술은 워낙 고전적이라 다들 들어보셨을 겁니다. 누군가의 발언이 사실이거나 여러 이유로 반박하기 힘들 때, 발화자 자체를 공격해 발언에 대한 신뢰를 깎아내리는 수법입니다. 한국 정치에서도 자주 볼 수 있고, 성범죄 피해자의 피해 사실에 대해 피고인 측에서 반박할 때도 자주 쓰입니다. 누가 봐도 메신저나 스피커, 즉 말하는 이를 공격하는 것처럼 보일 때, 이를 의심해주십시오. 비판적으로 사고하고, 이를 취재원에게 질문하고, 이런 취재 내용을 바탕으로 합리적인 정보를 시민에게 전달하는 게 기자의 역할 아닐까요.[5)]

이 기사를 쓴 기자가 지금 자신의 기사에 대해 어떤 생각을 하는지 궁금해진다. 물론 그 당시엔 다 이렇게 생각했으니 기자만 탓할 수는 없지만, 네티즌들이 다 속아 넘어간 것은 아니었다. 이때 벌써 윤지오를 의심하는 댓글이 나타나기 시작하니까.

-mung****: 여러 기사들을 보면서 느낀 거지만, 추측성 발언뿐인 건 윤지오 씨도 마찬가지인 것 같다. 뭔가 시원스런 증언 하나 없이 경호만 요구하다 돌아가는 것 같아 씁쓸하네요. 혹시 다시 돌아오신다면 좀더 명쾌한 증언 부탁드려요. 장자연 씨에 대한 진실이 진짜 밝혀지길 원한다면요.

-chor****: 장자연 사건 진짜 제대로 수사해야 한다고 생각하는데 경호비용이 한 달에 2000만원이나 드나? 좀 과하긴 한데 내가 세상 물정 모르나?[6)]

여론에 휩쓸리지 않고 자신이 본 것만을 믿으며, 그 안에서 나름의 결론을 끌어내는 분, 이런 분을 세상은 '선지자'라고 부른다. 선지자가 되기 위해 꼭 엄청난 능력이 필요한 것은 아니다. chor**** 님처럼 경호비용이 그렇게나 많이 드는지에 대해 의구심만 표했더라면, 윤지오의 정체는 더 빨리 드러났을 것이다.

북콘서트가 취소된 이유

의원들을 등에 업은 윤지오의 서슬에 뉴시스가 칼럼을 삭제(〈그림〉)함으로써 1차전은 윤지오의 승리로 끝난다. 하지만 이대로 물러날 뉴시스가 아니었기에, 그로부터 엿새 뒤인 4월 14일, 윤지오는 뉴시스와 2차전을 벌인다.

그날은 윤지오가 한국에 온 목적인 책 『13번째 증언』의 북콘서트가 열린 날이었다. 원래 윤지오는 4월 1일에 다른 곳에서 북콘서트를 할 예정이었지만, 하루 전에 행사가 취소됐다. 왜일까? 기사에 따르면 당시 윤지오는 '취소한 게 납득이 안 된다'라고 했다. 그녀에게 국회를 북콘서트장으로 빌려준 안민석 의원 역시 "석연치 않은 이유" 때문에 취소됐다며 음모론을 제기했다. 하지만 윤지오는 훗날 라이

그림. 그날 오후 3시경, 뉴시스는 해당 칼럼을 삭제했다. 이는 국민과 국회의원이 합세한 부당한 권력이 참언론을 탄압한 사건이다.

브방송에서 그 이유를 다음과 같이 설명한다.

관계자 측에서 귀찮고 짜증나서 취소하고 싶다고 말했고, 당일 전날, 어떻게 콘서트가 이루어질지 안 알려주시니까 저로서는 계속 재촉하고 여쭤볼 수밖에 없었고, 그게 귀찮고 짜증난다며 취소하고 싶다고 하셔서, 그게 맞다고 생각해서 환불 요청을 했어요. 그랬더니 도움이 1도 안 되는데 내가 이걸 왜 하려고 했는지 모르겠다고 하셔서, 아, 나한테 1이라도 도움을 받으려고 했었구나, 이 생각이 들더라고요.[7)]

그러니까 북콘서트 취소는 일각의 주장처럼 보이지 않는 권력의 개입 때문이 아니라, 윤지오가 관계자를 귀찮게 해서 일어난 해프닝이었다. 윤지오로선 북콘서트가 처음이니 궁금한 게 많았을 테고 좀 잘해보고 싶기도 해서 관계자에게 여러 가지를 물었을 텐데, 이게 역효과를 불러일으킨 모양이다.

그 취소는 전화위복이었다

그래도 이건 윤지오 입장에선 잘된 일이었다. '아트홀'에서 유료로 하는 것보단 국회에서 하는 게 훨씬 더 많은 관심을 받을 수 있었으니까. 실제로 윤지오는 그날 하루를 아주 행복하게 보냈다. 수도권 4선 의원인 안민석, 최순실 사태의 고발자 노승일, 대한항공 조현아로부터 갑질을 당한 박창진이 참석해 덕담을 해준 것도 기뻤겠지만, 평생 해보고 싶었던 팬미팅의 꿈도 이루지 않았는가? 시민들은 응원의 문구를 담은 종이비행기를 그녀에게 날렸고, 윤지오가 노래를 부를 땐 야광봉을 흔들며 그녀를 응원했다. 노래 도중 그들의 손을 잡아주는 윤지오의 모습은 증언자라기보다는 인기스타의 재림이었다.

그런데 콘서트 후 사인회에서 윤지오가 당황했을 법한 순간이 온다. 사인을 받으러 온 한 남성이 다음과 같은 말을 했기 때문이다. "아프리카TV 자주 보고 있어요. 자주 들어오는데 저, ○○○라고 아시려나? 가끔 인사하거든요."[8] 이건 그 뒤 터져나온 윤지오의 '아프리카 스캔들'의 전조지만, 당시 여기에 주목한 이는 없었다. 콘서트 내내 윤지오는 이런 생각을 했으리라. '그래, 한국에 오길 참 잘했어.'

뉴시스와 설전을 벌이다

사인회 후 기자간담회가 이어졌다. 이런 자리에선 증언자로서 윤지오의 어려움이나 앞으로의 계획을 묻고 우리 모두 좋은 사회를 위해 애쓰자는 식의 훈훈한 덕담이 오가기 마련이지만, 일은 그렇게 되지 않았다. 뉴시스 기자가 포문을 열었다. "지난번 인터뷰에서 머니투데이 H회장과 식사 자리에서 같이 술을 마셨다고 했고, 그 뒤 H회장이 자신에게 꽃을 보내서 무서웠다고 했는데, 그게 맞느냐?" 이는 윤지오가 전날 미디어오늘과의 인터뷰에서 머니투데이 H회장이 장자연 사건에 연루된 것처럼 인터뷰를 한 것에 대한 반격 차원이었다.

머니투데이는 뉴스1, 뉴시스, 스타뉴스 등의 언론사를 거느린 거대 미디어그룹. 이곳 회장과 윤지오의 악연은 2008년 시작됐다. 윤지오는 저녁식사 자리에서 소속사 사장의 소개로 H회장과 인사를 나눴다. 장자연이 죽고 난 뒤인 2009년, 윤지오는 경찰에 출석해 전 조선일보 기자 C씨가 장자연을 성추행한 것에 대해 진술한다. 앞에서도 언급했지만, 윤 씨는 여기서 H씨를 범인으로 지목한다. 왜 그랬을까. C씨가 언론인이라는 데 생각이 미친 윤지오가 자신이 받은 명함을 뒤지다 H의 명함을 발견했기 때문이었다. 'C씨는 언론인! H회장도 언론인! 그러니까 범인은 H회장!'이라는 논리. 나중에 H회장이 그 자리에 없었다는 게 증명됨으로써 없던 일이 됐지만, 윤지오는 10년 뒤 미디어오늘과의 인터뷰에서 자신이 H회장을 범인으로 지목했던 시점에 그로부터 꽃을 받았다고 말한다.[9)]

> …(H회장으로부터) 꽃을 받았습니다. 어떻게 보면 스토킹인데, 집을 아신다는 것 자체가 솔직히 두려웠어요. 경찰 측에 말씀드렸더니 수거해가셨어요. 혹시나 폭발물이나 녹음장치가 있는지에 대해서. 10년 전이구요, 오히려 놀랐어요. 다시 재조명이 될 수밖에 없는데 오히려 (H회장이) 저한테 고마워해야 하는 입장인데, 오늘 아침 (뉴시스-필자) 뉴스를 봤는데 제가 잘못 발언한 것처럼 쓰셨더라고요.[10)]

윤지오의 적반하장

엉뚱한 이를 범인으로 찍었으니 윤지오가 미안해해야 맞지만, 그 뒤 보내지도 않은 꽃을 자신에게 보내어 협박했다는 식으로 얘길 하니 뉴시스 기자들이 발끈하는 건 당연하다. 게다가 윤지오는 그게 마치 경찰 잘못인 것처럼 말한다. 경찰이 명함을 토대로 몇 명의 사진을 놓고 범인을 고르라고 했는데 그 안에 C씨 사진이 없어서 H회장을 찍었다나. 아니, 사진이 없으면 '이 안엔 없다'라고 하면 될 걸 왜 엉뚱한 H회장을 찍은 것일까. 게다가 H회장이 자신에게 고마워해야 한다는 건 무슨 말인지 모르겠다. 그러더니 윤지오는 당시 검사의 입을 빌려 윤지오의 오류를 비난하는 내용의 기사를 쓴 뉴시스를 저격한다.

> 검사 D님이 저를 비난했다는 기사를 쓰신 걸로 알고 있는데, 떳떳하시면 본명으로 나와주시고, 잘못된 수사로 재수사를 하게 된 것에 대해선

본인이 인정을 해주시는 게 맞다고 보고 있고… 한 기자로 인해 지금 모이신 훌륭하신 기자분들의 명예가 실추됐으니 기자님들께 사과를 해야 한다고 봐요.[11)]

이번엔 뉴스1 기자가 나선다. 그는 사실관계가 달라서 미디어오늘을 고소한 상태라고 한 뒤, 꽃을 보낼 때 꽃에 H회장의 명함이 있었느냐고 물었다. 실제로 그 꽃엔 명함 같은 게 전혀 없었다. '네', '아니오'로 대답할 사안이지만, 윤지오가 가장 약한 게 바로 이런 질문이다. 윤지오는 "그쪽에서 꽃이 배달돼 무서웠었다."라는 다소 뜬금없는 얘기를 한 뒤, "대표가 개인에게 명함을 주는 게 일반적이지 않다"고 얘기한다. 역시 동문서답이다. H회장이 명함을 준 게 자사 연예인을 잘 부탁한다는 소속사 사장의 부탁 때문인 걸 감안하면 더더욱 어이없다. 윤지오의 말은 이어진다.

미디어오늘을 고소했다고요? 왜죠? 법적으로 그게 문제가 되나요? 본인이 떳떳하시면 그게 고소가 될 거리라고 보여지지 않으며, 오히려 뭔가를 은닉하려는 걸로 오해가 되네요. 취하하는 게 맞을 것 같고. 사실에 대해 명예훼손을 한다는 것은 합당하지 않게 보이거든요.[12)]

제가 우스우세요?

훗날 백 번도 넘게 '고소한다'는 으름장을 놓을 윤지오가 고소에 대해 이런 말을 했다는 게 아이러니하다. 그녀는 고소라는 게 떳떳하지 않은 이가 뭔가를 은닉하려 하는 것이라는 잘못된 편견을 가진 듯하다. '사실에 대해 명예훼손'이 합당하지 않다는 대목도 문제다. 꼭 좋은 것은 아닐지 몰라도 우리나라는 명예훼손의 범위를 매우 폭넓게 인정하는 나라여서, 그게 '사실'이라 해도 명예훼손 '범죄'가 인정될 수 있다. 예컨대 있지도 않은 신변 위협을 빌미로 후원금을 걷은 이가 있다고 치자. 그 때문에 그는 2년의 징역을 살고 나왔다. 그런데 이 사실을 아는 누군가가 "그 사람 사기꾼이고 감옥도 다녀왔다"라고 쓴다면, 그래서 다른 이들이 다 알게 된다면, 허허 웃고 넘어갈 수 있을까? 사실을 적시해도 명예훼손이 되는 건 이 때문이다.

윤지오의 두서 없는 말에 기자도 물러나지 않았기에, 둘의 설전은 계속된다. 결국 윤지오는 분노를 폭발시킨다.

윤지오 그건 본인들이 확대해석하는 거 아닌가요? 그렇게 치면 뉴시스에선 왜 저한테 말도 안 되는 (기사를), 모함하신 거잖아요. 사과하셨어요? 이 자리에서 왜 해명을 해야 하죠?

기자 이 부분은 확실하게 하고 넘어가야 하는 부분인 것 같아서….

윤지오 그럼 본인들이 먼저 확실하게 쓰셨어야죠. 저한테 뭐 하셨어요. 지금까지 뭐 하시는 거예요. 장난하세요? 제가 우스우세요?[13)]

이런 날 선 질문들이 오가는 건, 북콘서트치고는 이례적이었다. 이 분위기에 눌려 현장에 왔던 다른 언론사들이 아예 이야기를 꺼내지 못할 정도였다. 시간 관계상 기자간담회는 여기서 마무리된다. 많은 네티즌들이 뉴시스와 뉴스1 기자를 몰아붙인 윤지오의 기개를 칭찬했으니, 뉴시스와의 2차전도 표면적으로는 윤지오의 승리로 귀결된 듯하다. 여세를 몰아, 윤지오는 말한다. 앞으로는 신뢰할 수 있는 언론하고만 인터뷰하겠다고. 이때는 뉴시스 하나만을 배제하겠다는 거였지만, 얼마 뒤 다른 언론사들도 하나둘씩 뉴시스에 동조하기 시작한다. 네이버에서 윤지오를 의심하는 댓글에 공감이 더 많이 달리기 시작한 것도 이때부터다. 북콘서트를 보도한 4월 15일의 SBS 기사에 달린 댓글을 보면, 윤지오의 시간이 끝나간다는 게 확 느껴진다.

-kia4****: 너는 책을 만들어서 장사를 한 게 큰 실수한 거임. 나도 진짜 멋있다 대단하다 끝까지 좋게 봤는데 책 낸 거 보고 결국 고인 팔아서 돈 벌겠다는 걸로밖에 안 보임. 진짜 개실망. 장자연을 두 번 죽인 거지. 성접대 관련된 새기들 누군지 밝히지도 못하고. 어그로 이빠이 끌어서 결론은 책장사.(공감 74, 비공감 50)

-etro****: 지인의 죽음으로 책을 팔고 후원금을 걷는 넌 누구?(공감 55, 비공감 29)

-bale****: 장 씨랑 그 자리에 같이 있었다 말고 이 여자가 한 게 뭐가 있나? 지금까지 뭘 증언했는데?(공감 36, 비공감 8)[14)]

꽃을 보낸 사람은 누구?

이 얘기를 마무리하기 전에, 그때 윤지오에게 꽃을 보낸 이가 누군지 말씀드려야겠다. 정답은 현재 머니투데이에 근무하며, 당시 스타뉴스에 있던 김건우 기자였다. 장자연 사후 윤지오가 경찰 조사를 받았다는 정보를 입수한 김 기자는 윤 씨 인터뷰를 시도하지만, 윤 씨가 만나주지 않았기에 꽃배달을 통해 주소를 알아보려 했다. "3월 30일 아파트 부근 꽃집에서 자비로 꽃을 구입한 후 꽃집 주인에게 '아파트 관리사무소에 가서 윤 씨의 동, 호수를 파악한 후 직접 배달해줄 것'을 요청했다."[15)]

김 기자는 이런 식의 꽃배달이 취재원의 주소를 알아내는 기법의 하나였다며, 여기에 대해 필요하다면 법적인 책임도 지겠다고 한다. 그러자 윤지오는 H회장이 거짓말을 덮으려고 김 기자를 내세웠다고 반박한다. "이분은 갑자기 어디서 나오신 건지 모르겠다. 마주친 기억도 없다."[16]

누구 말이 맞을까? 10년 전의 경찰 진술서(오른쪽 그림)는 김 기자의 손을 들어준다.[17]

당시 김건우 기자는 윤지오의 신고로 경찰에 불려가 조사를 받았고, 이를 입증할 자료도 다 남아 있는 상태다. 물론 김 기자가 H회장의 심부름으로 꽃배달을 했을 가능성도 있긴 하다. H회장이 얼떨결에 피의자로 조사받은 게 억울해 '나대지 마라'는 뜻으로 꽃을 보낼 수도 있을 테니까 말이다. 하지만 머니투데이가 확보한 경찰 진술조서를 보면 모든 게 너무 명백하니, H회장이 꽃을 보냈다는 설은 포기하는 게 좋겠다. 하지만 클리앙은 지금도 H회장이 꽃을 보냈고 그건 H회장이 장자연의 죽음에 관련이 있다는 증거라고 믿고 있으니, 그 광신의 정도는 지구에서 가장 깊다는 마리아나 해구보다 더 깊은 것 같다.

SBS 박원경 기자, 팩트 체크를 시도하다

자, 이제 다음 대화를 들어볼 차례다.

때는 4월 22일, SBS 법조팀에 근무하는 박원경 기자가 윤지오의 경호원에게 질문이 담긴 문자메시지를 보내면서 윤지오와 통화를 했으면 좋겠다고 말한다. 박 기자는 2016년 한국방송기자 대상을 수상한 매우 훌륭한 분이다. 왕진진 사건의 직격탄을 맞았던 아픈 기억 때문일 수도 있지만, 다른 언론들이 윤지오의 말을 검증 없이 보도한 것과 대조적으로, SBS는 비교적 차분한 기사를 쓰고 있었다.

이날 박 기자가 확인하고자 했던 것은 김수민 작가의 폭로가 사실인지 여부였다. 이로부터 엿새 전인 4월 16일, 김 작가는 「작가 김수

문 진술인은 윤지오에게 꽃을 보냈다고 하는데, 그 일시장소가 언제인가요

답 2009. 3. 30. 15:00경에 선녀와 나뭇꾼이라는 꽃집에 전화를 하여 윤지오의 집으로 꽃을 보낸 것입니다.

문 그럼 윤지오에게 꽃을 보낸 의도는 무엇인가요

답 윤지오의 집 주소를 알고 싶어서 보낸 것입니다.

그림. 김건우 기자가 경찰 조사를 받은 조서의 일부.

민입니다. 윤지오 씨 말은 100% 진실일까요」라는 제목의 글을 올렸는데, 워낙 충격적인 내용이 많은 그 글에는 다음과 같은 내용이 있었다. '윤지오는 이름만 적힌 장자연 리스트가 있다고 주장하지만, 윤 씨는 장자연 리스트를 본 게 아니라 윤 씨가 경찰 조사를 받던 중 수사관이 자리를 비운 틈에 수사할 사람들의 이름이 적힌 문건을 본 것이라고 나한테 얘기했다.' 김 작가의 말이 사실이라면, 윤지오는 지금까지 거짓말을 한 셈이고, 증언자로서 윤지오의 존재는 더이상 가치가 없다. 그래도 한쪽 말만 듣고 기사를 쓸 수는 없기에, 박 기자는 윤지오에게 이 폭로가 맞는지 여부를 확인하려고 질문을 한 것이다.

기자가 예상한 대화는 아래와 같았다.

시나리오 1.

기자 김 작가는 윤지오 씨가 리스트를 본 게 아니라 경찰 문건을 봤다고 얘기했다는데요.

윤지오 아닙니다. 김 작가가 거짓말하는 거예요. 저는 그런 얘기를 한 적이 없습니다.

기자 아, 그렇군요.

시나리오 2.

기자　리스트 본 게 아니라는데요?

윤지오　네, 그 말이 맞습니다. 제가 관심받으려고 그동안 거짓말했어요.

기자　아, 그렇군요.

팩트 체크는 전쟁으로 치닫고

이 얘기를 하는 데는 그리 오랜 시간이 걸릴 이유가 없다. 그런데 둘의 대화는 10분 가까이 이어졌고, 내용도 산으로 갔다. 이건 윤지오가 지나치게 공격적이었던 탓인데, 팩트 체크에 대해 예민하게 구는 것은 거짓말쟁이의 전형적인 특징이다. 먼저, 통화가 이루어진 경위를 살펴보자. 박 기자는 윤지오의 경호원에게 문자로 질문지를 보낸다. 경호원은 그 문자를 윤지오에게 전해줬고, 윤지오는 곧바로 스피커폰을 통해 박 기자에게 전화를 건다. 윤지오는 전 과정을 라이브로 생중계했기에, 많은 이들이 이 광경을 본다. 전화가 연결되자, 윤지오는 다짜고짜 경호원 번호를 어떻게 알았느냐고 묻는다. 기자가 경호원에게 설명했다니까 "저한테 설명해주셔야죠. 제가 질문했잖아요."라고 한다. 기자가 어이없다는 듯 웃는다. 윤지오가 발끈한다. "웃으세요?"

그때도 그랬지만, 지금 다시 봐도 이 장면은 웃긴다. 이틀 후 캐나다로 도망치듯 출국할 사람이, 자기가 여전히 권력자인 양 갑질을 하니까.

윤지오　질문하시는 거, 제 기사랑 책이랑 아무것도 안 보시고 질문하시는 것 같은데요.

박원경　책 봤고요, 예전 진술조서도 봤고요.

윤지오 근데 뭘 확인하시고자 하는 거예요.

박원경 질문드린 그대롭니다.

윤지오 질문을 다시 읽어주실래요?

박원경 책에 보면 (장자연 문건을) 7장을 보셨다고 되어 있잖아요. 법원에 나오셔서는 문건을 유장호 씨 차에서 봤다고 진술을 하셨는데.

윤지오 사본은 차에서 봤고, 원본은 봉은사에서 유가족분들과 같이 봤어요.

박원경 보신 7장이 원본에 다 포함되는 7장인가요?.

윤지오 원본이랑 사본 개념 몰라요? 원본이랑 사본 동일하죠.

박원경 제가 드린 질문, 아직 안 읽어보셨죠?

박원경은 부쳐였다(1)

박원경의 말대로 윤지오는 질문을 거의 읽지 않았지만, 순순히 인정할 윤지오가 아니었다.

윤지오 질문 읽어보다가 어이가 없어서 전화드린 겁니다.

박원경 어떤 부분이 어이가 없죠?

윤지오 박훈 씨(김 작가를 대리해 윤지오를 고소한 변호사-필자)가 이 사건에 대해 뭘 아신다고 저한테 박훈 씨 얘기를 하시는지 모르겠네요.

박원경 (사전 질문은 포기하고) 그냥 질문을 드릴게요. 7장이라고 하는 게 당시 보셨던 문서의 전체 분량인가요?

윤지오 네.

박원경 말씀하셨던, 사람 이름이 3, 40명 적혀 있었다는 그 문건도 그 7장 안에, 봉은사에서 봤던 문건에 포함돼 있었던 건가요?

윤지오 네.

박원경 김수민 작가가 이야기하시는 부분에, 윤지오 씨께서 대화 나눴던 부분을 공개한 부분도 있더라고요. 그 부분 관련해서 옛날에 조사받으실 때 사람들 이름이 적혀 있는 문건을 봤다, 고 하는 부분들이 있던데요, 그건 모르시는 이야기인가요?

윤지오 무슨 말이에요? 질문을 제대로 해주시면 좋겠습니다.

박원경 질문을 제대로 드렸는데요. 이 질문부터 먼저 드릴게요. 3, 40명 적혀 있었다는 그 문건은 장자연 씨 수기로 작성되어 있었나요?

윤지오 제대로 안 보셨네요. 제 인터뷰랑 모든 것들을.

(이상, do_remisol 인스타그램 피드 참조)[18)]

박원경은 부처였다(2)

원본, 사본의 개념을 모르느냐, 당신 지금 아무것도 모르면서 질문하고 있지 않으냐. 윤지오는 시종 이런 식이었다. 윤지오가 질문 자체를 이해 못 해서 이러는 것일 수도 있지만, 그보다는 어떻게든 이 상황을 모면하려는 나름의 노력이 아니었을까 싶다. 하지만 그 노력은 박 기자는 물론이고 그 영상을 지켜보는 이들에게 아무런 힘도 발휘하지 못했다. 예, 아니오로 답해야 하는 것들에 대해 시종 딴지를 거는 모습은 증언자로서의 신빙성을 떨어뜨릴 뿐이었다.

윤지오 저기요, 기자님. 원본, 사본 봤는데, 자연 언니 친언니가 자연 언니 글씨체가 아니라고 했고, 원본 내놓으라고 했고, 그날의 모든 필적은 동일했고, 이해를 못 하시는 건가요?

박원경 아니요. 이해를 하고 다시 한번 확인차 전화드린다고 문자를 드렸었어요.

윤지오 전혀 이해를 못 하신 것 같습니다만.

박원경　사람 이름이 적혀 있던 부분들도 수기로 적혀 있었단 말씀이신 거죠?

윤지오　워드로 작성된 게 아니라 자필로 작성돼 있고.

〈개그 콘서트〉라는 프로그램 중 '황해'라는 코너가 있었다. 조선족 남자의 보이스피싱이 소재인데, 그 수법이 너무 어설퍼 웃음을 줬다. 가장 큰 웃음 포인트는 상대의 논리적인 반박에 자기가 당황할 때마다 오히려 "당황하셨어요?"라고 상대에게 묻는 장면이었다.

윤지오도 그 조선족과 다르지 않았다. 위의 대화에서 보는 것처럼 자신이 궁지에 몰릴 때마다 "이해를 못 하시냐?"며 기자에게 윽박지르곤 했으니까 말이다. 그때는 그 모습이 참 얄미웠는데, 이 글을 쓰려고 영상을 몇 번씩 돌려보다 보니, 하나의 거짓말을 덮기 위해 발버둥치는 모습이 되려 안쓰럽게 느껴진다. 박 기자는 다른 질문을 포기하고 핵심 질문 한 가지만 던지기로 한다.

"김수민 작가는, 보셨다는 이름이 적혀 있는 문건에 대해서, 윤지오 씨가 보낸 (카톡) 대화 내용들 중에 검찰이나 경찰 수사과정에서 그 문건을 처음 봤다, 그런 대화를 본인에게 보냈다고 이야기하신 것 같은데…."

윤지오, 김수민 이야기에 분노하다

거짓말쟁이가 가장 싫어하는 이는 자신의 실체를 알고 있는 사람이다. 그의 한마디에 공들인 사기가 무너질 수 있으니 말이다. 윤지오가 뉴시스에게 거품을 문 이유도 자기 비밀을 아는 매니저들을 인터뷰해 기사를 썼기 때문이 아닌가? 하지만 김수민 작가는 그 매니저들과 급이 다른, 거의 모든 비밀을 알고 있는 사람. 윤지오의 내부에서 분노가 끓어오른다. 그 이후의 대화가 싸움으로 귀결되는 건 필연이었다.

윤지오 죄송한데, 김수민 씨 저 딱 한 번밖에 안 봤고, 그 사람이 뭘 안다고 가타부타하는지 모르겠고. 지금 그따위 거를 저한테 질문이라고 하시는 거예요? 질문 자체가 뭘 하시는 질문인지 정말 불쾌하네요.

박원경 제가 더 불쾌하네요. 저는 확인차 말씀드린다고 말씀을 드렸는데….

윤지오 뭘 확인하시려는 거예요, 그분이? 김수민 씨나 박훈이 수사관이신가요? 검찰이에요, 경찰이에요?

박원경 그건 전혀 관계없는 질문이에요.

윤지오 그거하고 관계없는데 저한텐 왜 그런 질문을 하세요?

박원경 왜 질문을 하다뇨? 허(웃음), 무슨 말씀인지 전혀 모르겠네요.

김 작가가 한 말이 맞느냐는 간단한 질문에 저렇게 나오니, 어이가 없다. 보는 이도 어이가 없는데, 질문을 하는 박 기자는 어떻겠는가? 박 기자는, 웃는다. 웃는 것말고 달리 할 게 없을 만도 하다.

윤지오, 동문서답의 끝판왕

윤지오는 이 웃음에 예민하게 반응한다.

윤지오 비웃으세요?

박원경 비웃는다고요? 지금 윤지오 씨가 저를 비웃고 있는 거 같은데요. 저는 확인차 질문을 드린다고 말씀을 드렸는데, 제가 질문을 드리는 거 자체를 어이없다 하시는 거니.

윤지오 네, 어이가 없죠.

박원경 이해시켜드리면서 질문을 드리고 있잖아요.

여기서 윤지오는, 대한민국 인터뷰 역사상 길이 남을 말을 남긴다.

"죄송한데, 질문 자체가 모든 걸 다 이해를 하지 않은 상태에서 한 질문인데, 제가 왜 이해를 해야 하죠?"

윤지오는 알았을까? 자기가 지금 무슨 말을 하고 있는지. 이 말에 박 기자는 황당해한다.

박원경 네? 무슨 말씀하시는 거죠? 관련되는 내용들에 대해 확인차 전화를 드린다고 문자를 드렸고, 그렇게 말씀하시면 드릴 말씀이 없는데요, 김수민 작가 같은 경우 한 번 봤다고 하는데, 대화를 주고받은 내용을 보면 장기간이고 내용도 많더라고요. 그러다 보니까 말씀을 여쭤보는 거예요.

윤지오 그러니까 질문이 뭔데요?

박원경 대화의 맥락들 속에 수사를 받던 과정에서 사람들이 적혀 있는 이름이 가득 찬 페이지를 윤지오 씨가 보셨다는 메시지 내역이 있다고 하는데….

윤지오 그걸 공개를 했나요?

박원경 제가 이야기를 들었어요.

윤지오 이야기를 들은 거랑 본 거랑 자료가 있는 거랑 다르잖아요, 기자님?

박원경 이야기를 들었던 부분들이 있으니….

윤지오 그럼 그분 이야기를 들으세요, 그럼. 저한테 뭘 확인하려는지 모르겠고. 그분이 어떤 분인지는 아세요? 이수역 피해자 분들에게 2차가해했던 분이에요. 그분 말이 신빙성이 있다고 믿으시는 건가요?

다시, 박 기자는 부처다

김 작가가 이수역 피해자에게 2차가해를 했다는 것도 사실이 아니지만, 이수역 사건은 윤지오 사건과 아무런 관계가 없으니, 여기서 그걸 끌고 오는 건 전혀 이치에 맞지 않는다. 보통 사람이라면 더 얘기하기 싫었겠지만, 박 기자는 다시 마음을 다잡고 질문을 던진다.

박원경 메시지를 주고받았던 것 자체도 부인하시는 건가요?

윤지오 메시지는 주고받았죠.

박원경 그러니까 그 메시지를….

윤지오 무슨 메시지를 주고받았는지 아시기는 하시냐고요? 본인이 수사관이세요?

박원경 그 부분을 듣고 나서 이야기를 여쭤본다고 하잖아요. 그 부분에 대해서 그런 메시지를 보냈던 자체가 없다, 라고 말씀을 하시거나, 그 부분은 어떠어떠한 부분이다, 라고 말씀을 주시면 되는 것이지….

윤지오 그 사람이 뭘 갖고 있는지도 모르는데, 제가 무슨 얘기를 해요? 그럼 공개하라고 하세요.

박원경 제가 그런 부분들이 있다, 라고 이야기를 하잖아요. 본인은 그런 메시지를 보낸 적이 없다, 라고 하거나, 그 부분을 보낸 적이 있다면 그건 이러이러한 내용이라고 말씀을 주시면 되는 거지, 뭘 가지고 있는지 모르겠으니까 답변을 하지 않겠다는 건 제가 드린 질문에 대한 답변은 아니에요.

윤지오 질문 자체가 이상한데, 무슨 답변을 드려요.

박원경 질문이 뭐가 이상하죠?

윤지오 무슨 내용으로, 제가 당연히 보낸 건 맞죠. 카톡을 주고받은 건 맞는데, 밥을 뭘 먹었는지, 무슨 내용인지를 모르는데, 그 상황을 알지도 못하는데, 주고받은 걸 확인해달라고요?

박원경 그 부분을 듣고 나서 여쭤본다고 하잖아요, 제가. 보냈던 내용들 중에 수사 과정에서 원고 형태의, 수사관이 자리를 비웠을 때 사람들이 적혀 있는 내용의 문건을 봤다, 그게 사실상 처음이었다, 라는 취지의 말씀을 본인 메시지로 보냈다고….

윤지오 뭔 소리야, 그게. 경찰, 검찰에 다 나왔잖아요, 기자님!

박원경 장자연 씨 문건에 그 내용이 있다는 게 아니라 수사 과정에서 그걸 봤다는 취지의 메시지를 보냈다고 하니.

윤지오 제가 그 사람한테 그딴 걸 왜 보냈고, 얘기했다 해도 그 사람이 뭔데 얘기를 해요?

박원경 아니, 그걸 보내신 적 있으세요, 없으세요?

윤지오 저도 봐야죠. 그럼 그 사람한테 공개하라고 하세요. 허위사실 유포면 고소할 거예요.

박 기자는 정말 부처다

'해리포터' 영화에서 마법사들이 보는 책은 책장을 펼치면 주인공들이 책에서 나와 이야기를 나눈다. 갑자기 그 책 얘기를 꺼내는 이유는 이 대화를 육성으로 들려드리지 못하는 게 너무 아쉬워서다. 듣는 시청자들이 멀미가 날 지경인데도, 박 기자는 초인적인 인내심을 발휘해 윤지오에게 두 개의 보기를 준다. 그런 메시지를 보냈는지, 안 보냈는지, 둘 중 택일하라고. 윤지오는, 질문이 이상해 답을 못 하겠다고 한다. 그 메시지가 밥을 뭘 먹었는지, 무슨 내용인지 몰라서 확인해줄 수가 없다는 것이다. 게다가 윤지오의 특기가 될 고소 드립까지, 정말 한 편의 드라마다. 주옥같은 멘트는 다음 대화에서도 계속 나온다.

박원경 고소는 지오 씨가 하시면 될 것 같긴 한데, 사실관계를 확인하고자….

윤지오 당신이 뭔데 사실관계를 확인하나요? 둘만의 문제잖아요?

박원경 그럼, 저희는 윤지오 씨가 하는 얘기들을 검증 없이 그냥 받아쓰기만 하면 되나요?

윤지오 제가 기사 내달라고 했나요? 본인이 인터뷰를 하려고 하시는 거잖아요.

박원경 인터뷰를 하려는 게 아니라요, 윤지오 씨랑.

윤지오 그럼, 인터뷰 안 할 거면 끊을게요. 본인이 기잔데 인터뷰를 안 하고 확인을 해요? 본인이 경찰이에요, 검찰이에요? 끊을게요. 진짜 어이가 없습니다. 이거, 지금 말씀하시는 거 다 유튜브에 다 나갔고요.

박원경 그건 그렇게 하시면 돼요.

윤지오 이미 그렇게 하고 있습니다. 저희 경호원님한테 다시는 연락 안 해주셨으면 좋겠습니다.

사실 확인은 검찰과 경찰만 할 수 있다니, 윤지오에게 '뭐 먹고 싶어?'라고 물어보면 당신이 요리사냐, 라고 따지려나? 둘의 통화는 여기서 끝나지만, 윤지오는 쉬이 화가 가라앉지 않는다.

> 아, 진짜, 기자? 허, 여러분, 저게 인터뷰예요? 이러는 거 다 보셨죠? 그러면서 저보고 비웃었대요. 저게 뭐 하자는 거예요, 지금? 인터뷰를 하겠다는 게 아냐. 그러면서 왜 물어봐요? (경호원에게) 그냥 끊으세요! 대답할 가치도 없어. 뭐 하자는 거야, 지금? 경호원 님, 그냥 끊으세요! 대답할 가치가 없는 사람이에요. 여러분은 저게 납득이 가세요, 지금? 진짜, 수준 차이 납니다. SBS가 적으로 돌아서서, 이미 저를 적으로 생각해서 저런 질문을 하는 분들인데요, 저를 공격하는 사람들 신원 파악을 제대로 해보세요. 제대로 된 사상을 가진 분들이 아니고, 다 본인들 문제가 있는 분들인데, 본인이 이상한데 왜 저에게 무슨 말을 하는지 저는 전혀 알 수가 없네요. 가해자들에게는 저런 질문 못 하겠죠. 제가 만만한가 보죠. 이거는 기록에 남겨놓겠습니다. 일단 저장해야 하니….

윤지오, 그리고 '깨시민'들

윤지오는 이 인터뷰를 라이브방송으로 중계한 뒤 인터넷에 업로드한다. 덕분에 생중계를 못 본 이들도 이 영상을 볼 수 있었고, 이는 '윤지오 사건'에서 매우 중요한 분기점이 된다. 김 작가의 폭로로 혼란에 빠졌던 이들이 이 영상을 보고 윤지오가 거짓말을 한다는 걸 확신하게 됐으니까. 또한 이 영상은 윤지오의 판단력이 얼마나 빈약한지를 여실히 보여줬다. 저런 통화를 하고서도 윤지오는 네티즌들이 자기 편을 들어줄 줄 알았던 거다! 하지만 상황은 그렇게 되지 않았다. 기대와 달리 그녀에 대한 비난 댓글이 폭주하자, 윤지오는 잽싸게 이 영상을 삭제했고, 추측건대 다른 이용자들이 인터넷에 올린 것들도 다 삭제하도록 조치한 것 같다. 그래서 지금은 구글에서 검색 가능한 게 'ava charmchi' 님이 6월 5일 업로드한 파일이 유일한데, 아쉽게도 이 파일은 편집본이라 중간중간 주옥같은 대사들이 빠져 있다.[19)]

정말 신기한 일은, 이 영상을 보고도 대부분의 대형 커뮤니티들이 여전히 윤지오를 옹호했다는 점이다. 클리앙보다 그 믿음이 훨씬 덜한 '엠팍'의 반응을 한번 보시라. 어느 분이 이 영상을 올리며 윤지오를 비판했는데, 댓글 대부분이 글쓴이를 비난하고 있다.

원글: 진짜 태도도 싸가지가 없는데 확인하는 내용에 대해서 아예 얘기도 하지 않고 당신이 그걸 알아서 뭐 하냐 이딴 식으로. 말 들어볼수록 밑바닥이 보이네.

댓글:

-이런 글 쓰면 한 달에 얼마 버나요?

-믿고 거르는 sbs

-요즘 알바들이 부쩍 윤지오를 타겟으로 까는 글을 작성하는군. 어이구 왜 이렇게 사냐. 조선일보 사장이랑 같이 있었던 놈들은 절대 안 까더라.

-조선 기레기니?

-그 태도 어쩌고 예의 정도의 잣대를 가짜뉴스 양산하는 기자들한테도 적용해보세요.

-밑바닥이 보이기 전에 진실을 파헤치려 목숨 걸고 싸우는 사람부터 생각해보세요.

-프레임 짜는 게 보이네요.

-전형적이네. 메신저 공격.

-태영방송이 방가네 취재했다는 얘기는 못 들어봤는데.

-ㅋㅋㅋㅋㅋ 내용 안 봐도 글쓴이는 장자연 사건 묻으려는 의도가 있다에 500원 겁니다.

-이런 정성으로 방가와 기레기 좀 까세요.

-들어먹을 게 없어서 기레기 말을 믿나요.

-지령 내려왔나 보네.

-뭣이 중한디? 또 물타기하고 앉았네. 여기서 증인 인성이 왜 나와. 증인 인성이 구리면 방가 사건이 없었던 일이 됨?[20)]

우리가 본 것처럼, 윤지오는 기자의 팩트 체크에 한심한 대답으로 일관한다. 이쯤 되면 그녀 증언의 신빙성을 의심하는 게 너무도 당연하지만, 엠팍에선 영상을 퍼온 글쓴이를 알바로 몰고, SBS는 걸러야 한다며 메신저 공격을 한다. 맨아랫분은 '뭣이 중한디?'를 외친다. 이 분뿐 아니라 진보를 자처하는 이들 사이에서 이 말은 수도 없이 변주됐다. 소위 개돼지들은 아무것도 모른 채 조선일보의 공작에 빠져 허우적대지만, 진보 편에 선 자신은 뭐가 중요한지 아는 깨어 있는 시민(일명 깨시민)이라는 뜻이다. 하지만 몇 달이 지난 후, 엠팍에서는 이런 글들이 유행했다. "그때 윤지오 옹호하던 애들 왜 사과 안 하냐?" 그 깨시민들 중 사과하는 이는 거의 없었다. 이렇게 말할 수 있겠다. 깨시민은 죽지 않았다. 그저 침묵할 뿐.

제9장

윤지오의 아프리카TV 시절

윤지오에게 1억원은?

이런 의문을 제기하는 이가 있다. 윤지오가 도대체 무엇 때문에 조선일보에게 살해당할 위험을 무릅쓰고 증언을 했겠냐고. 길거리에서 "도를 아십니까?"라고 묻는 이를 만난 경험은 다들 있을 것이다. 시간을 내서 그들이 가자는 곳에 가보면, 다음과 같은 요구에 맞닥뜨리게 된다. '당신의 조상 중 억울하게 죽은 이가 있는데, 그분이 재물운, 성공운 등을 다 막고 있다. 그분을 달래려면 제사를 지내야 하는데, 어느 정도 성의를 보여야 한을 제대로 풀어드릴 수 있다.' 대부분의 사기는 돈을 목적으로 한다. 아는 것도 없는 이가 증언을 하러 나왔다면, 그 역시 돈을 목적으로 한 게 아닌지 의심해볼 필요가 있다는 뜻이다.

그 의심에 걸맞게, 윤지오는 후원금을 모았다. 두 군데 통장에서 모은 돈은 얼추 1억 3000만 원 정도, 여기에 방송 출연료 수백만 원과 책을 팔아서 번 인세 2000여 만 원을 포함하면, 윤지오가 챙긴 돈은 최소한 1억 5000만 원 정도가 될 것이다. 여기에 관해 '클리앙'에 어느 분이 쓴 글을 보자.

"도대체 법정 증언이 얼마나 힘든 건지 알고나 하는 소린지? 출판으로 돈을 수억을 번다고, 후원금을 수천만 원 받았다고? 거 참, 지나가던 개가 웃을 수준이네요. 책 팔아 1억을 번들, 그게 도대체 어떤 의미가 있는 건지."

종교 사이트다 보니, 그 밑에 달린 댓글들도 다 맞장구를 친다. "VVIP들 돈만 주면 사람 골로 보내는 거 쉬운데 누가 1, 2억 벌자고 목숨 겁니까? 경호비용만 깨지고 돈은 돈 대로, 인생은 인생대로 꼬이는걸."[1)]

1억 원은 사기의 동기가 된다

1억여 원의 크기는 사람에 따라 다를 수 있다. 예컨대 1000억 원가량의 사기를 친 청담동 주식사기꾼 이희진에게는 고작 1억을 벌려고 증언 사기를 친다는 게 이해되지 않을 것이다. 하지만 세상 사기꾼들이 다 수십억, 수백억을 노리는 것은 아니다. 지금도 중고나라에서는 단돈 몇만 원을 노리는 사기가 횡행하고, 차에 치인 척하며 10만 원 남짓한 돈을 뜯어내는 찌질이도 부지기수다. 법정 증언이 아무리 힘들다 한들, 그걸로 1억 원을 벌 수 있다면 기꺼이 하겠다는 사람들이 10㎞는 줄을 설 것이다. 물론 목숨을 걸어야 한다면 그 줄은 조금 줄어들겠지만, 앞에서 본 것처럼 윤지오는 실제로 신변 위협을 느끼지 않았으니, 사기 한번 쳐보자고 생각하는 게 그리 이상한 생각은 아니다.

문제는 윤지오의 재산 수준이다. 그녀가 웬만큼 돈이 있다면, 1억여 원을 위해 거짓말을 했다는 오명을 뒤집어쓸 가능성은 떨어진다. 윤지오는 평소 자신이 여러 가지 일을 한다고 했다. 인터넷서점 예스

24에 올라온 작가 소개를 옮겨온다.

"현재, 모델테이너로 라이브 스트리머, 플로리스트, 플랜테리어 디자이너 강사로 활동 중. AO Group Corp 부대표. Omabell 대표."

플로리스트는 꽃을 이용해 부가가치를 창출하는 꽃 전문가인데, 윤지오가 여기에 관한 사진을 올린 적은 별로 없으니 직업이라 보긴 어려울 듯하다. Omabell은 윤지오가 향초를 만드는 가내수공업을 일컫는데, 이것도 내킬 때 가끔 하는 수준이라 직업은 아니다. 윤지오가 플렌테리어(식물을 활용한 실내 인테리어-필자) 강사로 이름을 날린 것 같지도 않으니, 이 세 개 모두 돈이 되는 일은 아니다. 눈에 띄는 항목은 'AO 그룹 부대표'다.

윤지오는 정말 그룹 부대표일까?

이름도 근사한 그룹의 부대표라니, 이 말을 들으면 직원이 최소 100명은 되는 회사를 떠올릴 것이다. 이게 사실이라면 뭔가 좀 이상하다. 그런 중요한 위치에 있는 사람이 왜 증언이 끝난 뒤 바로 귀국하는 대신 한 달여를 한국에서 머물며 후원금을 걷고 있었을까? 윤지오 라방에서 누군가가 부대표가 맞느냐고 질문했을 때, 그녀는 이렇게 답변했다.

> 우리가 그룹이에요. 제가 부대표인데, 그룹으로 메일을 보냈대요, 또라이가. 어떻게 알아내가지고, 신고하라고, 재 부대표 아닌데 부대표인 척한다고. 그래서 대표님이랑 밑에 임원진들이 (나한테) 연락이 왔어. 어떻게 해야 돼요, 부대표님? 누군데요? 모르겠대. 냅두세요.(웃음) 미안한데, 내가 그 회사 부대표다. 저는 그룹 경영하고 있고요, 부대표 역할을 하고 있고, 오마벨이란 브랜드를 만들어서 운영하고 있고….[2)]

대표님과 그 밑에 있는 임원진들, 이건 사실일까? 캐나다에 있는 한국일보 기자(닉네임 Times K)가 여기에 관한 글을 썼다. "토론토 교민들이 윤지오 씨가 그 샵이 그룹이라고 이야기하는 거 보고 진짜 어이없어하는 거 알아요?" 그러면서 기자는 자신이 찾은, 윤지오의 회사 정보에 관해 이야기한다. 규모가 작은 잡화점이라는 내용이었다. 윤지오가 답한다.

정말 실망스럽네요. 제가 속한 회사에 대한 정보도 제대로 모르실뿐더러 제 회사여도 이렇게 공개하시면 사생활 침해세요.^^

회사 공개가 사생활 침해일 수 있다고 쳐도, 다른 라이브방송에서 윤지오가 했던, 자기 회사가 검색이 안 되도록 막아놨다고 한 말은 도무지 이해할 수가 없다. 모든 회사는 홍보에 목을 매는데, 검색이 안 되게 한다는 건 도대체 무슨 의미일까? 윤 씨의 이모부가 AO 그룹의 정체에 대해 답을 주셨다.

누가 미용잡화점을 그룹사라 하는지 모르겠지만 어쨌든, 처제 남편은 미용 잡화 프랜차이즈 매장에서 2년 가까이 일했습니다. 그런데 올해 그 매장을 윤지오 오빠가 인수합니다. 실질적 주인은 윤지오 엄마죠.[3)]

그랬다. 그 그룹은 다름 아닌 잡화점이었다. 윤 씨 오빠가 대표고, 임원은 실질적 주인인 어머니, 윤지오는 부대표. 이랬으니 윤지오가 아무것도 안 해도 회사가 굴러갈 수 있었던 거다. 윤지오는 캐나다로 돌아가는 날 찍은 라이브방송에선 진실을 고백한다.

"제가 모바일뱅킹이 안 돼요. 직업이 없어서. 이체도 30만원밖에 안 되고, 이건 다른 분들도 아셔야 될 것 같고."[4]

게다가 김수민 작가가 공개한 카톡을 보면 이런 구절도 있다.

"돈도 이제는 없고, 저는 제가 먹고 살아야 해서.ㅜㅜ"

아프리카TV는 생계수단이었다

그래서 윤지오는 아프리카TV에서 돈을 벌었다. 처음에 윤지오는 여기에 관해 '누군가 자신을 죽이려 하기 때문에 했던 생존방송의 일환이다'라고 이야기했다. 전혀 야하지도 않아서, 누군가는 자신의 방송이 EBS(교육방송)냐고 항의하기까지 했다는 것이다. 그녀가 했던 숱한 거짓말들과 달리, 이 거짓말은 이해해줄 수 있는 차원이었다. 먹고 살기 위해 한 것인 데다 이 자체가 범죄인 것도 아니기 때문이다(훗날 이로 인해 피소당하긴 한다). 그런데 이 영상들이 중요해진 이유는 윤지오가 지난 10년간 신변을 위협받은 것처럼 말했기 때문이었다. 그녀가 찍은 아프리카 영상들은 그녀가 위협을 받기는커녕 자유롭게 살았다는 결정적인 증거였으니 말이다.

> 가족도 불안하니까 주택에 사는데 복도랑 다 CCTV가 있어요. 누가 출입한 흔적 같은 것도 기록하게 돼 있고, 가족들한테 솔직히 너무 미안하고, 캐나다에서도 몇 차례 이사를 했어요.(KBS 〈거리의 만찬〉 제19회, 2019. 3. 29.)

윤지오는 3월 29일 KBS 〈거리의 만찬〉이란 프로에 나왔다. 이는 사건 당사자들이 나와 음식을 먹으며 이야기를 나누는 프로그램으로, 윤지오가 나온 제19회엔 박미선과 '샵' 멤버였던 가수 이지혜, 변호사 오수진이 패널로 나왔다. 우리나라도 웬만한 아파트 복도에

CCTV가 다 있고, 윤지오 어머니는 저 CCTV가 하숙생을 받을 목적이었다고 말했지만, 그건 넘어가주자. 윤지오가 저 말을 한 직후 해당 프로 자막에선 이런 글귀가 나온다. '신변의 위협을 느낀 그녀는 생존신고방송을 시작했다. 유튜브와 SNS로 일상을 생중계하는 윤지오.' TV 화면 속에서 윤지오가 찍은 유튜브가 나온다.

"걱정하실까봐 잠깐 켰어요. 경호원님이 고생하고 계시죠, 저 때문에. 이제 저도 씻고 잘 건데, 씻고 자기 전에 잠깐 켰고요."

이 유튜브를 보면 정말 윤지오가 신변 위협을 당하고 있고, 그 때문에 생존방송을 하는 것 같다. 그래서인지 출연자들은 그녀의 말을 믿는다. 심지어 이지혜는 그녀가 너무 안쓰럽다고 얘기한다.

아프리카TV가 얘기해주는 것(1)

이래서 아프리카TV 이야기를 안 할 수가 없다. 〈거리의 만찬〉에 소개된 유튜브 영상과 달리 아프리카TV의 그녀는 너무도 자유롭게 세상을 누볐기 때문이다.

영상의 한 장면. 날짜는 2018년 6월 30일, 장소는 시끄러운 술집이다. 테이블에는 빈 소주병이 3개 있다. 윤지오는 어깨가 드러난 옷을 입고 라이브방송을 한다. 윤지오가 옷을 더 아래로 내려 가슴을 노출하자 맞은편 친구가 "하지 마!"라고 얘기하며 옷을 다시 올려준다. 윤지오는 다시 옷을 내리면서 묻는다. "나, 야해?" 그 말을 하며 윤지오는 즐겁게 웃는다. 한 남자가 접근하더니, 윤지오에게 몇 년생이냐고 묻는다. 윤지오는, 실제로는 1987년이지만, 여기선 95라고 얘기한다. 남자가 91이라고 대답하자, 윤지오가 웃으며 소리친다. "오빠!" 윤지오는 그에게 자기가 먹은 술값을 계산해줄 거냐고 묻는다. 남자는 당황하더니 서둘러 가버린다. 윤지오가 말한다. "뭐야? 병X. 병X

1 추가. 뭐야, 저 병X은? XX. 지X맞네." 친구가, 저 남자 착하지 않냐고 하자 다시 윤지오가 소리친다. "착하긴 뭐가 착해. 병X이지."[5)]

이 영상을 찍기 이틀 전, 윤지오는 JTBC 손석희 앵커와 익명으로 인터뷰를 했다. 이때는 장자연 사건 재조사에 대한 국민청원이 받아들여져서, 과거사위 조사가 결정된 시점이었다.

손석희는 전직 기자 C씨의 성추행에 관해 묻는다. 윤지오는 그에 관해 아는 것을 얘기한다. 그런데 윤지오는 검찰이 자신의 진술을 받아들여주지 않는 것에 대해 얘기하다 갑자기 운다. 손석희는 인터뷰를 그만하고 싶으면 그래도 된다고 얘기한다. 윤지오는 계속하겠다고 한다. 손석희는 "장자연 씨 사건에 대한 정신적 충격이 굉장히 크셨던 것 같습니다."라며 지난 10년간 어떻게 지냈는지 묻는다. 윤지오는 그 소속사에 있다는 이유로 드라마나 영화에서 퇴출이 됐다고 말한다. "정신과 치료를 반복해서 받았어요, 고인이 된 언니의 억울함을 풀어주지 못했다는 것이 죄책감으로 다가왔었고 (자신의 진술이) 덮이는 것을 보고 두려움을 갖게 됐습니다."[6)]

인터뷰만 놓고 본다면 윤지오는 장자연의 죽음 이후 연예계에서 퇴출됐고, 그 이후 죄책감으로 몸부림치는 가련한 여인이었다. 그랬던 이가 불과 이틀 뒤 친구와 술을 마시면서 가슴을 내보이고, 다른 남성에게 술값을 내달라고 하는 건 영 생경하다. 설마, 정신과 치료가 너무나도 잘된 것일까?

모두를 속인 윤지오의 연기

다시 〈거리의 만찬〉으로 돌아가보자. 말만 하지 말고 좀 먹으면서 하자는 제안에 음식이 나온다. 그중에는 마카롱도 있다. 마카롱을 본 윤지오가 눈물을 흘린다.

윤지오 마카롱 처음 봤어요, 한국 와서.

박미선 마카롱 처음 봤어?

윤지오 (고개를 끄덕이며) 이렇게 많은 여자분이랑 있는 것도 처음이에요.

오수진 외출 같은 게 편치가 않군요. 이렇게 공개적인 장소에는 거의 못 나가….

이지혜 언니랑 매일 만나서 놀자.

여기서 윤지오의 명대사가 나온다.

윤지오 "언니, 위험해져요."

이지혜 나 같이 위험해도 돼. 나 애엄만데.

박미선 이게 뭐라고 이거 보고 그렇게 울어.

이지혜 난 이해가 가. 바깥에서 편하게 마카롱 하나 못 먹었다는 거잖아요, 친구들 만나서.

윤지오 친구들도 아직 못 봐가지고.

박미선 10년 동안 참 많이 힘들었구나. 사는 게 사는 게 아니겠다, 정말로. 잠도 잘 못 자겠네?

윤지오 최대한 버티다가 자는 게, 악몽을 꾸니까 그거 때문에 더 힘든 거예요. 그래서 최대한 버티다가, 그러면 꿈을 아예 안 꾸거든요.[7)]

윤지오라고 늘 연기를 못하는 것은 아니라는 걸, 위기의 순간이 닥치면 능력치의 몇 배를 발휘할 수 있다는 걸 이 프로는 보여준다. 마카롱을 보고 우는 거나, 이지혜한테 언니도 위험해진다고 했던 말은 정말이지 송강호도 울고 갈 멋진 애드립이다. 잠도 잘 못 자겠다는 박미선의 질문에 윤지오는 지난 10년 동안 겨우 한두 시간밖에 잠을 자지 못하고 살았다고 말한다.

아프리카TV가 얘기해주는 것(2)

이 방송을 본 많은 시청자들이 윤지오에게 위로의 글을 남겼고, 같이 마음아파해줬다. 하지만 그녀의 과거를 아는 사람이라면, 이 프로를 편히 볼 수 있었을까. 이제 왜 '윤쫓사'(윤지오를 쫓는 사람들의 약자로, 내가 만든 이름이다. 실제로는 전혀 통용되지 않는다)에서 아프리카TV 이야기를 하는지 이해할 수 있으리라. 거기엔 윤지오의 말을 반박하는 수많은 자료들이 있기 때문이다.

먼저, 이렇게 많은 여성들끼리 모인 게 처음이라는 윤지오의 말부터 살펴보자. 저장된 라이브방송이 워낙 많다보니 알게 된 사실인데, 윤지오는 해외여행을 자주 다녔다. 윤쫓사들이 찾아놓은 자료에는 지난 3년간 그녀가 친구들과 해외에서 노는 영상이 여럿 올라와 있다. 예컨대 2018년 12월 14일, 윤지오는 아프리카의 다른 BJ들과 함께 인천공항에 있다. 날짜가 바뀐 12월 22일, 윤지오는 그들과 태국 코팡안 풀문파티에 있다. 윤지오는 아주 즐거워보이고, 위협의 조짐은 전혀 없다.[8] 이지혜가 윤지오와 아무리 붙어다닌다 해도 그녀가 위험해질 일은 없다는 얘기다.

다음으로 마카롱 얘기를 해보자. 날짜는 확인이 안 되지만, 윤지오가 올렸던 한 아프리카TV 방송에서 그녀는 자신이 사놓은 마카롱이 몇 개 없어졌다면서, 누가 먹었냐고 가족들을 추궁한다. 윤지오가 2016년부터 아프리카TV 방송을 했으니, 아무리 기억력이 떨어진다 해도 그새 마카롱을 까먹었을 리는 없다. 이 영상이 퍼지자, 윤지오는 이렇게 해명한다. "마카롱은 누가 처음 봤다 했나요? 공개적으로 나오고 나서 한국 와서 처음 봤다고 했죠."[9] 한국 와서 처음 봐서

울었다니, 논리가 너무 기발해서 할 말을 잃는다. 거듭 말하지만, 정상적인 상황이라면 그녀가 캐나다에서 세 끼 내내 마카롱을 먹었다 해도 상관할 바가 아니다. 하지만 그녀는 마카롱을 콕 집어서 자신의 신변 위협을 강조하는 수단으로 썼다. 윤奚사가 마카롱 영상을 굳이 찾아서 올린 것도 이 때문이다.

윤지오는 스스로 증인을 자처하고 다녔다. 자신이 목격한 것 때문에 신변 위협을 받았다고도 얘기했다. 하지만 신변 위협의 신빙성이 깨지면, 그녀가 하는 다른 말들도 믿을 수 없게 되고, 증인의 지위도 흔들릴 수밖에 없다. 이것말고도 〈거리의 만찬〉의 윤지오는 '악'했다. 그녀의 말을 진짜로 믿고 공감과 위로를 보내준 박미선과 이지혜를, 그리고 시청자들을 속였으니까 말이다. 법적으로 처벌받지 않을지라도, 이건 여느 범죄보다 나쁜 짓이다. 윤지오가 다시 한국에 와서 그들을 만난다면, 그녀는 그들에게 얼굴을 들 수 있을까.

대학 3학년 때 A항공 승무원이 되었다?

그 아프리카TV 영상 중 증언과 무관하게 문제가 된 부분이 있었다. 윤지오가 국내 A항공사를 연상시키는 옷을 입고 영상을 찍은 것이다. 다 비슷한데 치마 길이가 아주 짧다는 게 차이점으로, 이 옷을 입고 윤지오는 야한 장면을 연출했다. 심지어 그 옷을 입고 바깥에 나가서 영상을 찍기도 한다. 이 옷은 어디서 났을까? 윤지오 어머니가 여기에 대해 말해준다.

장면 #1.

윤지오는 어머니와 식당에 있다. A항공사 복장으로 테이블에 앉은 윤지오, 누군가가 그녀를 보고 자기도 A항공에 가고 싶다고 얘기한다. 윤지오는 "화이팅"이라고 말할 뿐, 자신도 A항공사 승무원이 아니라고 말하지 않는다. 옆에 있던 어머니가 입을 연다. "파일럿? 아니면 엔지니어링? 정비? 벨라(윤지오의 캐나다 이름)가 대학교 때, 대학교 3학년?, 그때 됐는데, 승무원이 됐는데, (A항공에서) 학생이라서 주말에만 와서 근무하라고 했는데 벨라 오빠가 엄청 반대했어요."[10] 윤지오는 맞장구를 친다. "어, 맞어."

여기서 눈여겨볼 구석이 있다. 어머니가 '벨라가 대학교 3학년 때'라고 말했을 때 윤지오는 어머니를 제지한다. "뭐 얘기하려고. 말조심해." 하지만 어머니는 아랑곳하지 않고 이야기를 이어나간다. "그때 승무원이 됐는데." 여기서 윤지오가 다시 끼어든다. "그만해." 뒤에 나오겠지만, 윤지오의 아버지는 딸이 한국에서 거짓말을 늘어놓는 걸 보고 캐나다로 데려가려고 했다. 반면 어머니는 딸을 말리기는 커녕 자신이 나서서 거짓말을 한다. 이건 윤지오가 증인으로 나서기 전의 일이니, 꼭 돈 때문만은 아니다. 윤지오의 오늘에 어머니 책임도 있다는 얘기다.

이 영상을 본 윤후사 중 한 명이 A항공사에 이 사실을 알렸던 모양이다. A항공사는 공식 SNS에서 "영상 속 등장인물은 A항공 승무원으로 재직한 사실이 없"으며, "영상물의 내용은 A항공 브랜드 및 승무원 이미지에 심각한 악영향을 끼치고 있다"며 이 영상을 즉시 삭제하라고 한다.[11] 대학교 때 승무원이 됐다는 윤지오 어머니의 말은 거짓말이었다.

연극 복장이었다?

장면 #2.

역시 A항공사 코스프레를 한 윤지오는 어머니와 마트에 간다. 마트를 돌아다니던 중 윤지오가 기분 나쁜 표정으로 말한다. "아니, 무슨 신고한다고 난리를 치길래." A항공사는 자사 승무원이 아닌 사람이 자기네 옷을 입고 다니는 걸 좋아하지 않는다. 너무도 당연한 일인 게, 그 복장으로 담배꽁초를 길바닥에 버리거나 침을 뱉으면 회사 이미지가 떨어지기 때문이다. '신고' 운운한 사람도 그런 취지에서 한 얘기일 것이다. 그러자 어머니가 껄껄 웃으며 말한다. "이거, 연극복장이에요." 윤지오가 거든다. "이거 다 브랜드 있는 옷입니다. 참, 별걸 다 가지고." 이번엔 어머니 차례, "신고하셔도 돼요. 벨라가 연극할 때 복장이니까요. 코스프레고. 신고하시고 싶으시면 하세요."[12)]

위의 두 영상이 퍼지고 난 뒤 이와 관련한 좋지 않은 루머가 퍼졌다. 강남에 여성이 접대하는 술집이 있었는데, 이곳은 해당 여성 모두에게 A항공사와 비슷한 옷을 입혔다. 루머의 내용은 그 옷을 가진 것으로 보아 윤지오도 거기서 일한 게 아니냐는 얘기다. 윤지오는 자신의 인스타그램에 여기에 대해 해명한다. "제가 대학로에서 〈보잉보잉〉이라는 연극을 하면서 승무원복을 처음 입고 소장하고 있는 옷이 있는데 실제로 A항공 모델 뽑을 때 피팅했던 적도 있고 할로윈이나 코스프레로 입은 적이 있는 걸 저런 식으로 말도 안 되는 소설을 쓰네요. 진짜 범죄예요. 도가 지나쳐도 너무 지나쳤어요."[13)]

연극 복장도 아니란다

윤지오와 어머니 모두 연극할 때 입었던 옷이라고 했으니, 이번에는 진짜일까? 윤지오가 말한 연극 〈보잉보잉〉은 한 남자가 스튜어디스 3명과 동시에 사귀면서 일어나는 해프닝을 다뤘는데, '전 세계 언론이 인정한 가장 웃기는 연극'이란 홍보문구가 아깝지 않을 정도로 재미있다. 2001년 첫 공연을 시작해 지금도 공연 중으로, 400만 명이 그 연극을 봤을 만큼 인기가 높다. 윤지오가 이 연극에 출연한 것은

2012년의 일, 그렇다면 거기서 입은 옷을 자신이 가져가 입은 것일까? 하지만 이 연극을 상연한 극단 두레 대표는 그게 사실이 아니라고 이야기한다.

그는 윤지오가 입은 옷이 〈보잉보잉〉과 관계가 없을뿐더러, 의상을 배우가 가져가는 것도 가능하지 않다고 말한다. 더 결정적으로 윤지오가 연극에서 입은 옷은 A항공 유니폼과 전혀 닮지 않았다.[14] 다시 두레 대표의 말을 들어보자. "특정 항공사와 똑같이는 절대 입지 않아요. 특히 A항공은 극중에 나오지도 않구요." 하기야, 한 남성이 승무원들과 바람을 피운다는 연극에 특정 항공사를 연상시키는 옷을 입고 무대에 오른다면 해당 항공사에서 진작에 조치를 취했을 것이다. 윤지오와 어머니의 말은 이번에도 거짓으로 드러났다.

A항공 피팅모델을 할 때 입었다는 말은? A항공은 2005년을 마지막으로 외부 피팅모델을 사용한 적이 없으니, 당연히 거짓말이다.

그렇다면 윤지오는 그 유니폼을 어디서 구했을까? A항공사 측은 무단거래나 복제품을 착용했을 것으로 추측한다. 만일 윤지오가 기성 브랜드에서 비슷한 디자인의 옷을 입었다면 이건 괜찮을까. A항공은 승무원이 아닌 이가 자사 유니폼을 연상시키는 옷을 입고 영상을 찍는 것도 금지하고 있다. A항공이 공식 SNS 계정으로 "디자인보호법 및 명예훼손으로 형사고소, 손해배상 청구가 가능하다."며 해당 영상물을 즉시 삭제 조치할 것을 요구한 것은 그런 까닭이었다. 한 분이 윤지오의 인스타그램에 여기에 관한 질문 글을 올렸다.

6101ill**** 유튜브 아프리카 보다가 궁금해서 왔는데… 항공사 승무원 합격해서 주말에만 근무하라고 한 게 사실인가요? 윤지오 씨 엄마가 그렇게 얘기하는 거 들었는데요.

윤지오 조작영상을 뭘 해명하라는지 모르겠네요. 그만 좀 하세요.

불리하면 조작이라니, 세상 편하지 않은가? 이게 바로 윤지오가 사는 법이다.

말이 나온 김에 조작 이야기를 해보자.

아 몰랑, 조작이야!

윤지오의 아프리카TV 동영상은 그녀가 캐나다로 출국한 뒤 급격히 인터넷에 풀렸다. '그게 증언이랑 무슨 상관이 있느냐?'며 윤지오를 옹호하는 이들도 있었지만, 이 영상으로 더는 그녀를 못 믿게 됐다는 이들도 많았다. 10년간 숨어 지냈다는 이가 유명 남자 BJ에게 "제가 11월에 한국 가는데 합방(합동방송) 한 번만 해주시면 안 돼요?"라고 조르는 장면을 어떻게 이해할 수 있을까.[15] 누군가는 이런 질문을 했다. "생존방송이라면서 옷은 왜 그렇게 입고, 춤은 왜 추는 건가요?" 나 같으면 생계의 수단으로 그런 일을 했다, 뭐 별풍선 하나라도 보태준 거 있느냐고 따져 물었을 테지만, 윤지오의 선택은 이번에도 거짓말이었다. 그 영상이 조작이라고 우기기 시작한 것이다. 김수민 작가가 포렌식까지 해서 공개한 카톡이 조작이라고 우기는 것도 어이없지만, 그래도 카톡은 조작이 어느 정도 가능하니 그럴 수 있다 치자. 하지만 몇 분이 넘어가는 긴 영상에서 한 사람의 얼굴을 다른 사람으로 바꿔치기하는 것은 거의 불가능하다. 그래도 윤지오는 막무가내였다. 아 몰랑, 나한테 불리하면 다 조작이야!

그러던 차에 '딥 페이크(deep fake)'에 관한 기사가 나온다. 예컨대 서울경제 기사는 「내년 미국 대선 앞두고 딥 페이크 영상 주의보」라는 제목으로 "인공지능을 이용한 동영상 편집기술, 소위 딥 페이크가 사람들로 하여금 사실과 거짓을 구분하는 것을 어렵게 할 것"이라고 경고한다.[16] '아! 바로 이거다! 내 영상도 딥 페이크로 조작됐다고 해야지!' 그래서 윤지오는 자신의 인스타그램에 딥 페이크 기술을 소개하는 유튜브 링크를 올린 뒤 "이 기술로 제 영상을 조작한 진범 두 명을 알게 됐다. 이런 범죄자들은 반드시 엄벌해야 한다."고 쓴다.[17]

윤지오의 생각과 달리, 딥 페이크는 만능의 기술이 아니다. 이 프로그램으로 A라는 사람이 움직이는 영상을 B인 것처럼 바꾸려면, B의 사진을 최대한 많이 확보해야 한다. A의 표정과 최대한 비슷한 B의 사진을 합성해야 하기 때문이다. 각도가 조금만 안 맞는다면, 또는 조명이 다르다면 합성된 얼굴이 굉장히 어색해지는 건 당연하며, 이 경우 합성이라는 사실을 금방 알아챌 수 있다. 최대한 자연스럽게 보이려면 아주 짧은 영상을 조작하는 데도 엄청난 시간과 노력이 필요할 수밖에 없다.

윤지오 영상의 딥 페이크는 불가능하다

드라마 17년차 피디라고 자신을 소개한 분이 한 말을 들어보시라.

"딥 페이크는 지금 윤지오 씨의 영상처럼 구현되기 어려워요. 춤추며 뒤돌고 다시 앞을 보고, 손으로 얼굴을 가리고, 이게 가능한 딥 페이크는 없습니다."

트럼프처럼 수천, 수만 장의 사진이 있다면 어떻게 해볼 수 있겠지만, 그 경우에도 합성 여부는 금방 알아챌 수 있다. 하물며 별반 유명하지도 않은 윤지오의 영상을 딥 페이크로 조작한다? 인터넷에 떠도는 윤지오의 영상들처럼 자연스럽게 만드는 것은 영화 '해리포터' 시리즈 CG를 담당했던 이에게도 가능한 일이 아니다. 그런데도 이게 조작이라는 윤지오의 말을 기사화해주는 국민일보는 도대체 무슨 생각인 걸까? 이쯤 되면 언론이 아닌, 스피커라 불러야 하지 않을까? 윤지오가 자신의 영상을 계속 조작이라 우기자, 팬을 가장한 안티팬들이 그녀의 인스타그램에 조롱성 댓글을 달았다.

A 전부 딥 페이크 맞습니다. 윤지오 님이 그런 미친 또라이 X이겠습니까, 설마? 당연히 가짜죠.

B 그러니까요. 몸을 못 보여줘서 안달난 미친 X 영상을 갖다가 얼굴만 교묘히 바꿔놨던데요. 어디서 그렇게 추잡한 짓만 골라하는 영상을 잘도 만들었어요.

C 유튜브에서 봤는데 가슴 단추를 다 풀어서 내놓고 너무 과하냐고 묻고 계속 가슴을 열어서 카메라에 보여줘요. 세상 미친 X을 섭외해서 합성하다니요.

D 또한 배경은 못 바꾸는데 윤지오 선생님 집안에 들어가서 가족들이 없었을 때 영상 촬영을 한 듯합니다. 정말 대담한 범인이죠.

E 저는 지오 님 어머니에 대한 조작 영상도 간과할 수 없는 문제라고 생각합니다. 지오 님은 연예인 활동을 하셨기에 얼굴이 알려져 있어서 조작 영상을 쉽게 만들 수 있겠지만, 어머님의 영상은 어떻게 된 일일까요? 혹시 지오 님 집의 CCTV 영상 같은 것이 유출되었을 것 같아 지오 님 안전에 심히 우려가 되네요.[18)]

경찰이 조작이라 말하지 않는 이유

아무리 영상을 그럴듯하게 만든다 해도, 목소리마저 똑같이 내기는 정말 어렵다. 하지만 윤지오의 영상들은 우리가 익히 알던 바로 그 목소리다. 물론 목소리를 흉내내는 것은 가능하다. 그래도 이건 성문분석을 통해 얼마든지 알아낼 수 있다. 누군가가 성문분석을 통해 조작 여부를 밝히면 어떻겠냐고 윤지오 인스타그램에 쓰자, 윤지오의 시녀가 이렇게 말한다. "사람의 말하는 것을 변조하는 것은 딥 페이크보다 훨씬 더 쉽고 몇 년 전부터 개발된 테크놀로지입니다." 성문분석을 하면 변조한 목소리도 금방 알아채는데, 이 무슨 소리인가? 그분이 재차 묻자, 시녀가 다시 답한다. "그런 요구를 하는 건 본질을 벗어나도 한참 벗어난 요구이네요. 성문분석을 하면 그것이 장자연 사건에 대한 증언의 신빙성에 영향을 미칠 거라는 주장이신가요?"[19] 갑자기 장자연 사건을 언급하다니, 정말이지 말이 나오지 않는다.

시녀들의 적극적인 도움에 자신감을 얻었는지, 윤지오는 2019년 7월 11일, 자신의 인스타그램에 다음과 같은 피드를 올린다. "아프리카 영상 조작한 진범도 알고 있고, 이번 달에 고소해요." 고소고발을 한다는 얘기는 윤지오가 노상 하는 거라 윤쫓사 누구도 그 말에 신경 쓰지 않았다. 오히려 고발당한 이는 윤지오였다. 게쉬타포(본명 서○○)라는 분은 2019년 7월 25일 윤지오를 통신매체이용음란죄로 강남경찰서에 고발한다.[20] 그녀가 아프리카TV에서 승무원 복장과 원피스를 입고 선정적인 방송을 했다는 이유였다. 물론 이 고발은 실제 처벌을 위한 것은 아니었다. 아프리카TV에서 윤지오 정도의 선정적 방송을 하는 이는 수없이 많고, 이로 인해 처벌이 된다 해도 매우 경미한 수준에 불과할 테니 말이다. 게쉬타포가 고발을 한 이유는 동영상이 조작됐다고 우기는 그녀가 괘씸하기도 하고, 그녀가 빨리 한국으로 와서 성실히 조사에 임하기를 촉구하는 의미일 듯싶다. 이렇게 논란이 많아지면 캐나다에서 시민권을 따려는 윤지오의 계획은 어긋날 테니 말이다.

자, 이 사건을 조사하려면, 경찰이 가장 먼저 해야 할 일은 무엇일까? 해당 영상을 보는 게 첫 번째일 듯싶다. 그렇다면 영상의 조작 여부도 바로 알 수 있을 텐데, 경찰은 아직까지도 영상이 조작됐다는 얘기를 하지 않고 있다. 이유는 다들 알겠지만 말이다.

간만에 나온 윤지오의 역습

하지만 역시 윤지오는 윤지오라, 결코 물러나는 법이 없었다. 고발 다음날, 윤지오는 인스타그램에 자신을 비난하는 세력을 괴물이라고 칭하면서 다음과 같이 경고한다.

> 지금 이 괴물들은 스스로가 얼마나 추악한지 망각하고 거짓말을 더욱 과장하고 그 거짓말을 덮기 위해 온갖 노력을 마다하지 않고 있다. 그들이 스스로 부끄러워질 날 햇빛이 드리우고 그들은 밤이 아닌 밝아올 아침이 두려워 마지막 발악을 하고 있다. 햇빛 속에서 스스로가 부끄러워질 날 그날이 다가오고 있다.[21]

여기서 거짓말을 하는 것은 오히려 윤지오건만, 언론들은 아무런 검증 없이 그녀의 말을 기사화한다. 중앙, 동아는 물론이고 사건과 무관하지 않은 조선일보까지, 도대체 뭐 하는 짓인지 모르겠다. 윤지오가 이 맛에 그렇게 열심히 인스타를 하는 것일지도 모르겠다.

그로부터 2주가 지난 8월 9일, 윤지오는 자신이 세운 단체인 '지상의 빛'을 통해 인스타그램 유저 17명과 유튜버 24명 등 총 41명을 고발했다.[22]

여기서 놀라야 하는 대목이 세 군데 있다. 첫 번째는 지금까지 몇 달간 말로만 고소한다고 했던 윤지오가 드디어, 자기 시녀를 시킨 것이긴 하지만, 행동에 나섰다는 점이다. 두 번째, 고발의 주체가 '지상의 빛'이다. 윤지오가 한국에 있을 때 5대 강력범죄에 속하지 않는 범죄 피해자들을 보호한답시고 만든 게 바로 지상의 빛인데, 사실 이 단체는 아무 일도 안 하는 유명무실한 단체로 전락하고 있었다. 그런데 그 단체가 이렇게 고소·고발 전문 단체로 거듭난 것이니, 보기에 좋다.

게쉬타포가 무고했다고?

하지만 가장 놀라야 하는 사실은 윤지오가 동영상 조작의 진범으로 지목한 이가 바로 게쉬타포라는 점이다. '지상의 빛' 상임이사이자 윤지오의 충실한 시녀인 김상민이 발표한 기자회견문에 따르면, 게쉬타포는 "윤지오에 대한 가짜 동영상을 만들어 유포하고 음란죄로 강남경찰서에 무고한 자"라고 한다.[23] 윤지오가 영상을 조작한 범인을 거의 찾아냈다고 할 때도 별로 믿지 않았지만, 설마 게쉬타포라고 우길 줄은 몰랐다. 위에서 말했듯, 음란한 영상을 찍었다고 윤지오를 고발한 이가 바로 게쉬타포이니까 말이다. 그 말대로라면 게쉬타포는 자신이 영상을 조작한 후 그 영상을 경찰서에 가져가 윤지오를 고발했다는 이야기가 되는데, 이게 상식적으로 이해가 되는가?

만에 하나 게쉬타포가 조작한 게 맞다 해도, 윤지오의 고발은 게슈타포의 고발보다 더 의미가 없는 짓이다. 고발을 해봐서 아는데, 누군가를 고발하려면 자신이 어떤 피해를 입었는지 먼저 경찰서에 가서 진술해야 한다. 김상민이 대신 고발을 해줬다 해도 피해사실을 말해야 하는 이는 어디까지나 윤지오라는 거다. 하지만 윤지오는 귀국하자마자 그전에 걸린 여러 건의 고소·고발로 경찰 조사를 받아야 하고, 도주 우려가 워낙 크다 보니 구속될 확률도 있다. 그녀가 '입국 계획이 없다'고 거듭 얘기하는 것도 그 때문이다. 그녀가 무더기 고발을 한 것은 윤좆사의 활동을 위축시키려는 의도일 뿐, 다른 효과는 없다. 과연 그렇게 됐을까? 고발이 이루어지던 날 윤좆사의 풍경은 이랬다. "축하드려요. 이번에 고발됐네요." "내가 빠지다니! 말도 안 돼." "저기 적힌 순서가 등수가 맞아? 내가 왜 5등이지?" "나도 더 열심히 해야겠다."

다음으로 넘어가기 전에 지금까지의 내용을 간단히 정리해보자. 윤지오는 이렇다 할 직업이 없었기에 돈에 쪼들렸고, 어쩔 수 없이 아프리카TV 활동을 하기도 했다. 그런데 과거사위에서 장자연 사건을 재조사하기로 한 것은 그녀에게 돈과 명성을 가져다줄 좋은 기회였다. 무릇 사기는 돈으로 연결돼야 의미가 있는 법, 이제 후원금 모집에 대해 이야기할 차례다.

제10장

후원금, 그리고 출국

후원금의 서막: 아버지

'10년간 숨어 살았다'를 자신의 트레이드마크로 삼기로 했지만, 애초에 윤지오는 따로 경호원을 고용하진 않았다. 이전에 언급한 대로 그녀를 위협하는 권력자가 존재하지 않았기 때문이다. 2018년 11월 증언을 위해 한국에 왔을 때는 물론이고, 2019년 3월 5일 〈김어준의 뉴스공장〉에 출연할 때도 윤지오는 경호원을 고용할 하등의 필요성을 느끼지 않는다. 그런데 실제 위협이 발생한다! 아래 내용은 윤지오의 이모부님이 정리해놓은 것을 참고했다.

2019년 3월 8일, 윤지오는 캐나다에서 온 아버지에게 머리를 한 대 맞는다. 아버지는 왜 윤지오를 때렸을까? 발단은 이모부였다. 〈김어준의 뉴스공장〉에서 윤지오가 사실과 다른 이야기를 하는 걸 들은 이모부는 윤지오의 아버지에게 전화해 '지오를 좀 말려달라'고 부탁한다. 막상 와서 보니, 윤지오는 과거사위 증언이 끝났음에도 이 방송 저 방송에 나가 거짓말을 해대고 있었다. 아버지는 그만하고 집에 가자고 했지만, 윤지오는 단호히 거부한다. 물 들어올 때 노 저어야 하는데 캐나다로 가라니, 말이 되는가? 폭행이 일어났을 때 윤지오는 고발뉴스라는 인터넷언론사를 운영 중인 이상호 기자와 통화를 하고 있었다. 아버지는 휴대전화를 빼앗아 끊었고, 윤지오가 거세게 항의하자 머리를 때렸다. 어쨌든 때린 것은 잘못이기에, 아버지는 그날 밤 딸에게 카톡 메시지를 보낸다.

"내가 어제 상처를 받은 만큼 너는 더 크겠지만 후회할 일이 생기지 않길 바란다.… 너가 자연이 사건 까발려서 너에게 득 되는 것이 무엇이 있어."

윤지오는 대답하지 않는다. 그 대신 그녀는 호텔에 짐을 남겨놓고 경기도 친구 집으로 거처를 옮긴 뒤 아버지의 전화번호를 수신 차단한다.

위협의 실체는 아버지

3월 12일, 윤지오는 사설 경호업체와 용역계약을 맺는다. 그 경호원은 윤지오가 떠날 때까지 40여 일간 그 곁을 지켰다.

한편 윤지오 아버지는 친척들을 통해 그녀의 행방을 수소문하지만, 그녀를 만날 수가 없었다. 그러던 중 윤지오가 3월 21일 한 극장에서 사인회를 한다는 기사가 나온다. 거기에 가면 윤지오를 만날 수 있겠구나, 꿈에 부푼 아버지는 윤지오 어머니에게 전화한다. 윤지오의 행방을 알았으니 잡아서 데려가겠다고.

하지만 윤지오 어머니 임 여사는 철저하게 딸 편이었기에, 아버지가 극장에 나타날 것이라고 윤지오에게 알려준다. 이미 경호원을 구했지만, 윤지오는 신변 위협을 주장하며 경찰에 협조를 구한다. 이때 여성가족부 직원도 파견된다. 그러니까 윤지오가 주장한 신변 위협의 실체는 아버지였다.

택시에서 내린 아버지는 잠깐의 소동 끝에 경찰과 함께 커피숍으로 이동한다. "행사가 끝난 후 만나게 해드리겠습니다." 부녀는 다시 마주앉는다. 아버지는 딸에게 캐나다로 돌아갈 것을 요구했지만, 윤지오가 받아들이지 않자 사흘 뒤 떠난다.

이야기는 이대로 끝나지 않는다. 윤지오가 캐나다로 돌아간 뒤인 5월 14일, 윤지오는 자신의 SNS를 통해 가족 구성원에게 감금돼 폭행을 당했고, 현지에서 이를 신고 접수했다고 말한다. 오타는 수정하지 않는다.

> 지금까지 참아왔어요. 엄마가 아프시니까…. 하지만 이제 정말 법대로 진행합니다. 가족 구성원이 지난 3월 8일 강금하고 구타하고 욕설했어요. 녹취했고 많은 고민 끝에 신고 접수를 현지에서 먼저 진행합니다. 이 한 사람뿐만 아니라 가족 구성원 중 다른 사람들도 스토킹과 협박, 허위사실 유포로 현지에서 먼저 고소하고 접근금지령 내립니다. 저에게 이들은 더이상 가족이 아닙니다. 제 자신을 지키기 위해서 제가 생각하는 가족을 지키기 위해서입니다.[1]

그러면서 윤지오는 폭행의 증거로 긁힌 상처가 난 발뒤꿈치 사진을 올리는데, 이런 정황으로 보아 그녀를 '강금'하고 '구타'한 가족 구성원은 다름 아닌 아버지다. 때린 건 3월 8일, 그것도 한국에서 일어난 일인데, 왜 뜬금없이 두 달이 지난 후 캐나다에서 신고·고소를 하는지 도대체 모르겠다.

후원금의 서막: 이모부

저 글에 등장하는 또다른 가족 구성원은 이모부다. 이전에도 윤지오는 "가족들이 큰일(고 장자연 관련 일)을 했다고 (칭찬)하기는커녕 훼방만 했다"며 불만을 표한 바 있는데, 그 선봉에 선 분이 바로 이모부였다. 아버지에게 전화해 윤지오를 데려가라고 했으니 말이다. 민주당원이고 〈김어준의 뉴스공장〉을 즐겨듣는 진보적인 사람이었던 그는 윤지오의 거짓말이 장자연 사건에 피해를 끼친다고 믿었다. 하지만 〈김어준의 뉴스공장〉 PD에게 했던 윤지오 관련 제보가 무위로 돌아간 뒤 별다른 활동을 하지 않고 본업에만 충실했는데, 그가 갑자기 윤지오가 캐나다로 도망가기 하루 전인 4월 23일, '클리앙'이란 커뮤니티에 글을 쓴다.

> 나는 윤지오가 태어나서 지금까지 어떤 행동을 하던 사람인지 잘 알고 있습니다.… 진보진영 커뮤니티 분들도 이제 윤지오에게 그만 속으십시오.[2)]

이모부는 윤지오가 연예인병에 걸렸다고도 말하기도 한다.

이모부는 왜 갑자기 이런 글을 썼을까? 윤지오가 사촌동생, 그러니까 이모부 처제의 딸에게 했던 짓이 문제였다. 사건의 진상은 이랬다. 윤지오의 사촌동생이자 이모부 처제의 딸이 먼저 윤지오에게 카톡을 보낸다. 그녀는 가족들이 윤지오로 인해 힘들어하고 있다면서 "거짓말이 거짓말을 낳고 하다보면 일만 더 커진다"며 제발 그만하라고 말한다.

> 언니 가족으로서 이야기하는 건데 이제 그만 멈춰야 할 것 같아. 오지랖이라고 생각할 수 있는데, 할머니도 힘들어하시고 무슨 말인지 알 거라 믿을게.

윤지오는 사촌이 아직도 성숙하려면 멀었다고 한 뒤 라이브방송으로 처제네 집안을 모욕한다. 이후 크고 작은 다툼이 이어지는데, 가족 간의 이야기라 누구 말이 맞는지는 모르겠지만, 더이상 묵과할 수 없다는 생각에 윤지오의 이모부가 가입 후 10년 만에 처음으로 클리앙에 글을 쓴 것이다.

하필이면, 클리앙

문제는 이모부가 이 글을 클리앙에 썼다는 점이었다. 우리는 클리앙이 어떤 곳인지 안다. 그 예상대로 이모부는 일베 혹은 조선일보 알바로 매도됐고, 글은 신고돼서 바로 삭제되는 운명에 처한다. 클리앙은 그가 이모부를 사칭했다고 단정지었다. 여기에 맞서 이모부는 윤지오 어릴 적 사진을 올렸고, 가족만이 알 수 있는 사실—예컨대 온 가족의 이름들—을 말했다. 그러자 클리앙은 "그 양반이 진짜 이모부인지 아닌지는 전혀 중요하지 않습니다."라고 말한다. 친척이라 해도 남보다 못한 이가 있다며 그냥 흘려들어야 한다는 글도 올라온다. "난 여지껏 이모부 5번도 안보고, 5분 이상 얘기해본 적도 없는데." "이모부 주제에 뭘 알아요?" 심지어 윤지오가 돈을 많이 버니 그게 질투가 나 이런다는 글도 올라왔다.

이모부에 대한 윤지오의 대응도 비슷했다. 처음엔 이모부가 맞는지 어떻게 아느냐고 하다가, 이모부임이 증명되자 "일산 이모부는 이혼한 것으로 알고 있고, 그게 맞다면 현재 저와 가족관계도 아닌 분이고"라고 말한다.

결국 이모부는 이모와 가족이며 지금도 같이 산다는 증명서를 제시한다. 그 뒤 이모부는 '외가 친척 연합'이란 유튜브를 개설해 윤지오 사건의 실체를 알리는 활동을 하는데, 그가 「사기극의 서막 #2 나를 포장해라. 그리고…」란 제목으로 올린 유튜브 영상은 히틀러의 최후를 다룬 영화 〈몰락〉을 패러디해 윤지오를 까는 천재적인 작품이다.[3)]

뒷얘기 하나 더. 이모부에 따르면, 사촌동생에게 분이 안 풀린 윤지오는 자신의 팔로워가 많다는 점을 이용해 인스타그램에서 그녀를 이상한 사람으로 여론몰이했다. 사촌은 극심한 스트레스로 심정지가 오는 바람에 캐나다 중환자실에 입원하기까지 한다.

계좌 오픈

아버지와 이모부, 그리고 사촌동생의 공격으로 위협을 받던 윤지오는 돈벌이를 위한 행보에 나선다. 경호원을 고용했으니 경호비라도 벌어야지 않겠는가? 그녀 혼자였다면 이게 가능하지 않았을 테지만, 〈이상호의 뉴스비평〉을 진행하는 고발뉴스 이상호 기자가 그녀를 적극적으로 돕는다. 위에서 아버지가 윤지오를 때렸던 3월 8일, 그녀는 이상호와 통화를 하고 있었다고 했다. 이상호는 그 통화를 바탕으로 자신이 쓴 기사를 유튜브에 소개한다.

그다음날 윤지오는 이상호와 저녁식사를 같이했고, 3월 14일에는 그가 진행하는 〈이상호의 뉴스비평〉에 나간다. 이상호는 자신의 취재를 바탕으로 장자연 문건의 작성 이유를 아주 정확하게 이야기한다. 윤지오는 이상호의 권유에 따라 장자연 문건을 만드는 데 지대한 공을 세운 A씨에게 다음 말을 전한다. "진실이 뭔지 말씀을 좀 해주셨으면, 속 시원하게 말씀을 해주시면."[4)] 이는 그녀가 우리나라에 와서 한 말 중 거의 유일하게 의미 있는 말이건만, 우리 언론이나 국민은 여기에 별반 관심을 두지 않았다.

운명의 3월 18일, 윤지오는 또다시 고발뉴스에 나온다. 이전 방송이 녹화였던 것과 달리 이번 회차는 라이브로 진행됐다. 방송 도중 이상호가 말한다.

> 일개 시민으로서 윤지오 씨를 지켜주는 것은 국민의 몫이다, 라는 생각이 드네요. 그래서 최소한 경호비용은 우리 국민들이 부담하는 것이 좋겠다, 그리고 경호비용이 1000만 원대를 넘어간다고 합니다. 저희 고발뉴스 끝나고 모든 게시판에다 상단 게시물에 '윤지오 배우 지켜주기' 해서 저희가 모금을 하도록 하겠습니다.[5]

후원금이 쇄도하다

이상호의 방송은 인터넷으로 다시보기가 가능하지만, 이번 회차는 지워져 있다. 훗날 사기인 것이 밝혀져서 지운 것일까? 아무튼, 그 방송에서 공개된 윤지오의 신한은행 계좌는 이곳저곳에 퍼날라졌다. 클리앙, 뽐뿌, 보배드림, 엠팍, 딴지일보, DVD prime, 쓰레빠, 82cook 등등 많은 인터넷 사이트에 윤지오의 계좌번호가 공개됐다.

윤지오도 자신의 인스타그램에서 '지금까지 경호비로 이미 1000만 원가량을 썼다'며 후원을 독려했다.

> 후원계좌를 오픈하게 되었어요. 생방송 중 이상호 기자님께서… 국가에서 지원되는 신변 보호가 안 되어지다 보니 여러분께서 후원해주시는 것을 말씀해주시고 지금까지 후원계좌에 후원을 하려 한 여러분의 진실되고 무엇이라도 해주시려는 의미를 조심스럽게 받아보려 해요. 후원해주신 분들은 앞으로 인쇄되는 책에 성함을 기제하도록 할게요.… 앞으로 더 진실되게 살아가볼게요. 지켜봐주세요.(윤지오 인스타그램)

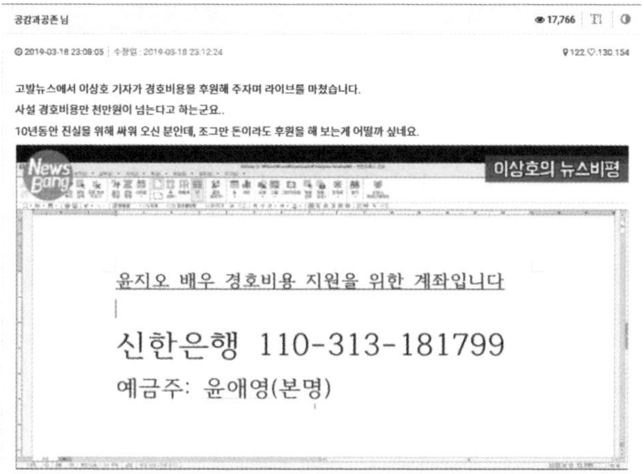

그림. 클리앙에 올라온 윤지오 후원계좌.

반응은 뜨거웠다. "조금이지만 입금했습니다." "저도 조금 보탰습니다." "조금이지만 윤지오 씨의 용기에 도움이 되고자 합니다."

순식간에 불어나는 통장을 보면서 윤지오가 얼마나 뿌듯해했을까? 그녀는 김어준과 손석희, 이상호를 자신의 은인으로 꼽지만, 이름값을 제외한다면 이상호는 저 둘과 비교할 수 없는 최고의 조력자였다.

신한은행 계좌에는 얼마가 들어왔을까?

고발뉴스에서 신한은행 계좌가 공개된 것은 3월 18일 밤 11시, 하지만 윤지오는 다음날인 19일 오후 1시, 그 계좌를 닫아야 했다. 어째서? 이상호 기자가 법적으로 문제가 있을 수 있으니 지자체에 가서 상의하라고 조언했기 때문이다. 이 기자가 말한 법은 바로 기부금품법이다.

제4조(기부금품의 모집등록)

① 1천만 원 이상의 금액으로서 대통령령으로 정하는 금액 이상의 기부금품을 모집하려는 자는 다음의 사항을 적은 모집·사용계획서를 작성하여 대통령령으로 정하는 바에 따라 행정안전부장관 또는 특별시장·광역시장·도지사·특별자치도지사에게 등록하여야 한다. 모집·사용계획서의 내용을 변경하려는 경우에도 또한 같다.

기부금품이 1000만 원을 넘는 경우 어떻게 돈을 걷고 또 어떻게 쓸 것인지 계획서를 작성하고, 지자체에 미리 등록해야 한다는 것이다. 윤지오의 통장에는 도대체 얼마가 들어왔을까? 아버지의 증언에 따르면 4000여 명이, 놀라지 마시라, 무려 1억 3000만 원을 보냈다고 했다(훗날 경찰에 의해 1억 1000만 원으로 정정된다). 전날 밤 11시에 계좌가 오픈된 것을 감안하면 놀라운 모금액수인데, 이는 장자연 사건의 해결을 바라는 이가 그만큼 많다는 증거였다. 그냥 놔뒀다면 벼락부자가 될 수도 있었을 터, 윤지오로서는 그놈의 기부금품법이 야속했으리라.

안 돌려줄 방법은 없을까?

3월 19일 오후 2시, 풀이 죽은 윤지오는 경호원과 이상호 기자를 대동하고 서울시청 기부후원 담당 공무원을 만난다. 윤지오는 다음과 같은 취지로 말했다.

"저는 원래 가만히 있으려 했는데 후원하겠다는 사람들의 요청이 많아 계좌를 오픈했거든요? 근데 저는 정말 돈이 그렇게 많이 들어올 줄 몰랐어요. 기부금품법상 1000만 원이 넘으면 등록해야 한다네요? 그래서 등록하려고요." 공무원은 등록을 하고 난 뒤 모금을 해야 한다고 설명하며 서울시 기부금품 등록 안내서를 준다. 윤지오는 이미 모금한 금액은 어떻게 해야 하냐고 묻는다. 공무원은 계좌를 일단 폐쇄하고 이미 걷은 돈은 기부자에게 돌려주라고 얘기한다. 정 모금을 하고 싶으면 서류를 갖춰 등록하고 그 후 모금하면 된다, 그리고 모금은 공익을 위한 것이어야지, 사익을 위해서 모금해서는 안 된다고 하며 공무원은 다음 말을 덧붙였다. "자신의 경호를 위해 기부를 모집한다는 거는 절대 있을 수 없다."[6)]

모은 돈을 기부자에게 돌려주라니, 윤지오는 앞이 캄캄했을 것이다. 100만 원만 토해내도 잠이 안 오는 게 인지상정인데, 1억여 원을 돌려주라니! 내가 어떻게 여기까지 왔는데! 물론 윤지오는 그 돈을 반환할 마음이 전혀 없었다. 대신 윤지오는 3월 26일 누군가와 상의를 하고, 그 후 다음과 같은 대응 논리를 내세운다.

신한은행 통장은 이상호 기자가 고발뉴스에서 윤지오 씨의 신변 보호를 걱정하여 경호비 등의 목적으로 후원할 계좌번호를 달라고 요청하여 유튜브에 공개한 것이고 윤지오 씨는 그 통장에 얼마가 들어올지 전혀 예상할 수 없었다. 또 윤지오 씨는 혹시나 음해세력들이 시비를 걸 것에 대비하여 서울시 민간협력과에 이상호 고발뉴스 피디 및 경호원과 함께 방문하여 "혹시 후원금 등록을 해야 하냐?"고 문의하였으나 신고나 등록 대상이 아니라는 공무원의 답변을 듣고 돌아왔다.[7)]

윤지오가 세운 '지상의 빛' 상임이사 김상민이 한 이 말은 윤지오가 인스타그램에 올린 피드를 그대로 옮겨적은 것인데, 강조한 부분은 명백한 거짓말이다. 유튜버 숏맨(숏티비 진행자)이 해당 공무원을 찾아가 이게 사실이냐고 물었을 때, 그 공무원은 어이가 없다는 반응을 보인다.

"이건 말도 안 되죠. 거짓말이에요."

'지상의 빛'을 만들다

신한은행 계좌가 막히고 난 뒤 윤지오는 돈을 더 걷을 방법을 궁리한다. 답은 비영리단체를 만드는 것. 훗날 '안티 윤지오'들을 고소하며 큰 활약을 펼칠 '지상의 빛'은 바로 이런 취지에서 만들어졌다. 윤지오는 4월 12일에 두 번째로 출연한 〈김어준의 뉴스공장〉에서 김어준에게 다음과 같이 설명한다.

김어준 돌아가기 전에 재단을 하나 남기고 가고 싶다고, 본인은 이제 캐나다로 돌아가고, 거기서 살아가겠지만, 그러면서 재단 하나를 설립한다면서요? 설립을 아예 인가를 받았다면서요?

윤지오 네, 지금 서류도 받고 있고, 이제 등록만 하면 오늘 오후부터는 아마 후원을 해주실 수 있는 것으로 알고 있어요.

(중략)

김어준 지상의 빛, 뭘 하는 곳입니까?

윤지오 이 비영리단체 같은 경우는 5대 강력범죄에 속하지 않는 목격자, 증언자, 제2의 피해자분들이 쉴 수 있는 공간을 제공하고, 또 저희 경호업체분의 동의하에 소정의 금액을 드리면 24시간 경호까지 이루어질 수 있도록….[8]

지상의 빛은 애당초 잘 될 수 없었다

우리나라는 5대 강력범죄, 즉 살인, 강도, 강간, 절도, 폭력으로 인한 피해자를 국가에서 일정 기간 보호해줄 수 있다. 지상의 빛은 여기 속하지 않는, 하지만 보호가 필요한 사람들을 돕겠다는 것이다. 말이야 그럴듯하지만, 이게 과연 실현 가능한 이야기인지 모르겠다. 우선 그 대상자를 어떻게 찾을지가 궁금하다. 5대 강력범죄 이외의 범죄로 인해 24시간 경호가 필요한 이가 도대체 얼마나 되겠는가? 더 어처구니없는 것은 윤지오의 다음 말이다.

> 비영리단체 지상의 빛이 (등록이) 됐어요! 내일 오픈할 수 있을 거 같아요. 저에게 주시는, 아니 저에게 주시는 건 아니죠. 후원을 해주시면, 제가 경호비로 쓰고 남는 돈은 저 같은 사람, 5대 강력범죄에 속하지 않는데 보호를 받아야 하는 사람들에게 전달이 되고, 경호 대표님이랑도 연락을 해서 그 금액을 경호업체에 드리면 경호를 24시간 받을 수 있도록 조치를 하고 갈 거예요.(윤지오 라이브방송, 날짜 미상)

윤지오에 따르면, 그녀는 조선일보로 대표되는 권력자들로부터 끊임없이 위협을 받고 있다. 그 권력자가 워낙 센 분들이라 윤지오는 한 달에 경호비용으로 1000만 원 이상을 쓴다. 윤지오는 지상의 빛으로 후원금이 들어오면 일단 자신이 쓰고, 남은 돈을 대상자에게 준단다. 이 재단의 필요성에 공감하는 이도 얼마 없겠지만, 윤지오가 캐나다에 가버리면 한 달에 1000만 원을 걷는 것도 쉽진 않을 것이다. 그런데 자기가 먼저 쓰고 남을 준다고? 이 재단은 다 피지 못하고 진 신한은행 계좌의 아쉬움을 달래기 위한 수단이라는 게 더 맞겠다.

지상의 빛, 또다른 용도

하지만 지상의 빛의 용도는 그것말고도 있었다. 위에서 말한 것처럼 윤쫓사 멤버들을 고발하는 것도 그중 하나지만, 지상의 빛은 다음과 같은 용도로도 쓰였다. 훗날 그녀의 행적에 의문을 품는 이들이 많아지면서 윤지오에게 후원금 내역을 공개하라고 하는 이들이 생기기 시작했다. 이 요구가 빗발쳤던 6월 11일, 지상의 빛 상임이사 김상민은 길거리에서 마이크로 다음과 같은 얘기를 한다.

> 그 거금의 어떤 후원금이 들어왔다, 라고 사실관계도 확인하지 않고 언론이 대대적으로 몰아갑니다. 1억 5000만 원 이상이 모였다고 하는데 어제 저희한테 통장을 보여준 거로는 1616만 몇천 원밖에 현재까지 모인 게 없어요.[9]

보라. 억대의 후원금을 걷었다는 것보다는 겨우 1600만 원을 걷었다니 "그거 가지고 왜들 그래?" 하는 생각이 들지 않은가? 후원금 액수가 생각보다 적은 이유는 중간에 계좌를 바꾼 탓도 있겠지만, 증언자로서 그녀의 약발이 더는 먹히지 않게 된 게 클 것이다. 여기에 더해 윤지오가 '후원금은 단 1원도 쓰지 않았다'라고 말할 때, 이 근거 역시 국민은행 통장 얘기다. 신한은행을 숨기는 방패막이로 쓸 수 있다는 것, 지상의 빛을 만든 것은 신의 한 수였다.

심지어 후원도 한다

지상의 빛의 활용도는 이것말고도 또 있었다. 윤지오와 관련해 글을 쓰면서 기막힌 일들을 많이 만나지만, 지상의 빛 관련해서 그녀가 한 다음 행위는 정말이지 '기막히다'라는 단어가 초라해진다. 한국일보 기사다.

> 장자연 사건 증언자로 나섰던 윤지오 씨가 후원금 반환소송에 휘말린 상황에서 후원금을 일부 사용해 논란이 일고 있다. 윤 씨가 첫 후원자로 정한 사람은 박근혜 정부 당시 '최순실 국정농단' 사태 핵심 증인이었던 노승일 전 K스포츠재단 부장이다. 윤 씨는 11일 자신의 인스타그램에 "여러분께서 후원해주신 소중한 후원금으로 공익제보자 노승일 님을 처음 후원했다"며 "매월 30만원씩 후원하기로 했다"고 밝혔다. 윤 씨는 후원자를 공개한 이유에 대해 "후원금을 받는 개인은 공개적으로 받을지, 익명으로 받을지 선택할 수 있다"며 "노승일 님께서는 공개적으로 나선 공익제보자이신 데다 노승일 님의 동의를 받아 혹여나 있을 의혹 생산을 막기 위해 공론화했다"고 설명했다.[10)]

두 가지만 얘기한다. 첫째, 노승일이 24시간 경호가 필요한 분인가? 아무런 위협 없이 가고 싶은 곳을 가고, 국회의원이 되겠다는 포부를 밝힌 바도 있는 그가 왜 첫 번째 대상자가 돼야 할까? 두 번째, 30만 원이란 액수가 터무니없이 적다. 자신은 한 달에 1000만 원씩 경호비를 쓴다면서, 다른 이에겐 30만 원 줄 테니까 먹고 떨어지라는 건 좀 너무하다. 그러니까 대중적 인지도가 있는 노승일에게 30만 원을 준 것은 윤지오가 개인의 이익을 위해 후원금을 받았다는 의혹을 불식시키기 위한 잔꾀에 불과하다. 더 웃긴 것은 지상의 빛 역시 제대로 등록된 단체가 아니어서, 1000만 원 이상의 기부금을 받는 게 불법이라는 점이다.

이것 외에도, 윤지오는 4월 22일 해외 사이트 'GoFundMe'에서도 자신이 핍박받는 증인이라고 속여 후원금을 걷었다.

> 저는 한국의 여배우인데 동료 여배우의 죽음을 조사하는 데 있어 유일한 목격자입니다. 10년간 16번이나 증언했고요, 차 사고도 두 번이나 당했어요. 저를 지키기 위해 매달 2만 5000달러를 경호비로 쓰고 있어요. 제발 저에게 돈을 줘서 장자연 죽음의 진실을 밝힐 수 있게 해주세요.[11)]

이 사이트에선 대략 3000만 원 정도가 모였지만, 윤奚사에서 이를 문제 삼자 잽싸게 후원금 모금을 중단하고 그 돈을 돌려줬다는 후일담이 들린다. 돌려줄 수밖에 없는 이유는 외국의 기부금품법을 위반하면 선처가 없기 때문이라는데, 1억이 넘는 돈을 등록도 안 한 채 걷었는데 아무런 조치도 못 하는 우리나라로선 좀 본받았으면 한다.

윤지오의 구라, 검증(1)

지금까지의 행적만 봐도 윤지오는 문제가 아주 많다. 불법적으로 돈을 모았고, 서울시 공무원과 상담을 통해 자신이 불법을 저지른다는 것을 인지했다. 또한 이미 모은 돈을 돌려주라는 말을 듣고서도 이행하지 않았다. 조금만 버티면 된다고 생각했겠지만, 야속하게도 사람들은 후원금 반환을 요구하기 시작했다. 윤지오는 이를 거짓말로 받아치는데, 그녀가 그다지 치밀하지 않다 보니 말도 안 되는 말이 계속 나온다.

> 후원금 받을 때, 몇 시간 후에 가서 이거 반환되냐고 물어봤는데 은행측에서 불특정 다수에게서 와서 반환 자체가 불가하다고 말씀해주셨고, 저도 이번 기회를 통해서 반환을 받고 싶은 생각을 가진 분들에게는 다

반환을 하고 싶습니다. 제발, 부탁드립니다. 저도 반환 좀 하게 도와주세요.(윤지오 라이브방송, 날짜 미상)

여기에 어머니가 거든다. "아, 저 경호비로 몇천 들었어요. 증언하면서 완전히 마음고생, 몸고생, 경제적으로 어마어마하게… 증언 두 번 했다간 우리 기둥뿌리에 금가요."(위의 라이브방송)

이 말은 사실일까. 먼저 어머니의 말부터 따져보자. 숙소와 경찰 다섯 명을 국가에서 지원했는데, 사설업체 경호원을 추가로 고용하기 위해 두 달이 채 안 되는 기간 동안 몇천을 썼다? 3월 28일 16번째 증언을 한 이후엔 더 있을 필요도 없었으니, 경호비가 그리도 부담된다면 캐나다로 돌아가면 그만이었다.

윤지오의 구라, 검증(2)

이제 돌려주고 싶었는데 못했다는 윤지오의 말을 검증해보자. 유튜버 숏맨이 여기에 관해 조사했다. 해당 은행 지점장은 윤지오와 전혀 다른 말을 한다.

은행 계좌 주인이 돌려주는 거면 알아서 주면 되는 거죠.

숏맨 불특정 다수한테 돈이 와서 이름만 통장에 찍혀 있잖아요? 보내는 것을 은행에 요청해주면 해줄 수 있나요?

은행 지점 차원에선 안 되고, 본점에 공식적으로 요청을 해서 하면 가능합니다.

숏맨 윤지오는 불특정 다수라서 은행에서 안 된다고 했어요.

은행 그렇지는 않아요. 또다른, 아주 쉬운 방법이 있을 거예요. 공탁하면 됩니다. 잘못 모금했으니 전액 인출해서 나는 가질 생각이 없다는 컨셉이라면, 법원에 공탁해놓고 SNS에 공지하면 되는 거죠. 법원에서 찾아가라, 그게 훨씬 편할 것 같은데요. 아니면 제3자, 이건 돈이 좀 들겠지만, 법무법인에게 위탁해서 찾아가게 하면 됩니다.[12)]

윤지오가 은행에 물어보긴 한 것일까. 난 아니라고 본다. 그녀가 후원금을 돌려줄 의사가 전혀 없었기 때문이다. 후원금 공개 및 반환 요구가 거셌던 날, 윤지오는 공개를 거부하는 이유를 다음과 같이 말했다.

(후원금) 공개를, 금액은 제 사비, 개인 사비가 있고, 또 들어온 금액이 있어요. 제 개인통장에. 그거는 엄마 치료비랑 제 병원 치료비로 쓸 거고, (후원 내역을) 공개를 하면 저야 실명이 인증됐지만 (엄마가) 어느 병원에 가는지 다 공개를 해야 하는데, 미쳤다고 내가 그래요? 우리 엄마 이름을 내가 실명 인증까지 해드려야 해요? 우리 엄마가 어느 병원에 있는지, 내가 미쳤다고 가해자 니들한테 공표를 해야 해요? 제발 정신 좀 차리고 합당한 걸 요구하세요, 좀. 본인 아이큐가 두 자리인 걸 인증하지 마시고, 네?[13)]

개인 돈을 공개하라는 게 아니고, 3월 18일 밤부터 19일 1시까지 14시간 동안 입금된 내역만 뽑아 공개하면 되는 것인데, 도대체 엄마가 어느 병원에 가는지 알려진다는 말이 왜 나올까? 그래도 묻는 이가 계속 나오자, 윤지오는 자신의 인스타그램이나 라이브방송에서 '신한은행'을 언급만 해도 차단을 해버린다. 신한은행이란 단어는 '금기'가 됐다.

<궁금한 이야기 Y>

윤지오가 거짓말로 사적 이득을 취했다는 것은 윤쫓사 내부에서는 이미 알려진 바 있지만, 더 많은 이들이 이를 알게 된 데는 〈궁금한 이야기 Y〉(이하 Y)의 결정적인 역할이 있었다. 여기서 윤지오의 판단력을 짚고 넘어갈 필요가 있다. 윤지오는 Y팀이 캐나다로 온 게 자신에게 유리한 일이라 생각했는지, 자기 시녀와 다음과 같은 대화를 주고받는다.

윤지오 한국 취재팀이 김수민 씨(윤지오의 사기를 폭로한 분-필자)에 대해 팩트 짚어주실 거예요. 가짜뉴스.

시녀 1 헐, 축하드려요, 지오 님.

윤지오 다 지켜보셨데요. 그래서 이제 그 악행 만천하에 들어날 거예요.

시녀 1 지오 님, 고생하셨어요 그간.

그녀는 김수민 작가가 '뱀처럼 바닥을 기며 조롱받는 꿈을 꾸었다'고 말하기도 한다.(이상, 윤지오 인스타그램) 심지어 윤지오는 Y 피디가 '김수민 작가가 자기를 고소한 것이 최연소 MBA 석사인 것에 대한 질투 때문이라며 타진요의 예를 들었다'고 했다.[14] 타진요는 타블로를 음해했던 집단으로, 훗날 이게 다 허위임이 드러났다. 물론 Y 피디는 그런 말을 했다는 걸 부인했고, 실제로도 그랬을 것 같다.

Y의 열혈 애청자라 하는 말이지만, Y에 나오는 인물은 대개 범죄자이며, Y는 그들의 후안무치한 속성을 드러내는 데 최고의 능력을 발휘하는 프로그램이다. 이 프로가 시청률 10%를 찍으며 10년 넘게 장수하는 비결도 그 방면의 1인자이기 때문인데, Y 프로에 윤지오가 나온다면 당연히 범죄자 윤지오를 조명하는 내용이 될 수밖에 없다.

방송 출연을 수락하기 전 인터넷에 떠 있는 회차들 중 하나만이라도 미리 봤다면, Y에 나가는 만용은 부리지 않았을 테고, Y가 김수민을 짓밟아주리라는 행복회로를 돌리지도 않았으리라.

후원금 공개를 거절하다

하지만 윤지오에게 그 정도 판단력을 기대하긴 어려웠기에, 그녀는 Y팀 카메라 앞에 앉는다. 장장 12시간의 인터뷰에서 Y팀은 고등학교를 1년 만에 졸업한 게 사실인지, 10년간 숨어 산 게 맞는지 등등 그녀에게 제기된 여러 의혹들에 대해 묻는다. 윤지오는 늘 하던 대로 구라로 점철된 답변을 한다. PD는 그녀가 말한 것에 대해 팩트 체크를 하고 방송에 담겠다고 했다.

그러면서 Y팀은 후원금 액수, 그러니까 신한은행 계좌를 공개할 의향이 없느냐고 말한다. 윤지오는 그게 자기 의지로 연 계좌가 아니라면서, 후원금 모금의 결정적인 계기가 된 이상호 기자의 허락이 있어야만 공개할 수 있다고 한다. 자기도 하고 싶은데 이상호와 연락이 안 돼서 못 한다는 것이다.

도대체 이해가 안 되는 말이다. 이상호가 모금에 도움을 줬을지라도 어디까지나 계좌는 윤지오의 것이고, 그 돈도 아직 그녀 소관일 텐데 왜 이상호를 걸고넘어지는 것일까? Y팀은 그녀에게 제안한다. 자기들이 이상호 기자로부터 대신 허락을 받아주면 공개하겠느냐고. 윤지오는 그렇게 하겠다고 한다. 이상호는 당시 누구의 연락도 받지 않고 있었기에, Y팀은 그의 변호사에게 묻는다. 변호사는 윤지오가 알아서 하면 되는 문제라고 말한다.

이 말을 전하자, 윤지오는 공개할 수 없다고 한다. 왜? 그 사이 자기가 변호사를 선임했는데, 자기 변호사가 '공개 의무가 없으니 법적으로 대응하라'고 했단다. 그 뒤 윤지오와 Y 피디 간에 아크로바틱한 카톡 대화가 이어진다.

윤지오 제가 약속했을 당시에는 변호사 선임 전이고요, 이제 저도 선임되어서 변호사 측의 조언을 따를 뿐이에요. 그리고 판사 판결하에 저희도 공증해서 밝히는 게 옳기에 기다리고 있는 것이고요. 그리고 개인계좌를 함부로 공개하라 마라 할 의무는 없다고 들었고, 저도 제 변호인단 말씀에 따를 뿐이에요. 저도 답답하죠. 제가 쓴 돈도 없고 쓰고 싶지도 않아요. 문제가 된다라면 더 빨리 공개하고 수습하는 게 맞았겠죠. 누가 가장 답답할지 알아주셨으면 합니다.

Y팀 간단한 문제인데 안타깝네요.

윤지오 간단한 문제라고 생각하시는 게 안타깝습니다.

Y팀 …후원금 관련해서 약속한 대로 공개를 해주셨으면 지오 님께 훨씬 긍정적으로 작용하는 방송이 되었으리라는 아쉬움은 여전히 있습니다.

윤지오 …잘 알겠습니다. 혹시 취재가 충분하지 않아 사실을 왜곡하신다면 저도 제 방식으로 증명을 할 수밖에 없을 것 같아요, 피디님.[15]

Y, 그 뒷이야기(1)

Y는 6월 21일 밤 전국에 송출됐다. 난리가 났다. "어, 뭐야? 윤지오, 다 거짓말이었잖아!" 나는 물론이고 윤쫓사 사람들은 다 아는 내용이라 새로운 사실을 아는 짜릿함은 없었지만, 윤쫓사 인스타그램에는 Y에 대한 찬사가 쏟아졌다. 그간 언론들이 윤지오에 대한 의혹을

파헤치기는커녕 그녀 인스타그램에 올라온 일방적인 주장만을 기사화하는 데 그쳤던 터라, Y는 그들에게 '이거라도 어디냐?'는 감격을 선사한 것이다.

다 아는 내용임을 감안해도 Y '윤지오 편'은 참 잘 만든 프로그램이었다. 세 번이나 반복해서 봤는데 전혀 지루하지 않았다. 특히 사람들이 분노한 대목은 윤지오가 약속을 어기고 후원금을 공개하지 않는 장면이었다. 윤지오의 행보가 돈으로 연결되지 않았다면, 그게 아니더라도 Y 피디 말대로 떳떳이 후원금을 공개했다면 그녀를 믿어주는 이가 더 많았을지 모르지만, 윤지오로선 1억 원이 넘는 통장을 공개할 수는 없었다.

대형 커뮤니티 대부분이 '윤지오=거짓말쟁이'로 넘어갔다. 예컨대 엠팍에는 Y가 시작된 시각부터 다음날 밤까지 158개의 글이 올라왔다. 글마다 댓글이 수십 개씩 주렁주렁 달렸는데, 반성하는 글들부터 '윤지오 의심하면 조선일보 알바라더니 왜 지금 아무 말도 안 하냐?' 같은 한풀이 글들도 꽤 있었다.

반면 '문빠' 사이트인 클리앙의 반응은 판이했다. 이 와중에도 '오늘 알바들 날잡았냐', '본질은 조선일보다', '윤지오가 아니라 장자연을 보라' 같은 글들을 써댔으니까 말이다. 가장 어이없는 글은 다음과 같은 자화자찬 글이었다. "저는 클리앙이 집단지성의 마지막 보루라고 느낀다… 이 커뮤니티 분들의 이성적인 판단이 참 고맙다."[16] 수많은 추천과 더불어 공감의 댓글이 달린 이 글은 광신이란 게 뭔지를 새삼 느끼게 해줬다.

Y, 그 뒷이야기(2)

Y 방영 후, 윤지오는 인스타그램을 비공개로 전환했다. 거짓이 드러

날 때마다 했던 일이긴 하지만, 이번 비공개는 이 글을 쓰는 지금까지도 계속되고 있다. 그만큼 타격이 컸단 얘기. Y와 인터뷰 직후 기고만장했던 윤지오는 프로그램이 나간 후 펑펑 울면서 Y 피디와 전화를 한다.

윤지오 그런 논란 자체가 증인과의 연관성이 하나도 없는 것은 아시죠? 증인이 무슨 대학교를 나오고… 그게 뭐 중요한가요?

Y팀 방송을 보시면 증언에 대한 부분이 더 많은 부분을 차지하고 있다는 것을 찾으실 수 있을 겁니다.

윤지오 그냥 증명만 하셨어도 될 문젠데… 문제를 더 크게 만든 것밖에는… 먼 길 와주신 거 진짜, 저나 엄마나 감사하게 생각해서 한 건데, 진짜 솔직히 말해서 진짜 너무 많이 실망했구요, 그냥 악플러보다 더 심하신 거 같아요, 피디님. 왜, 왜 그러세요, 저한테?

Y팀 개인적인 감정을 갖고 한 게 아니라, 제가 해야 되는 작업들을 했다, 라고 말씀드릴 수 있을 것 같네요.

윤지오 도와주시지는 못할망정 그냥 상처 후벼판 것밖에는 안 되는 방송이었던 것 같아요.[17)]

윤지오는 Y의 팩트 체크에 억울함을 호소했고, 피디를 악플러보다 못하다고 했다. 윤 씨에게 이용당한 장자연과 국민의 억울함은 안중에도 없었다.

고소, 그리고 출국

Y 방영은 6월 말의 일이니, 시계를 다시 4월 23일로 돌린다. 시작은 김수민 작가의 고발이었다. 뒤에 이야기하겠지만, 김 작가는 윤지오

가 장자연에 관해 증언하는 게 순수하지 않은 의도에서 비롯됐다고 폭로했고, 윤지오가 그녀를 비방하는 라이브방송을 하자 박훈을 변호사로 선임해 윤지오를 '허위사실 적시에 의한 명예훼손'으로 고발한다. 게다가 박훈은 '국민들을 기망해 후원금을 모았다'며 고발할 뜻을 밝혔다. 고소·고발을 당하면 경찰에서 조사를 받아야 하고, 그 경우 자신의 거짓말이 들통날 수 있다. 게다가 박훈은, 중범이 아니니 어렵다고 전제하긴 했지만, 그녀를 출국 금지해야 한다고 하기도 한다. '안 돼! 1억 원은 내 거야!' 덜컥 겁이 난 윤지오는 23일 출국하려 했지만 실패했고, 할 수 없이 다음날 티켓으로 캐나다에 간다. "이게 증인을 대하는 태도세요? 굉장히 무례하세요."라는 명언은 이날 공항에 나간 기자들에게 한 말이다.

윤지오는 원래 예정된 출국이라고 했다. 물론 거짓말이다. 아무리 인스턴트 시대라 해도 해외 나갈 때 비행기표를 전날 사는 일은 드물다. 그 뒤 촛불집회를 연다든지 등등 예정된 모임이 더 있었으니, 갑작스럽게 출국했다는 게 맞다.

여기에 한 가지 거짓말이 더 있다. 윤지오는 자신의 출국이 어머니 간병 때문이라고 둘러댔다. "빤스런? 도망간다는 거냐. 정도껏 하시라. 악플러, 가짜뉴스 쓰는 기자분들, 본인들이 귀하듯 저 또한 귀한 딸이다. 4월 4일부터 엄마에게 제대로 된 보호자 역할을 못 했다."[18] 하지만 캐나다에 도착한 뒤 윤지오는 놀라운 소식을 공개한다. 어머니가 사실은 그동안 줄곧 한국에 있었다고 얘기한 것이다. "여러분한테 말씀드리고 싶은 건, 사실 말씀 못 드렸는데 엄마가 한국에 오셨어요. 사실은 심리치료사라고 한 게 저희 엄마예요."[19]

저희 어머니, 진짜 심리치료사 맞아요

이 책의 독자들이야 어머니가 한국에 있었던 걸 알지만, 당시만 해도 이 사실은 충격 그 자체였다. '뭐야? 어머니 간병 때문에 간다면서, 그것도 거짓말이야?' 이는 윤지오가 내내 어머니의 존재를 숨겨왔던 데서 기인한다. 예컨대 3월의 어느 날, 라이브방송을 하는 내내 코 고는 소리가 들렸다. 그때 윤지오는 이렇게 말했다. "심리치료사신데, 캐나다 토론토에서 사비를 털어 오셨거든요, 저를 위해서. 너무 걱정이 된다고."[20] 아무리 윤지오를 걱정하는 이라도, 생판 타인이 사비를 털어 한국까지 오는 게 가능할까? 그가 오로지 윤지오만 치료하는 것도 아닐 텐데 말이다. 나중에 윤지오는 어머니에게 심리치료사 자격증이 있다면서, 심리치료사라는 게 전혀 거짓말이 아니라고 말한다. 여기에 대해선 그냥 웃고 넘어가자.

이해 안 되는 일은, 윤지오는 왜 어머니가 한국에 있다는 사실을 숨겼냐는 것이다. 가슴에 생긴 몽우리를 검사하러 온 거면 정부 지원을 받기가 궁색하니 심리치료사라고 우겼던 것일까?

신기한 일은 윤지오가 어머니와 관련해 거짓말한 사실을 인정했다는 것이다. 자신이 했던 그 많은 거짓말들 중 윤지오가 스스로 자백한 건 이때가 유일하다. 왜일까?

답은 그녀가 했던 한국에서의 마지막 라이브방송에 있다. 4월 23일, 윤지오가 코피 때문에 한쪽 코를 막고 라방을 하던 중 노크 소리가 들린다. 경호원이 누구냐고 묻는다. 노크의 주인공은 '엄마야' 라고 말한다. 문 여는 소리가 들리고, 엄마가 들어온다.[21] 이 광경을 본 이는 윤지오의 시녀들만은 아니었다. 카톡은 조작이고, 동영상은 합성이라고 얘기할 수 있어도, 저 상황을 둘러칠 거짓말은 생각나지 않았다. 윤지오는 결국 캐나다에 가자마자 먼저 고백해버린다. 이미 캐나다 왔는데 어쩔 거냐는 속셈이었을 수도 있다.

어머니는 암도 아니었다

어머니 얘기가 나왔으니 한 가지만 더 얘기하자. 윤지오는 어머니가 암이라고 얘기하고 다녔다. 가족 내력이 유방암이라는 얘기도 여러 번 했고, JTBC에 나갔을 때 대기실에서 만난 손석희에게 윤지오는 이렇게 말한다. "엄마가… 암이셔가지고."[22]

사정이 이랬으니, 몇몇 기사에서 윤지오 어머니가 유방암이라고 보도하는 것은 당연했다. 예컨대 아이뉴스24 4월 5일자 기사는 이를 제목(「고 장자연 사건 증인 윤지오, 母 유방암 투병 고백… 이젠 엄마 보호자 될 것」)으로 뽑았다. 기사 시작은 이렇다. "배우 윤지오가 모친이 유방암으로 투병한다는 사실을 고백했다."[23] 이런 기사가 하나둘이 아니었고, 수많은 네티즌들은 어머니의 쾌유를 응원한다는 답글을 달았다.

하지만 윤지오의 어머니는 암이 아니었으니, 그녀가 어머니의 양성종양을 자기에게 유리하게 이용한 게 아니냐는 의혹이 제기된다. 어머니는, 위에서 언급했듯이 가슴에 생긴 몽우리를 진단하러 우리나라에 왔다. 말이 씨 된다는 격언처럼, 검사 결과가 나오지 않은 상태라면 섣불리 암 얘기를 꺼내지 않는 게 우리 정서다. 그런데 저런 유의 기사가 나왔다. 자신에 관한 기사를 매일같이 검색해보는 윤지오이니, 저 기사도 봤을 것이다. 그런데 다른 기사들에 대해서는 법적 대응 운운하며 목소리를 높였던 윤지오가 유방암 기사에는 아무런 대응을 하지 않았다. 설령 바빠서 그랬다 해도 어머니의 종양이 양성으로 밝혀진 이후에는 인스타그램이나 라이브방송에서 암이 아님을 알려야 했다. 그게 그녀를 걱정하고 위로했던 이들에 대한 예의

다. 그런데 윤지오는 캐나다로 도망간 뒤까지 그 사실을 말하지 않았다. 왜일까? 혹시 캐나다로 도망칠 때 어머니의 병환을 이용하고자 했던 것은 아닐까?

참고로 윤 씨 어머니가 유방암이 아님을 밝힌 분은 다름 아닌 이모부였다. 그는 윤지오 아버지와의 전화통화를 공개했는데, 그에 따르면 윤 씨 어머니의 몽우리는 양성이었다. 네티즌들의 비난이 잇따르자, 윤지오는 라이브방송을 통해 이렇게 반박한다.

"저희 어머니가 암 판정을 받은 게 아니에요. 왜 이렇게 멋대로 생각을 하고 멋대로 말하고 멋대로 허위사실 유포하고 그러세요?"[24]

'짧은 하루에 몇 번씩 같은 자리를 맴돌다 때론 어려운 시련에 나의 갈 곳을 잃어가도.' 황규영의 〈나는 문제없어〉라는 노래 한 구절이다. 윤지오에 관한 글을 쓰고 있자니, 저 노래가 생각난다. 가사를 살짝 바꿔본다. '짧은 하루에 몇 번씩 온갖 구라를 치다가 때론 구라가 막혀서 나의 잘못을 시인해도.' 음을 넣어서 불러보시라. 의외로 입에 착착 감긴다.

박훈의 고발

4월 23일 김수민 작가 대리로 윤지오를 고발했던 박훈은 그로부터 사흘 뒤인 4월 26일, 사기 혐의로 윤지오를 고발한다. 고발을 마친 후 박훈이 발표한 입장문은 윤지오의 혐의를 잘 나타내주고 있어서, 일부를 옮긴다.

> …저는 국민들께 윤지오는 조선일보와 아무런 관련이 없다는 것을 명백하게 말씀드립니다. 윤지오는 스스로 그것을 과거사위에서 명백하게 진술했으나 언론에서는 전혀 밝히지 않아 기대감만 한껏 부풀렸던 것

입니다. 있을 수 없는 처참한 기망행위였던 것입니다. 거기에 많은 언론들이 부끄럽게 부역했던 사건입니다.

또한 사실은 신변의 위협이 전혀 없음에도 불구하고 마치 신변의 위협이 있는 것처럼 일반 교통사고를 테러로 둔갑시키고 호텔 환풍구, 소리, 냄새 등을 운운하며 사람들을 기망했습니다.

나아가 사실은 장자연 씨가 쓴 "리스트"가 전혀 존재하지 않고 수사기관에서 조사를 받다 정체 불명의 수사 서류를 본 것에 지나지 않는 것을 본 것을 기화로 "법 위의 30명 사람들과 목숨 걸고 혼자 싸운다"라면서 사람들을 기망하였습니다.

이런 기망행위를 통해 "경호비용" 또는 "공익제보자" 후원 등의 명목으로 신한은행과 국민은행, 그리고 해외 펀드 사이트를 통해 후원금을 모금하여 재산상의 이득을 취하였습니다. 또한 불필요한 경찰 경호인력 투입과 장기간 호텔의 사적 이용에 국민의 혈세를 투입하게 했습니다.

이러한 윤지오의 행위는 형법 제347조가 규정하고 있는 "사기죄"에 해당한다고 판단하여 고발에 이르게 된 것입니다.[25)]

변호사로서 박훈은 좀 특이한 사람이다. 국민 여론과 무관하게 자신이 옳다고 믿으면 그냥 돌진한다. 조선일보를 싫어하지만, 진보/보수의 진영논리에 치우쳐 있지도 않다. 많은 이들을 각성시켰던 김어준 등의 〈나꼼수〉가 지적 풍토를 붕괴시켰다고 비판하는 게 단적인 예다. 게다가 수임한 사건의 승률도 높다. 이상호 기자가 고 김광석의 죽음이 부인 때문인 것처럼 주장하자 부인을 대리해 소송을 제기, 5000만 원의 배상 판결을 받아낸 게 대표적인 예다. 정봉주 성추행 사건에선 정봉주가 성추행을 저질렀다고 확신한다며 1억 원 내기를 제안하기도 했다. 그랬던 박훈이 윤지오를 고소한 것은 시사하는 바가 크다. 고소 당일 한 네티즌은 이 점을 지적한다.

-fore****: 박훈 변호사에게 걸렸으니 무사하지 못할 것이다!

후원금 반환소송의 이유

그로부터 한 달 반이 지난 6월 10일, 후원금 반환소송이 벌어진다. 증언자로서 윤지오의 신빙성이 떨어진다는 게 그 이유였지만, 그게 다는 아니다. 무엇보다 윤지오가 빌미를 너무 여러 번 제공했다. 전에 언급한 것처럼 후원금을 공개하라는 사람들을 아이큐 '두 자리'로 몰았고, 그것도 부족해 막말을 일삼았다. 윤지오의 '입금 전 vs 입금 후'라는 영상이 유튜브에 돌고 있는데, 내용은 이렇다. 입금 전, 윤지오가 훌쩍이며 이렇게 말한다. "여러분들이 해주실 수 있는 게 관심, 이렇게 가져주시고…." 1억여 원이 입금된 후엔 이렇게 바뀐다. "나 이미 유명해요. 어쩌라고요? 내가 원해서 유명해졌어요? 당신들이 관심을 가져줬으니까. 그럼 관심 꺼줘요. 그럼 나 안 유명해지잖아?"[26] 이러니 후원자들이 열받을 수밖에.

어떤 이는 후원금 공개를 요구하며 윤지오와 다음과 같은 설전을 벌인다. 그가 원한 것은 내역 공개였지만, 윤지오는 계속 동문서답을 한다.

윤지오 단 한 분도 후원금 반환 문제로 저에게 제대로 된 서류를 안 주셔서 저도 답답합니다. 후원금 반환 사유도 양식에 맞춰서 써서 보내주시고요.

그분 도대체 후원금 반환 사유 양식은 어디에 있나요?

윤지오 본인이 좀 알아보세요.

그분 그 말씀만 해주세요. 공개 여부만 말씀해주신다면 언제든 서류

갖춰서 보내드릴게요.

윤지오 저도 제가 다 일일이 대응을 하는 것이 아니고요.

그분 아니, 그러면 서류를 왜 보내달라고 하신 건가요?

윤지오 변호사분께서 검토하시고 여러 절차가 있습니다. 필요서류 본인이 알아보시고 저에게 보내달라고요. 후원금 반환 신청 방법, 검색해보세요.

그분 반환 신청을 위한 목적이었다면 디엠(다이렉트 메시지의 약자로, 인스타그램에서 보내는 쪽지-필자) 안 보냈을 겁니다. 우리는 내역 공개를 원했으니까요. 후원한 사람들이 반환 신청에 더 급급했다라고만 생각하십니까? 우리는 내역 공개에 더 무게를 둔 거라고요. 왜? 지오 씨를 믿었으니까.

윤지오 때가 되면 누가 거짓말을 하는지 알게 됩니다. 며칠 안 남았어요.

그분 반환 신청 이전에 1000만원 이상의 후원금은 내역 공개가 의무입니다.

윤지오 젖값은 선처 없습니다. 누누이 말했고요.[27]

후원금 반환소송

이랬으니 후원자들이 열을 받을 수밖에. 윤지오 신변 보호에 관한 국민청원 글을 작성했던 사람마저 후원한 것을 후회한다고 술회했다. 당시 윤쫓사를 이끌던 김수민 작가는 법률사무소 로앤어스의 최나리 변호사를 섭외해 뜻이 있는 사람은 그쪽으로 연락을 달라고 했다. 하나둘씩 사람들이 모였고, 그 숫자는 439명이 됐다. 이들이 낸 후원금은 총 1023만원이었다.[28]

후원금 반환소송은 매우 이례적인 일이다. 누군가에게 기부하면서 사람들은 그 돈을 다시 돌려받을 생각을 하지 않는다. 게다가 법률전문가에 따르면 소송을 해봤자 후원금을 실제로 돌려받을 확률은 극히 낮다. 그런데도 이들이 정신적 위자료 2000만 원까지 더해 3000여만 원을 내놓으라고 소송을 제기한 이유는 사람들의 선한 마음을 이용해 사기를 치고도 여전히 뻔뻔한 모습을 보이는 그녀에게 자신들의 분노를 보여주고 싶어서였다.

물론 이런 것에 움찔할 윤지오는 아니었다. 그녀는 이들의 소송을 '선후원, 후갑질'로 매도하면서 "전 단 한 번도 돈을 달라고 구걸하거나 협박한 적이 없다"고 말했다.[29] 너희들이 줘놓고선 이제 와서 왜 난리냐는 것인데, 이 정도면 뻔뻔함 면에서 비교 대상이 없을 것 같다.

잘못을 저지른 이가 떵떵거리며 잘 산다면, 그 사회는 그만큼 더 불행해진다. 사람들이 박탈감을 갖는 것도 그렇지만, 부정한 방법으로 이득을 취하려는 이가 속출하기 때문이기도 하다. 게다가 윤지오 사건은 안타깝게 목숨을 끊은 이를 이용한, 죄질이 나쁜 범죄다. 우리가 그녀의 행보에 계속 관심을 가져야 하는 이유다.

제11장

책 『13번째 증언』과 김수민 작가의 폭로

책은 이슈를 만들 수 있다

2018년 말 과거사위에서 증언을 마쳤던 윤지오는 『13번째 증언』을 출간할 즈음 다시 한국에 왔다. 불과 몇 달 차이에 불과하지만, 2019년의 윤지오는 달라져 있었다. 보지도 못한 것을 본 것처럼 떠들었고, 마약에 성폭행을 당했을 것이라는 추정도 서슴지 않았다. 그 사이에 뭐가 달라진 것일까? 이번 한국행에 나름의 목적이 있기 때문이다. 바로 이슈를 만들자는 것, 그 때문에 윤지오는 공중파에 얼굴을 내밀었던 것이다.

하지만 이슈를 만드는 건 방송만으로는 부족하다. 모든 언론이 그녀의 말을 받아쓴다 해도, 2~3일만 지나면 다른 이슈가 치고 올라와 그 이슈를 덮으니 말이다.

그래서 책이 필요하다. 책이 나오면 그 책을 소개하는 기사가 실린다. 독자가 쓴 리뷰가 인터넷에 올라오고, 그 리뷰를 본 사람들이 댓글을 달며 해당 쟁점에 대해 논의한다. 저자가 조금만 이름이 있다면 '강연회' 등을 통해 대중과 직접 만날 기회가 제공되고, 그 자체가 또 화제가 된다. 윤지오가 국회에서 했던 북콘서트를 생각해보라. 설령 윤지오가 캐나다로 돌아간다 해도 책은 영원히 남아 사람들과 소통하며, 그녀를 위대한 증언자로 만들어준다.

다음은 인터넷에 올라온 『13번째 증언』 소감이다(작성자 보호를 위해 출처는 밝히지 않는다).

-찬란해야 할 20대를 흙빛으로 보냈을 당신을 생각하니 고맙고, 고맙고, 또 고맙습니다.

-반짝이는 그녀가 있기에 그나마 추악한 인간들 속에서 함께 버틸 수 있지 않나 생각이 드네요.

-용기와 끈기에 박수를 보냅니다. 지오 씨 멋집니다.

-멋있으세요. 가족도 이렇게 못할 거예요. 응원합니다.

책은 수익도 가져다준다

보라. 다들 윤지오에게 찬사를 보내고 있다! 이제 이 이슈를 수익으로 바꾸면 된다. 이 사건에 관심이 있는 이라면 한때 널리 회자한 윤지오의 카톡 메시지를 기억할 것이다.

> 책은 그냥 출판 자체에 의미를 두는 거라, 많이 안 팔려도 나는 별로 감흥이 없을 것 같아. 많이 팔려도 그렇고. 하지만 분명한 건 이슈는 되니까 그 이슈를 이용해서 영리하게 그동안 못 했던 것들을 해보려고, 그래서 출판하는 거고.

보라. 책의 효과를 아주 정확히 알고 있다! 그 이전엔 이런 말도 했다. "난 책도 책이지만 그 후 내 행보가 더 중요하고 할 수 있는 일들이 많다고 판단돼서." 그동안 못 했던 것들, 혹은 더 중요하고 할 수 있는 일들은 대체 무엇일까? 카톡 메시지로 보아 아마 다음 활동들이 아닐까 싶다.

> "저는 강연이랑 방송도 하고 싶어서요. 출판에 맞춰서."
> "어차피 체류비며 경비 주는 것도 아니고, 응 IPTV나 언론은 내가 다 가져가려고. 강연 공연도 조율해보고."(이상, 김수민 작가가 공개한 카톡 메시지)

책을 팔아서 얻는 수익도 수익이지만, 강연료 등등의 수입도 만만치 않다는 것을 윤지오는 알고 있었다. 게다가 윤지오는 인세 수입도 만만치 않았다. 무려 인세 12%로 계약을 했기 때문이다. 책을 여러 권 냈지만, 난 한 번도 인세 10%를 넘긴 적이 없다. 아주 잘나가는 베스트셀러 작가라면 이 정도에 계약하기도 하겠지만, 첫 책을 내는 윤지오가 이런 인세를 받는 건 파격적이다. 윤지오는 어떻게 이런 좋은 조건으로 계약할 수 있었을까? 그 얘기를 하기 전에 윤지오가 이 책을 어떤 마음으로 썼는지부터 알아보자.

무명 신인의 고충을 쓰려 했다

책에 관한 얘기들은 대부분 김수민 작가(이하, 김수민)가 폭로한 카톡 메시지를 근거로 한다. 윤지오가 김수민에게 접근한 게 책을 출판하기 위해서다 보니, 그와 관련된 얘기를 카톡 메시지로 굉장히 많이 했던 것이다. 뒤늦게 윤지오는 그 카톡들이 다 조작이라고 우기지만, 김수민은 경찰과 SBS 두 군데에서 포렌식을 받은 상태다. 윤지오가 자신의 주장을 입증하려면 휴대폰을 검증된 기관에 제출해 포렌식을 하면 될 일이지만, 그녀는 다음과 같은 말을 한다. "캐나다 현지에서 포렌식 수사던 어떠한 수사던 협조하겠다고 한국 경찰 측에도 전달했지만 한국 경찰 측은 아무런 말씀이 없으십니다.… 포렌식도 현지에서 검증하고 기록 남긴 후 보내드리겠다고 해도 답이 없는 것은 한국 측입니다."[1] 이래 놓고선 포렌식 검증을 한 김수민의 카톡을 지칭하며 '조작된 카톡을 믿느냐'고 외치고 있으니, 한숨만 나온다. 사정이 이러니 김수민의 카톡을 근거로 삼아도 별 무리가 없을 성싶다.

카톡 메시지에 의하면 애당초 윤지오가 쓰려던 책은 장자연에 관련된 것은 아니었다. 김수민과 처음 접촉했을 때, 그녀는 이렇게 말한다.

> 더 사실적이고 연예인 무명 신인으로서의 고충과 애환을 담고 싶고요.(2018. 7. 7.)

좀더 시간이 흐른 뒤에도 이 생각은 달라지지 않았다.

> 저는 제가 희생하고 인터뷰 자체에서 제 얼굴, 이름 공개하고 쓰는 거고, 대놓고 자연 언니 이야기 쓰고 싶지 않아요. 그냥 연예계에 전반적인 이야기를 하는 거고 그중에 언니의 이야기는 일부분이고 이니셜로 모든 처리할 거고요.(2018. 9. 22.)

이 대목은 이해가 간다. 그녀는 장자연과 친하지도 않았고, 장자연의 죽음에 대해 아는 것도 별로 없었으니 말이다. 모르는 얘기로 책 한 권을 채우려면 얼마나 힘들겠는가? 그녀가 원하는 것은 윤지오 자신의 이야기, 그것도 다른 이에게 경험에서 우러난 메시지를 주는 책이었다.

저는 개인적으로 미란다 커 자서전, 그런 형식 생각하고 있거든요. 마지막에 별책부록으로 사건기록 삽입하구.(날짜 미상)

이상은 미란다 커, 현실은 장자연 증언자

미란다 커(Miranda Kerr)는 호주 출신의 모델로 『트레저 유어셀프(Treasure yourself)』(2010년, 한국어판은 『TREASURE YOURSELF 미란다 커의 시크릿 다이어리』, 2011년)라는 자서전을 낸 바 있는데, 이 책을 읽어보지 않아서 인터넷 교보문고가 제공한 책 소개를 옮긴다.

미란다 커의 내밀한 에피소드와 그녀가 힘을 얻곤 하는 긍정의 말을 직접 확인해볼 수 있다. 오스트레일리아의 작은 시골 마을 구네다에서 부모님의 사랑을 듬뿍 받던 일, 가슴 아픈 첫사랑의 기억, 학창 시절 겪었던 갈등부터 질투에 빠졌던 경험, 뉴욕에서 활동하던 모델 시절의 흥미진진한 일화까지… 완벽하고 특별해 보이기만 하던 그녀의 인간적인 모습을 발견할 수 있을 것이다.[2)]

애당초 그녀가 김수민 작가에게 접근한 것도 김수민이 『혼잣말』이라는 책을 펴냈기 때문이기도 하다. 위로가 되는 말들이 잔뜩 적혀있는 그 책을 보면서 윤지오는 '내가 내려는 게 바로 이거야!'라고 생각했음 직하다.

하지만 출판사의 입장은 달랐다. 미란다 커와 달리 윤지오는 성공한 배우가 아니다. 몇 편의 영화에 단역으로 출연한 게 고작이니, 그녀가 아는 연예계 얘기라고 해봤자 대단한 게 나오긴 어렵다. 그녀의 삶도 마찬가지다. 사람들은 성공한 사람의 스토리를 원한다. 윤지오가 장자연 사건의 증언자로 나오지 않았다면, 누가 그녀의 책에 관심을 갖겠는가? 애당초 출판사가 윤지오의 책을 내주겠다고 한 것도 장자연 사건의 진실이 규명되길 바라서였다. 책 제목이 '13번째 증언'이 된 것도, 책 내용의 상당 부분이 장자연 사건에 할애된 것도 어쩔 수 없는 일이었다. 하지만 윤지오가 장자연 사건에 대해 아는 게 없다 보니 그 책에는 새로운 내용이라곤 없었다. "(장자연 사건의) 전개과정과 과거의 수사기록들을 정리한 수준에 불과했다."는 기자의 분석이 냉정한 평가다.[3)]

『13번째 증언』은 대필이다(1)

물론 윤지오가 쓴 초고가 훌륭했다면, 윤지오의 의도대로 장자연을 조금만 언급하고 윤지오의 얘기로 책을 낼 수도 있다. 무명 배우라 해도 삶에서 흥미로운 얘깃거리가 많을 수도 있고, 우리에게 본보기가 될 부분도 있지 않은가? 안타깝게도, 윤지오의 책에는 그런 게 부족했다. 게다가 자기 삶에서 뭔가를 끄집어내려면 평상시에 글을 좀 써봤어야 한다. 자서전을 내려는 이들이 좌절하는 것도 바로 이 대목인데, 평생 글을 안 써본 사람이 갑자기 자기 인생을 쓰려니 안 되는 것이다. 윤지오 역시 일기를 쓴다든지, 다른 글쓰기 연습을 한다든지 하는 훈련은 별로 하지 않았던 것 같다. 이건 그녀가 구사하는 맞춤법만 봐도 안다. 문장력과 맞춤법이 꼭 비례하는 것은 아니지만, 좋은 문장을 쓰는 이는 기본적으로 맞춤법도 잘 지킨다. 중학교 때 캐나다로 이민을 간 핸디캡을 이해한다 해도, 윤지오의 맞춤법은 윤쭟사들 사이에서 조롱의 대상이 될 정도로 악명이 높다. 다음은 그녀가 인스타그램에 올린 맞춤법 파괴 사례들이다.

-남자친구 핑계되고 내일부터 그만두신다죠?

-무턱되고 하고 싶은 말씀만 하시고 사과하라니요?

-오늘 제가 있는 곳으로 국가수와 경찰 측에 총 3분이 오셔서 전달해주신 내용입니다.

-예리하게 끈겨져 있는 것은 맞다. 누군가 짜른 것은 맞지만…

-사용기간이 다소 경과된 경우 장금장티 나사가 헐거워져…

-2차가해하는 가해자들을 명백히 수사해서 배우세력을 알아내는 국민청원에 동참해주세요.(이상, 윤지오 인스타그램)

이 밖에도 좌지우지를 '자지우지'로 쓴다든지, '가스냄세', '지문체취' 등에서 보듯, 윤지오의 글 실력은 책을 쓰기에는 영 부족하다. 출판사에서 윤지오의 초고를 보자마자 대필작가를 써야겠다고 결심한 이유다.

『13번째 증언』은 대필이다(2)

희대의 거짓말쟁이답게 윤지오는 자신이 다 썼다며 대필작가의 존재를 부인하지만, 김수민의 얘기는 좀 다르다.

윤지오가 (자기가 쓴) 원고를 메일로 보내줬는데, 많이 아니고 조금 쓴 걸 보여줬나 봐요. 그런데 저한테 보이스톡으로 전화가 와서 '언니, 대필작가가 뭐야?' 이러더라고요. 왜 물어보냐고 물으니 출판사 대표님이 대필작가 써야 할 것 같다고, 대필작가로 해야겠다고 그 말을 했다고.[4)]

출판사 대표도 대필을 시인했다.

『13번째 증언』을 출간한 도서출판 가연의 김○○ 대표는 기자와의 통화에서 '윤 씨가 가져온 자료를 참고해서 대필작가의 도움을 받았다'고 밝혔다.[5)]

윤지오의 인스타그램 피드와 달리 그 책의 문장들이 별 무리 없이 읽히는 것은 다 그 덕분이지만, 이는 책에 나온 몇몇 얘기들이 팩트가 아니게 된 이유였다. 김대오 기자가 진행하는 유튜브 '김대오 기자의 오봉 연예뉴스'에서는 이 대목을 날카롭게 분석해놓고 있어서 그 부분을 인용한다. 앞에 언급한 내용과 일부 중복되지만, 너그러이 봐주시기 바란다.

-윤지오의 책에는 그녀가 술접대에 나갔을 때도 "밤 9시 정도면 술자리에서 빠져나올 수 있었다"(73쪽)라고 돼 있지만, 10년 전 검찰에서 윤지오는 12시에 갈 때도 있고 1시에 갈 때도 있다고 진술했다.

-"어머니 기일에도 술 접대를 강요당했다고 적혀 있다"(108쪽)는 내용이 문건에 있다고 썼지만, 실제 문건을 본 사람들은 이런 내용이 있었다는 것을 부인한다. 이 얘기는 장자연을 가라오케에 태워다준 매니저의 진술서에 나오는 내용이다. 매니저가 조사받은 것은 장자연이 죽고 난 뒤 얘기인데, 어떻게 이게 문건에 적힐 수가 있겠는가?

-"그 글은 지인들과 가족들에게 피해가 가지 않았으면 좋겠다는 바람으로 끝나 있었다."(108쪽) 이 역시 문건에 없는 내용이다. 이 문장의 출처는 왕진진이라 불리는 전준주의 가짜편지다.

그러니까 대필작가는 윤지오의 진술과 인터넷에서 찾은 자료들을 더해 책을 썼다. 그리고 윤지오는 책이 나오고 난 뒤 이 책을 충분히 읽지 않았다. 윤지오가 방송에 나가서 한 얘기들, 예컨대 장자연 리스트의 사람 숫자 등등이 책과 달랐던 것은 이 때문이었다.

『13번째 증언』은 대필이다(3)

이 밖에도 대필의 증거는 차고 넘친다. 출판사와 주고받은 카톡에서 윤지오가 챕터에 들어갈 삽화와 그림을 준비하겠다고 하니까 출판사에서 이런 카톡을 보낸다. "글은 1월 20일 안쪽으로 받으실 수 있을 겁니다." 또한 윤지오는 "성추행을 묘사하는, '언니를 만졌다'라는 표현이 유가족 입장에서 또 고인이 된 언니에게 수치스러운 일이라 책에서 표현될 때 좀 아닌 것 같아서요"라는 메시지를 출판사에 보낸다. 이건 대필작가의 원고를 본인이 교정을 볼 때 보낸 것인데, 출판사 측에서는 "아니에요. 있어야 하는데"라고 단호하게 얘기한다.[6] 결국 이 부분은 윤지오의 책 83쪽에 그대로 실렸다. 만일 윤지오가 직접 책을 썼다면, 뒤늦게 이런 얘기를 할 필요는 없었을 것이다. 한 가지 더 지적하자면, 책이 나오기 전에는 장자연의 명예를 생각했던 사람이 나중에 마약에 성폭행을 당했다고 매스컴에서 떠드는 건 도대체 어떤 연유일까 궁금해진다.

물론 대필이라고 해서 그렇게 부끄러울 이유는 없다. 좋은 콘텐츠가 있는데 글솜씨가 좀 딸린다면, 대필을 쓰는 게 훨씬 더 효과적이니 말이다. 그런데 윤지오는 누군가가 책 좀 읽으라고 하자 '감히 작가에게 그런 소리 한다'고 핏대를 세웠고, 기자에게 대필 사실을 밝힌 가연출판사 대표에게 왜 말했느냐고 따지기도 한다. 글도 못 쓰면서 작가 행세를 하려는 것, 이게 나쁘다는 거다. 반면 가연출판사 대표는 정말 천사 버금가는 일을 했다. 원래 대필작가를 쓰면 출판비용이 올라가니 그만큼 인세에서 삭감해야 맞지만, 오히려 인세를 더 줬지 않은가? 이런 의문이 생긴다. 가연출판사는 왜 윤지오의 책을 내준 것일까?

문제는 선의다

먼저 이것부터 알아보자. 출판사가 책을 내면 얼마를 벌까? 1만 5000원짜리 책 1권을 팔면 출판사가 버는 돈은 책값의 30%, 보통 4500원 정도 된다. 그렇게 1만 권이 팔린다면 거의 5000만 원이 되니 책 제작비를 빼고도 남지만, 요즘 출판시장에서 단기간에 1만 권이 팔리는 책은 극히 드물다. 오히려 본전을 뽑는 책도 드문 게 현실이다. 다만 윤지오의 책이 민감한 이슈를 다루고, 책이 나올 시점에 한국에 온다고 하니 돈이 될 수도 있다고 생각했을 것이다.

하지만 이게 다는 아니다. 삼성반도체에서 발생한 부조리한 일들을 다룬 『또 하나의 약속』이란 책을 출판한 데서 보듯, 김○○ 대표는 사회 정의를 위해서라면 어느 정도의 불이익도 감수하겠다는 의지가 있었다. 책이 출간된 뒤에 진행된 인터뷰에서, 기자는 출판사가 받을지도 모를 피해를 예상했냐고 묻는다. 김 대표는 이렇게 답한다.

> 전혀 생각을 하지 못했습니다. 안타까운 사연을 대한민국 국민이라면 다 아는 사실이라, 진실 규명에 도움이 될 것이라는 생각으로 무조건 출간한다는 생각을 했습니다. 출간 이후에 이슈는 무조건 있을 것이라고 생각을 했으나 이렇게 폭발적일 것이라는 생각은 미처 하지 못했습니다.[7]

이때까지도 김 대표는 윤지오의 말, 그러니까 10년간 숨어 지냈고,

장자연을 위해 증언하려고 목숨을 걸었다는 것을 굳게 믿었다. 경호 비용으로 월 1000만 원 이상을 쓰고 있다는 말도 의심하지 않았다. 그래서 대표는 처음에 7~8%의 현실적인 인세를 제안했다가, 윤지오의 요구대로 인세를 12%로 올려줬고, 그것도 모자라 돈을 미리 주기까지 한다. 윤지오의 책은 총 3쇄를 찍었다. 한때 베스트셀러에 올랐던 책이니만큼 2쇄와 3쇄도 넉넉하게 만들어서, 총 1만 5000부를 찍었다. 대부분의 출판사가 책이 팔리고 난 뒤에 인세를 지급하지만, 윤지오의 경호비에 보태고 싶었던 가연출판사는 다 팔리지도 않은 책의 인세를 윤지오에게 줬단다.

15,000원(정가)×0.12(인세)×15,000부(판매부수)=27,000,000원

실제 준 액수가 이것인지는 알 수 없지만, 최소한 2000만 원 이상이 윤지오에게 전달된 건 맞는 것 같다. 미담은 또 있다. 책이 나오면 홍보 목적으로 여러 언론사에 돌린다. 대개 이 부수는 판매량에서 제하지만, 가연출판사 측은 후원하는 마음으로 홍보부수도 다 포함해서 인세를 건네줬다.

윤지오의 착한 척

출판사 대표가 이렇게 마음을 써줬다면, 자신의 본분인 증언을 잘 해서 진실 규명에 도움을 줬어야 한다. 하지만 그럴 능력이 없었던 윤지오는 자신의 인스타그램에 착한 척은 있는 대로 다 하고 다녔다. 3월 14일에 그녀가 자신의 인스타그램에 쓴 피드를 보자.

> 『13번째 증언』 책에 수록된 삽화를 직접 준비하고 있고 곧 공지해드릴게요. 또 말씀해주신 언니를 기리기 위한 굿즈도 제 형편에서 최대한 노력해서 도움을 받아 제작해볼게요. 굿즈의 판매금, 작품이 혹시 판매

가 이뤄진다면 책 판매 수익금과 작품 판매 수익금도 기부하도록 하겠습니다.

다음은 차에서 했던 라이브방송.

제가 책 수익 전액을 모두 다 기부하려고 해요. '지상의 빛'에도 기부를 하겠지만, 세월호 유가족분들의 의료혜택을 지원하고 싶어요.[8)]

궁금하다. 윤지오는 세월호에 대해 언제부터 관심을 가진 것일까. 다른 라이브방송에선 눈물을 흘리며 다음과 같은 말도 했다.

처음부터 책도 전액 기부한다고 했었는데 돈 번다고 뭐라 그러고, 그래봤자 얼마 안 되거든요. 인세도… 엄마도 보고 싶었는데, 가족은 아무도 안 왔어요.(코푸는 소리)

이 라이브방송을 찍을 당시 카메라 뒤에는 어머니가 있었는데 저런 소리를 하는 것도 어이없지만, 여기서는 책(판매 수익금)을 전액 기부한다고 약속했다는 것에만 주목하자.

착한 척은 '척'으로 끝나고

하지만 그 이후 윤지오는 여기에 대해 전혀 다른 말을 한다. 먼저 5월 25일에 올린 피드에는 굿즈에 대한 이야기가 나온다.

굿즈는 제작단계에서 중단됐고 고인을 위한 굿즈가 아닌 제 5대 강력범죄에 속하지 않는 분들을 돕기 위해서 '지상의 빛' 후원금 목적이었고,

만들어지지도 않았어요.

굿즈의 목적이 갑자기 바뀌었다! 다음으로 인세 얘기다.

후원금은 매주 오픈해서 얼마가 들어왔는지 다 보여드렸고 앞으로도 그럴 거예요. 쓰여지는 부분도 다 공개해드릴 것이고요. 책 인세 또한 10퍼센트도 안되는 금액이고 사실상 그 금액을 제가 쓰던 후원을 하던 저의 결정이고 저의 몫입니다.

독자들은 윤지오가 후원금을 한 번도 오픈하지 않았다는 사실을 잘 안다. 경찰이 압수수색을 하기 전까지 그녀는 신한은행 계좌에 대해 철저히 함구했다. 책 인세가 10%가 안 된다는 것도 거짓말이지만, 그 뒤에 한 말은 입이 떡 벌어진다. 뻔뻔하다, 라는 말이 절로 나오지 않는가? 나름대로 정의가 실현되기를 바라며 책을 내줬던 가연출판사의 꿈은 산산조각이 났다. 그렇다고 큰 금전적 이득을 본 것도 아닌 데다, 윤지오가 고소·고발을 당하고 캐나다로 출국한 터라 앞으로 책이 더 팔릴 것 같지도 않다. 김○○ 대표님께 심심한 위로를 전한다. 부록으로, 그 후 라이브방송에서 윤지오가 책에 대해 뭐라고 하는지 들어보는 것도 좋을 것 같다.

-제 능력으로 번 돈이기 때문에 가타부타하실 필요도 없고, 기부를 해도 제가 하고, 뭐라 하실 부분이 아닙니다.
-일단 출판해서 번 인세는 엄마가 아프세요. 엄마 병원비로 쓸 거예요. 병원비로 쓸 거고, 관심 좀 꺼주세요, 제발 좀. 뭘 해줬다고, 진짜, 에휴.[9)]

윤지오, 장자연의 유가족을 욕하다

자, 이제 김수민 작가가 왜 폭로를 했는지 말할 차례다. 처음에 김수민은 증언을 하겠다는 윤지오의 용기를 가상하게 여겼기에, 그녀의 말을 들어주고 또 조언을 해줬다. 그런데 김수민이 보기엔 책을 낼 때 걱정되는 부분이 있었다.

> 지오야, 너 거기 고 장자연 님 유가족들하고 책 내는 거 상의 안 했댔지. 아무리 생각해도 그쪽 가족들한테 동의 얻기 전까진 책 홍보하면 안 될 것 같아. 책 홍보에 장자연이라는 이름도 들어가면 안 될 거 같고. 아무리 법적으로 문제가 없다고 해도 그쪽 가족 측에서 문제 걸고 넘어지면 큰일난다. 상업적인 목적이니까 어쨌든 수입적인 부분도 있고.

윤지오는, 위에서 언급했던 대답을 한다. 언니 이야기가 일부분이고 그나마도 이니셜로 처리한다는 메시지 말이다. 하지만 다음 메시지는 좀 충격적이다.

> 유가족은 돈밖에 모르고 저도 고인에 대해서 명예훼손하기 싫고. 그쪽 가족은 오히려 언니를 제물 삼아 모든 사건을 덮고 은닉하려 했어요. 저도 변호사랑 충분히 이야기 중이고요, 걱정해줘서 고마워요.

여기서 두 가지 점을 지적할 수 있다.

첫 번째, 윤지오가 변호사랑 이야기 중이라는 대목. 윤지오의 말에는 변호사가 수도 없이 등장하는데, 이 변호사도 그런 실체 없는 변호사 중 하나가 아닐까 싶다. 정상적인 변호사라면 유족에게 동의를 구하는 절차를 시도했을 테니까 말이다.

두 번째, 유가족이 돈밖에 모른다는 얘기. 네티즌들이 '과거사 재수사' 청원을 통해 장자연을 다시금 불러내기 전까지, 유가족들은 일체 장자연에 대한 언급을 하지 않고 살았다. 방송에 나가서 '방가방가'를 외쳤다면 뉴스거리가 왜 안 됐겠느냐마는, 그분들은 그게 고인의 뜻이라고 생각해서 침묵했다. 그런데 윤지오는 그들이 마치 돈을 받고 침묵하는 것처럼 묘사하고 있다.

유족 욕한 것도 조작?

김수민 작가가 둘 사이에서 주고받은 카톡 메시지를 공개한 뒤, 윤지오는 〈궁금한 이야기 Y〉 측으로부터 사전질문을 받는다. '유족에 대해 돈을 밝히는 사람들이라고 험담을 한 적 있나요?' 윤지오는 이렇게 대답한다.

> 없습니다. 완전한 조작이고 허언입니다. 김수민 님이 조작한 카톡 전문을 보시면 알 수 있을 것입니다. 앞뒤 내용을 자르고 왜곡했습니다. 유족분들에 대해서는 저도 수사기관에서 최대한 조심스럽게 이야기를 합니다.

앞뒤 내용을 어떻게 잘라도 돈밖에 모른다고 한 사실이 없어지는 것은 아니다. 그냥 '욱해서 그랬다'라고 핑계를 대면 어떨까 싶은데, 윤지오는 늘 순간을 모면하는 거짓말의 스킬을 즐기니, 두 번 나오지 않을 특이한 캐릭터인 듯하다. 또한 라이브방송에서는 다음과 같은 얘기를 한다.

> 유족은 책 내는 것에 반대하지 않았고, 이의제기를 하지 않고 계시다.

TV 시청도 하지 않는다. 나도 만나뵙고 싶지만 시기가 있는 것 같다. 책 판매 수익금을 드리고 싶고, 비영리단체에서 원한다면 많은 금액을 전달하고 싶지만 다 그냥 힘드신 것 같다.[10]

왜 윤지오는 주지도 않을 수익금을 가지고 저리도 생색을 낼까? 유족이 언제 돈 달라고 했던가? 한 가지 확실한 것은 유족은 윤지오를 만나고 싶지 않을 것이라는 점이다. 윤지오가 장자연의 좋은 후배였다면, 그래서 장 씨를 위해 뭔가를 했다면, 유족이 지금처럼 윤지오를 외면하진 않았으리라. '시기가 있는 것 같다.'라는 말은 틀렸다. 고인을 팔아 수익을 챙기는 이에게 적당한 시기는 오지 않는다.

언론사가 외면한 김수민의 폭로

많은 이들이 김수민 작가의 폭로를 오해한다. 윤지오가 라이브방송에서 자신을 비난한 것이 폭로의 주된 이유라는 것이다. 김수민이 4월 23일 그 부분에 대해 명예훼손으로 윤지오를 고소하긴 했지만, 폭로가 이루어진 것은 그보다 일주일 전인 4월 16일이다. 그날 김수민은 자신이 윤지오와 주고받았던 카톡을 공개하며 그녀가 진실한 사람이 아니라는 장문의 글을 쓴다. 김수민의 폭로가 윤지오 사건의 최대 분수령이었다는 점을 감안하면, 윤지오에 대한 기사를 쏟아냈던 언론사들이 이젠 김수민을 만나 그녀의 말을 들어보는 게 이치에 맞다.

하지만 다들 윤지오의 이야기만 보도하기 바빴지, 김수민을 불러 이야기를 듣는 언론사는 없었다. 예컨대 4월 23일자 아시아경제의 기사 제목, 「윤지오, '김수민 작가 2차 가해하고 있다'… 각종 의혹 반박」을 보라.[11] 이런 식으로 윤지오의 일방적인 주장만 기사화하는 걸 본 누군가가 탄식한다. '작가님이나 박훈 변호사님, 김대오 기자 등등이 제기하는 의혹을 왜 언론에선 안 쓰는 걸까요? 왜 오직 윤지오의 주장만 언론이 쓸까요?' 그 바람에 김수민이 폭로한 이유가 '책 대필해줬는데 대가를 못 받아서', '윤지오만 잘나가는 걸 질투해서' 따위의 치졸한 설들이 인터넷에 나돌았다.

김수민의 폭로 이유는?(1)

그녀가 폭로 이유를 말한 것은 폭로 후 한 달하고도 20일이 지나서였는데, 매체는 공중파가 아닌, 유튜브 '슛티비'(진행자가 슛맨이다)였다. 김수민의 말을 들어보자.

김수민 윤지오 씨가 변화하는 모습에 정말 많이 놀랐어요. 이 사람에게 완벽하게 속았다는 느낌이 들 정도로. 책이 발간되고 나서부터가 변하는 시점이었거든요.

슛티비 이용가치가 없어졌군요.

김수민 그 전까지 책에 관한 모든 걸 상담하고 그랬는데요. 그땐 참 착한 사람이라고 생각했어요. 순진하고 어린아이처럼 보였는데, 제가 죽은 사람 이용 그만하라 그러니까 갑자기 말투가 확 바뀌더라고요. 다른 사람이랑 대화하는 기분이 들 정도로. 아, 내가 알던 모습이 그게 아니었나 보구나, 느꼈죠.

슛티비 윤지오의 실체를 국민에게 알리게 된 계기가 무엇인지요? 굉장한 용기가 필요했을 텐데.

김수민 윤지오의 기자회견을 봤을 때 소름이 끼쳤을 때가 있었어요. 기자회견 나와서 눈물을 흘리면서 자연 언니와 유가족분들을 위해 책을 냈다고 하는 걸 보고, 정이 뚝 떨어지고 소름이 끼쳤거든요.

저한테 유가족 모함을 많이 했었는데. 저는 윤지오의 입을 통해서만 유가족 얘기를 들었기 때문에 그게 사실이고 그게 진짜인 줄 알았단 말이죠. 유가족분들이 나쁜 사람이라고 생각했던 거죠. 근데 방송에 나가서 그렇게 얘기하니까 이건 진짜 아닌데, 이 생각이 들었었고, 거기서 밝혀야겠다고 생각했어요.[12)]

김수민의 폭로 이유는?(2)

위 내용에 대한 설명이 필요할 것 같다. 김수민의 폭로는 4월 16일이지만, 실제 둘의 인연이 끝난 것은 그보다 한 달 전인 3월 8일이다. 아래는 그 당시 대화이며, 이하 오타는 수정하지 않는다.

김수민 너가 10년 동안 계속 숨어 지냈다고 말하는 거 좀 웃기지 않니… 너 나한테 장자연이랑 그렇게 깊이 친하지는 않았다고 말했는데… 너 방송에서나 인터뷰에서나 하는 말들 보니 좀 가식이 많이 느껴지더라. 그리고 방송은 니 욕심에서 하는 거 아냐? 솔직해져라. 니가 니 욕심이 없다고 장자연만을 위해서라고 니 모든 걸 걸고 말할 수 있어? 사람이 가식이 느껴지는 건 어쩔 수가 없더라.

윤지오 언니? 말 앞뒤 자르고 그렇게 인식하시는 거 아니에요. 저는(?) 누굴 위해 단 한 번이라도 증언하신 적 있나요?

김수민 가식이나 그만 떨어라. 못 봐주겠다. 너랑 나랑 지금껏 나눴던 대화들 톡 공개하면 볼 만하겠네. 죽은 사람 가지고 니 홍보에 그만 이용해라.

윤지오로서는 아차 싶었을 것이다. 과거 김수민에게 보냈던 말들,

예컨대 '이슈를 이용해서 영리하게 그간 못 했던 것들을 해보려고 그래서 출판하는 거고'가 세상에 알려지면 어떻게 될까. 일단 윤지오는 자기 특기를 발휘한다. "위에 말한 것은 그 이슈를 이용해서 영리하게 그간 못 했던 말을 한다고 했고 그러고 있어요." 이슈를 이용해 증언을 더 열심히 하는 것처럼 포장하는 윤지오, 이를 믿을 리 없기에 김수민은 비웃음을 날린다. 윤지오가 말한다.

윤지오 죄송한데 똑바로 사세요. 당당하신가 본데 글 캡처해서 올리면 누가 옳고 그런지 평가받을 수 있겠네요.

김수민 응, 당당해. 올려줄게.

윤지오 네 캡쳐했고 차단할게요. 언니로 인해서 페미니스트에 대한 인식이 변질되네요.

폭로 전야

김수민이 가식이 느껴진다고 했을 때 윤지오가 보인 반응은 섣불렀다. 앞으로 큰 거짓말을 하려고 계획한 이가 거짓의 증거를 죄다 가지고 있는 사람한테 저런 반응을 보여야 할까? 나 같으면 나중에라도 달려가 잘못했다고 빌었을 것이다. 만일 그랬다면 김수민과 다시 예전의 관계가 되진 못할지언정, 최소한 김수민의 폭로는 막을 수도 있었으리라.

사기를 당하는 이들이 한결같이 하는 말이 있다. '그 사람이 절대 그럴 사람이 아닌데.' 왜일까. 자기 본성을 감추고 접근하기 때문이다. 목표를 달성하기 전까지 사기꾼은 계속 그 '컨셉'을 유지한다. 그런데 윤지오는 그렇게 하지 않았다. 불같은 성정도 문제지만, 상황을 판단하는 능력이 좀 안이했다. 그녀는 둘이 나눈 카톡을 캡처해서 올리면 사람들이 자기 편을 들어주리라고 믿었다. 그 예상이 빗나가자 하는 말이 '김수민이 카톡을 조작했다'였으니, 정말 답이 없다.

그 뒤 인스타그램을 통한 둘의 설전이 이어진다.

> 한결같지 않은 사람… 필요할 때만 연락하는 사람, 친해진 줄 알고 착각하는 사람, 건방 떠는 사람, 그게 눈에 보이면 끝인 거지. 마음속에서 선을 딱 그어버리게 되더라고. 근데 넌 그게 눈에 보이더라.(김수민 인스타그램, 2019. 4. 12.)

> 작가라면서 혼자 소설 쓰시지 마시고요.… 누군가 기자 망신시키더니 이제는 작가라는 직업 가진 분이 작가 망신까지 시키네요. 이 사람한테 관심 가는 것조차 싫어서 무시하려 했는데 망상도 정도껏 하셔야죠.(윤지오 인스타그램, 2019. 4. 14.)

폭로, 그리고 그 후폭풍

결국 김수민은 4월 16일 '작가 김수민입니다. 윤지오 씨 말은 100% 진실일까요?'라는 글을 인터넷에 올린다. 작가가 쓴 글답게 그 글에는 설득력이 있었고, 그간의 카톡 메시지들이 있었으니 근거는 넘쳐날 수밖에 없었다. 조작이라는 윤지오의 말에 기꺼이 포렌식을 받겠다고 하는 것도 신뢰를 높였다.

하지만 위에서 말했듯 이 글을 기사화한 언론사는 없었다. 다만 김대오 기자만이 김수민 작가의 글에 100% 동의한다면서 이 글을 퍼온 덕분에 인터넷에서 이 글이 서서히 확산되기 시작한다. 하지만 이 글에 대한 언론의 침묵은 일주일이나 계속됐다. 김수민이 윤지오를 고소한 4월 23일에야 비로소 언론은 그 논란을 보도했지만, 「윤지오,

'김수민 작가 2차 가해하고 있다'… 각종 의혹 반박」이라는 아시아경제 기사 제목에서 보듯 윤지오의 반박을 더 크게 실어줬다. 윤지오의 말을 검증 없이 기사화하기 바빴던 우리 언론들의 애프터서비스였을까.

대형 커뮤니티의 반응도 그리 좋지 않았다. 아마도 그 사이트의 대부분이 진보계열이었던 게 원인이었을 것이다. 엠팍의 반응을 보자.

-전혀 사건의 본질과 관계없는 곁다리인데요.

-흔들기 시작됐군요.

-뭐가 불순한 건지? 떼돈이라도 벌었냐.

-저도 좀 의심 가는 부분은 있네요.(O)

-비겁한 글입니다. 윤지오 씨가 돈을 벌던 말던 증언의 신빙성하고는 관련이 있나요?

-김수민이 공개한 카톡이 진짜라는 가정을 하고 보면 좀 이상하긴 해요.(O)

-이상할 거 하나도 없어요. 이미 한 행동만으로도 칭찬받아 마땅한데 이 무슨…

-김수민이라는 사람이 되게 이상한 사람처럼 보이는데요.

-윤지오 씨 반론글도 같이 올려주시죠. 양쪽 의견을 다 들어봐야 되는 거 아니에요?[13)]

동그라미 친 의견을 제외하면, 다들 뻔히 보이는 이상한 점을 애써 외면하고 있다. 그 뒤로도 윤지오에 대한 비판글을 올리는 사람에겐 여전히 '성이 방씨냐?', '알바' 등의 비아냥이 가해졌다. 맨 마지막 댓글에선 윤지오의 반론글도 같이 올려달라고 했다. 만일 그랬다면, 여론이 좀더 빨리 바뀌었을지도 모르겠다. 그 이후 윤지오가 반론이랍시고 한 말을 보자.

(김수민은) 제가 공개적으로 나오기도 전에 제 사진을 올려서 공개를 하겠다던 상식 이하의 사람이다. 이수역 피해자에게 2차가해를 했었고, 그때 처벌이 없어 이제 또 저에게 2차가해를 하고 있다. 저는 피해자를 위해 존재하는 증인이다.[14]

이수역 이야기는 들을수록 웃기고, 윤지오를 응원할 목적으로 사진을 올려도 되느냐고 물어본 것이 도대체 무슨 큰 결격사유라고 적어놨는지 이해가 되지 않는다. 그런데도 아시아경제는 이게 각종 의혹에 반박한 것이라고 기사 제목을 뽑은데다 내용 또한 윤지오의 반박으로 채워놓았으니, 기자의 감수성에 경의를 표한다.

윤지오, 도망치다

그 뒤의 일들은 이전에 적은 대로다. 고소 다음날 캐나다로 출국한 윤지오는 라이브방송에서 한국이 너무 창피하다며 캐나다 시민권을 따겠다고 말한다. 한국 언론은 수준이 낮으니 앞으로 CNN과 UN과만 접촉할 것이라는 얘기도 했다.[15] 숨는 자가 범인이라는 안민석의 말처럼, 그때서야 사람들은 윤지오가 좀 이상하다고 느끼기 시작한다. 네이버 댓글은 완전히 윤지오가 거짓말쟁이라는 쪽으로 돌아섰다. 하지만 엠팍은 여전히 윤지오를 믿는 여론이 더 강했고, 클리앙은 여전히 윤지오가 악과 싸우는 절대선이었다.

이럴 때 발빠르게 움직인 이는 정치인 안민석이었다. 그는 윤지오가 출국한 다음날 "과녁의 초점을 윤지오가 아닌 장자연에 맞춰야 한다"는 글을 페이스북에 올린다. "주위의 우려처럼 윤지오 북콘서트 이후 그녀에 대한 백래쉬(backlash)가 본격화됐다. 메시지가 아닌 메신저를 공격하니 진흙탕 싸움이 됐다. 하여 장자연은 사라지고 윤지오가 남게 됐다."[16] 이 글 어디에도 윤지오의 병풍 노릇을 자처한 자신에 대한 반성은 없다. 한때 추앙받던 국회의원 안민석은 이후 윤지오 기사가 나올 때마다 댓글로 조롱받는 신세가 된다.

혹자는 다음과 같이 말한다. '윤지오는 장자연 사건에 다시 불씨를 지핀 것으로 제 역할을 다했다.' 이때 쓰는 말이 '애잔하다'다. 윤지오를 지지한 자신을 변명하기 위해 이런 억지 논리를 만들어내니 말이다.

하지만 말은 바로 하자. 장자연 사건이 재조사에 들어간 것은 네티즌들의 국민청원 덕분이었다. 그리고 윤지오는 사람들로 하여금 조선일보만 바라보게 함으로써 장자연 사건의 제대로 된 진실 규명을 방해했다. 윤지오로 인해 무슨 성과라도 있다면 모르겠지만, 이 사건의 과거사위는 별다른 결론 없이 해체됐다. 이제 장자연의 죽음이 다시 조명되는 일은 영원히 없을 것이다. 사정이 이런데도 윤지오가 불을 지폈다는 이유로 높이 평가돼야 한다면, 장자연 가짜편지를 조작한 왕진진도 재평가해주는 게 맞지 않을까?

윤지오에 대해 많은 이야기를 했지만, 아직도 더 할 이야기가 많다. 그림을 표절해 전시한 이야기, 자신을 믿어준 김어준에게 병*이라고 한 것 등등. 이렇게 파도 파도 끝이 없으니 윤지오만을 다루다시피 하는 유튜브와 인스타그램이 우르르 나타날 수밖에 없다. 하지만 이 정도면 증인으로서 윤지오와 관련된 논란들은 대충 다 정리한 셈이니, 마지막으로 이 사건의 의미에 관해 이야기하고 끝을 내도록 하자.

글을 맺으며

제2의 윤지오가 나온다

후원계좌가 공개되다

한국에 더이상 미련이 없고 이렇게 된 이상 캐나다 시민권을 취득할 수 밖에 없다. 이게 다 '이름이 특이한 정치인'을 내가 언급했기 때문에 벌어졌다. 미디어와 국정원이 힘을 합쳐서 나를 공격했다.[1)]

캐나다로 돌아간 4월 25일, 윤지오가 라이브방송을 통해 한 말이다. 1억여 원의 돈도 챙겼으니 이제 그만해도 될 텐데, 윤지오는 아직도 믿는 이가 거의 없어진 음모론에 기댄다. 문재인 정부에서 국정원이 웬 말이며, 자신의 스피커 노릇을 충실히 했던 우리나라 언론들이 자신을 공격한다니, 도대체 무슨 말인지 이해할 수가 없다.

그러던 중 반가운 소식이 당도했다. 경찰이 압수수색 영장을 발부받아 윤지오의 계좌를 뒤졌다는 것이다. 이는 박훈 변호사가 윤지오를 사기죄로 고발한 데 따른 후속 조치였다. 그 결과 3월 18일과 19일, 단 이틀 동안 윤지오의 계좌에 1억 1000만 원이 들어왔다는 사실이 확인됐다. 이는 윤지오 아버지와 이모부의 통화 내용을 근거로 윤쫓사가 추측한 액수와 얼추 들어맞는다.

윤지오의 잔머리

그토록 많은 이들이 공개하라고 했던 계좌의 비밀은 1억 1000만 원이었다. 또한 윤지오는 이 돈을 한푼도 안 썼다고 했지만, 경찰은 윤지오가 200만 원을 경호업체로 보낸 내역도 확인했다.[2] 등록을 하지 않고 기부금을 모은 게 불법인 데다, 그것을 또 임의로 썼으니, 잘하면 횡령죄까지도 물을 수 있다. 이래저래 윤지오는 불안했을 것이다. 인스타그램에는 '○○명으로 된 변호인단을 꾸려놨다'고 했지만, 실제로는 구해놓은 변호사도 없기 때문이다. 게다가 경찰은, 물론 윤지오가 전화를 안 받으며 버티고 있지만, 윤지오를 국내에 소환하겠다고 계속 연락을 취하고 있다. 이러다 긴급체포라도 되면 어쩌나 싶어지는 건 당연하다.

그래서 윤지오는 잔머리를 쓴다. 6월 21일, 윤지오는 국제전화로 서울지방경찰청에 연락해 '변호사를 선임해 대응하겠다', '수사에 협조하겠다' 같은 말을 한다.[3]

윤지오를 아는 사람이라면 다들 고개를 갸웃했을 것이다. 개가 수사에 협조해? 절대 그럴 리가 없는데? 아닌 게 아니라, 윤지오는 비슷한 시기 라이브방송에서 다음과 같은 말을 했다.

> 한국은 아직 갈 계획이 없고, 현재 캐나다에서 경찰팀 두 팀이랑 형사팀원분들도 생겼는데, 한국 가길 원하지 않으세요. 위험하다고 다 만류를 하시고 계시고, 그래서 변호사 선임도 하고, 만약에 조사가 필요하다면 현지에서 한국 경찰 측이랑 협업을 해서. 어차피 조사를 받으면 조서에 기록을 하고 영상과 음성을 녹음을 하는 거여서, 요새 세상이 다 중

계가 되잖아요. 토론토 측에서는 그렇게 하는 게 좋겠다, 라는 의견을 내주셨고요, 그 부분을 저도 변호사분과 경찰 측에 말씀을 드렸고.[4)]

윤지오의 여전한 구라

물론 이 말은 죄다 거짓말일 가능성이 99.99999%다. 시민권자도 아닌 이에게 전담 경찰팀이 붙고, 한국이 위험하다고 만류를 한다니, 이게 믿기는가? 더 웃긴 건 조사를 아예 토론토에서 받는다는 얘기, 그런 논리라면 인터넷 강국인 한국 내에서 모든 조사는 다 화상채팅이나 영상통화로 이루어지겠다? 이 말을 들으면 윤지오는 금전적 목적이 아니더라도 상시적인 거짓말을 하고 있다고 봐야 된다. 입만 열면 거짓말이 술술 나와서 자기 스스로 억제하지 못하는 그런 상태인 듯싶다.

윤지오의 국제전화에 대해 김태현 변호사는 회의적인 반응을 보인다.

형사사건 같은 경우 피의자를 조사해야 하거든요. 윤지오 씨가 자진 귀국해서 출석하지 않으면 실질적으로 조사가 이뤄지지 않는 것이고…. 범죄인인도조약을 통해서 캐나다에서 강제 송환을 하는 것도 현실적으로 어려운 부분이 많아서….[5)]

여기에 대해 김대오 기자는 범죄인 인도 절차가 진행되는 것을 막기 위해 의도적으로 연락한 것이라고 했다. 이게 해외체류 범죄자들이 쓰는 전형적인 수법이라는 것.

그 말이 맞았다. 9월 2일 서울경찰청 관계자는 "수사 개시부터 현재까지 전화 또는 카카오톡을 이용해 (윤지오에게) 수회에 걸쳐 출석

요구를 했다."며 "7월 23일부터 8월 16일까지 정식으로 출석요구서를 작성해 3회에 걸쳐 카카오톡으로 전달하기도 했으나 입국 계획이 없다며 출석에 불응하고 있는 상태."라고 전했다.[6] 공황장애로 인해 치료를 받고 있다는데, 하루가 멀다 하고 인스타그램에서 자신을 정당화하는 글을 올리는 걸 보면 공황장애는 그냥 핑계가 아닐까 싶다. 어쩌면 최순실이 그랬던 것처럼 '공항장애'라 비행기를 못 타는 것일지도 모르겠다.

계속 이렇게 버틴다면 수사는 안 받을 수 있겠지만, 그게 꼭 좋은 것만은 아니다. 출석요구에 3회 불응하는 경우 경찰은 통상 체포영장을 신청한다. 윤 씨가 한국에 없는 탓에 영장 집행이 당장 어려우니, 기소중지 처분이 내려질 것이다. 그러면 어떻게 될까? 법에 있어서 윤지오의 시간은 그대로 정지된다. 만일 10년 후, 또는 20년 후라도 윤지오가 한국에 온다면 즉시 그 영장이 집행되고, 그녀는 경찰서에 끌려가 조사를 받아야 한다. 도주 우려가 있으니 구속영장이 발부될 수도 있다.

그녀가 영원히 한국에 오지 않을 수 있을까? 캐나다 시민권을 딴다면 그럴 수도 있지만, 고국에서 지명수배된 사람에게 시민권을 덜컥 줄 만큼 관대한 나라는 별로 없을 것 같다.

윤지오를 잡아와야 한다

현재 윤지오는 총 7건의 고소·고발을 당한 상태다.

-정보통신법에 의한 명예훼손으로 김수민 작가가 고소(변호사 박훈)

-박훈 변호사가 국민을 기망한 사기죄로 고발

-홍준표 전 경남 지사가 명예훼손으로 고발

-박민식 변호사가 범죄피해자기금법 위반으로 고발

-성폭력범죄처벌특례법상 음란죄로 고발

-유튜브 대뉘채널의 운영자가 명예훼손 및 무고로 고소

-439명의 후원자들이 후원금반환 단체소송(변호인 최나리)

(everlasting_eva_ 인스타그램)

여기에 두 건의 고소·고발이 더 있지만, 캐나다에서 이루어진 것이라 생략한다. 이 고소·고발이 윤지오가 죄인임을 증명해주는 것은 아니며, 억울한 점도 얼마든지 있을 수 있다. 이 모든 의혹을 해소하려면 우리나라에 와서 조사를 받아야 하지만, 윤 씨는 그렇게 하는 대신 SNS로 자신이 무고하다고 주장할 뿐이다. 우기기만 하면 자신의 결백이 증명될 것이라고 믿는 것일까? 여기에 더해 '곧 진실이 밝혀진다', '심판의 날이 다가오고 있다' 같은 소리만 몇 달째 반복하고 있으니, 이건 우리 국민을 우습게 보고 있다는 것말고는 다른 해석이 불가능하다.

후원금을 돌려줄 방법이 없다고?(1)

윤지오가 받은 고소·고발 중 가장 큰 건은 역시 후원금이다. 이 때문에 윤지오는 박훈 변호사에 의해 사기 혐의로 형사고발됐고, 439명으로부터 단체소송을 당하지 않았는가? 윤지오가 자신의 무고함을 증명하려면 후원금을 돌려주는 게 우선돼야 하지만, 그녀는 그렇게 하지 않는다. 많은 시간이 흘렀는데 여전히 버티는 것으로 보아 돌려줄 의사가 없다고 보는 게 맞다. 후원금을 자신이 챙길 거면 '사기꾼'이라는 호칭을 감수해야 하는데, 그런 것도 아니다. 이전 글에서도 언급했지만, 윤지오는 시종일관 '돌려줄 방법이 없다'고 주장한다.

9월 26일에 올린 인스타그램 피드를 보자. "해당 은행을 찾아가 후원금 전액을 돌려드리고자 하였으며 같은 대답이 돌아왔고 얼마 전까지도 해당 은행에게 이야기를 하였으나 위의 대답이 돌아왔습니다. 그 후 시청도 방문하였으나 방법을 알려주시지 못하셨습니다."

윤쫓사는 당연히 저 말을 믿지 않는다. 그간 윤지오가 거짓말을 숱하게 했던 데다, 숏맨의 취재 등에서 보듯 돌려줄 방법은 얼마든지 있기 때문이다. 그래서일까? 윤지오는 9월 26일 신한은행에서 받았다면서 이메일 한 통을 공개하는데, 내용은 다음과 같다.[7]

제목: 신한은행 ○○○ 지점입니다.

날짜: 19.09.26 16:20

안녕하세요? 신한은행 ○○○ 지점입니다.

문의 주신 내용 관련으로 알아본 바로는, 현행법과 제도 내에서 일반적으로 불특정 다수의 입금건 대해

일일이 개인정보에 접근하여 후원자금을 일괄로 입금인들에게 되돌려줄 수 있는 방법은 없는 것으로 파악됩니다.

또한 이런 유형의 케이스가 거의 전무하여, 관련 도움을 드리지 못해 유감스럽게 생각합니다.

저도 더 알아보도록 하겠습니다. 감사합니다.

후원금을 돌려줄 방법이 없다고?(2)

그간 윤지오가 증거랍시고 공개한 것들은 대부분 어설프기 짝이 없었다. 예컨대 국내 체류 당시 경호를 부탁한 업체에 경호비를 보낸 것을 증명한답시고 입금 내역 대신 엑셀로 만든, 허접스러운 표를 인스타그램에 공개한 게 대표적이다. 엑셀 영수증을 능가하진 못하지

만, 신한은행 직원이 보냈다는 이메일도 도저히 정상으로 여겨지진 않는다. 진짜 신한은행에서 받은 이메일과 비교해보면 다음과 같은 차이가 난다.

-신한은행에서 보낸 정식 이메일은 '미래를 함께하는 따뜻한 금융 신한은행입니다'라는 문구와 함께 신한은행을 상징하는 로고가 있다.

-당연히 있어야 할, '항상 신한은행을 이용해주셔서 감사드립니다'가 없다.

-문장이 영 어색하다. '입금건 대해… 되돌려 줄 수 있는 방법은 없는 것으로 파악됩니다'는 서비스업종에서 쓰는 문장이 아니다. '되돌려 줄 수 있는'은 더 말이 안 된다. 고객 문의에 대한 답변이라면 최소한 '죄송합니다만, 후원금을 입금인에게 되돌려드릴 방법은 아직 없습니다' 정도는 써야 한다. '거의 전무하여'는 또 뭔가? 아무리 봐도 윤지오가 평소 쓰던 문장의 악취가 풍긴다.

-하지만 가장 큰 문제는 마지막 줄이다. '저도 더 알아보겠습니다'라고 말하는 직원이 도대체 어디 있을까? 이런 질문에 답할 때는 자신이 알아볼 데까지 알아보는 게 기본 예의다. 그런데 더 알아본다면서 메일을 끝내다니, 이런 직원이 정말 있을까?

-메일 마지막, 진짜 신한은행은 이런 문구를 추가한다. '항상 건강하시고 하시는 모든 일에 행운이 가득하시길 기원합니다.'

그래서 내 결론은, 윤지오가 하는 일이 다 그렇듯이, 이 이메일 역시 자신이나 아니면 주위 사람이 썼다는 것이다. 게다가 내용도 윤지오가 평소 하던 말과 비슷하니, 이걸 신한은행이 답변했다고 믿긴 어렵다. 아주 희박한 확률로 신한은행 직원이 보낸 게 맞다 해도, 그동안 뭘 하다가 9월 26일이 돼서야 답변을 받은 것일까? 이래 놓고선 후원금을 돌려주려고 애를 썼다고 우기기만 했으니, 윤지오가 우리 국민을 우습게 봤다고밖에 생각할 수가 없다. 늘 상황을 모면하는 거짓말로 일관하는 이런 사기꾼을 붙잡아 죗값을 치르게 하지 않는다면, 우리는 자존심도 없는 민족이 된다. 윤지오 국내소환이 꼭 필요한 이유다.

한국 언론도 여전하다(1)

윤지오가 귀국하지 않으면서 그녀에 관한 언론의 관심은 눈에 띄게 줄어들었다. 그 후 윤지오를 주요 이슈로 다룬 프로라고는 Y 보도 이후 한 달이 지났을 무렵 방영된 TV조선의 〈탐사보도 세븐〉이 유일했다.

더 충격적인 사건들이 연이어 발생하니, 언제까지 윤지오에게만 집착할 수는 없는 것은 당연하다. 그걸 이해 못 하는 바는 아니지만, 최소한 윤지오의 스피커 노릇을 자처했던 언론들은 적어도 한 번은 윤지오 사건을 다루며 자기반성을 해야 하지 않겠는가? 〈김어준의 뉴스공장〉, 〈JTBC 뉴스룸〉, 〈KBS 뉴스〉, CBS 〈김현정의 뉴스쇼〉 같은 프로들은 왜 침묵하고 있는 것인지, 내 상식으로는 이해가 가지 않는다.

정 사과가 쑥스럽다면, 다음 분들 중 한 분을 불러 이야기를 듣는 건 어떨까. 최초로 윤지오의 거짓말을 폭로한 김수민 작가, 윤 씨의 거짓말을 파헤치는 근거를 제공했던 justicewithus, 윤지오 영상을 계속 업로드해줬던 인스타그램 do_remisol과 유튜버 rose rosa, 윤지오를 사기죄로 고소한 박훈 변호사, 성실한 취재로 윤지오를 계속 이슈화시켰던 유튜브 숏티비의 숏맨, 윤지오를 재미있게 까준 유튜버 안대벨 등등, 그 누구를 부른다 해도 '말하면 명예훼손당할까봐 무서워요' 이래 가면서 실제로는 아무 말도 하지 않은 윤지오 인터뷰보다 훨씬 더 양질의 인터뷰를 얻어낼 수 있다고 장담한다.

하지만 우리 언론은 여전히 삽질 중이다. 윤지오의 행보가 다 거짓임이 밝혀진 후에도 몇몇 언론은 윤지오의 인스타그램 피드를 그대로 갖다 기사화하기 바쁘니 말이다.

한국 언론도 여전하다(2)

2019년 6월 21일자 한국일보 기사를 보자. 경찰이 압수수색 영장을 받아 윤지오의 계좌를 뒤져 그 결과를 발표한 다음날, 윤지오는 인스타그램에 다음과 같은 글을 올린다.

> 법원에 입출금내역 거래내역을 제공했습니다. 계좌 관련 허위보도는 분명 잘못되었습니다. 허위사실을 최초로 유포한 조선일보와 받아쓰기하는 언론매체들 지켜보고 있습니다.… 지금껏 참아왔습니다. 음해와 허위사실 유포로 진실을 은폐하는 자들은 응분의 대가를 받을 것입니다. 진실을 은폐하는 가해자들에 대한 철저한 수사와 처벌을 바랍니다.[8)]

요약하면 이렇다. 신한은행 입금액이 1억 1000만 원이라는 사실을 경찰이 압수수색해서 밝혀낸 것이 아니라, 자기가 스스로 법원에 계좌에 관한 정보를 제공한 것이란다! 이전 글에서도 봤듯이, 윤지오는 신한은행 계좌를 공개하라는 요구에 절대 응하지 않았다. 그랬던 자가 갑자기 법원에 입출금내역과 거래내역을 제공했다고? 이건 애인한테 차이고 나서 "내가 찼어! 아 몰랑, 내가 찬 거야!"라고 정신승리하는 것에 비유할 수 있겠다.

그런데 한국일보는 이런 유치한 인스타그램 피드를 그대로 기사화한다. 윤지오 피드를 그림으로 싣고 그중 일부를 텍스트에 쓴 게 기.사.란.다. 정말 기자라면, 최소한 윤지오가 정말로 먼저 법원에 계좌정보를 제공했는지 알아보는 성의는 보여야 한다. 유튜브 숏티비의 숏맨을 보라. 그는 윤지오가 후원금 때문에 다녀갔던 서울시청으로 찾아가 윤지오와 상담했던 공무원을 만나 인터뷰를 한다. 윤지오가 신한은행 갔는데 후원금 반환이 불가능하다고 구라를 치자, 신한은행 지점에 찾아가 그게 정말인지 따진다. 아무런 검증 없이 윤지오의 말만 받아쓴다면, 기자의 자격이 있을까?

한국 언론도 여전하다(3)

그로부터 20일이 지났을 무렵, 같은 패턴의 기사가 나온다. 국민일보 인턴기자가 쓴 기사로, 제목은 「윤지오 "공익제보자는 성녀로 살아야 하나"」다. 윤지오의 인스타그램을 요약한 다음 전문을 뒤에 붙인 것으로, 기사라기보단 순도 100%의 스피커라 부르는 게 좋겠다. 거짓말로 피소된 이의 말을 그대로 기사화하는 것도 문제지만, 윤지오의 인스타그램 피드가 그렇게 잘 쓴 것도 아닌데 왜 이런 짓을 하는 것일까? 인스타그램 피드 첫 부분을 보자.

> 저를 공격하는 사람들의 논리를 생각해 보자면… 윤지오는 증인이자 공익제보자로 성녀 같은 삶을 살아야 했고, 그녀의 삶은 피해자 프레임 안에서 살지 않았으니, 10년 동안 16번의 증언을 믿을 수 없다. 이런 논리로라면 10년 동안 범죄를 저지른 사람이 심지어 살인을 저지른 사람이, 그간의 삶을 성녀처럼 살고 흠짓 하나 없는 삶을 살았다면, 죄를 지은 사람도 아니오 살인자로 범죄인으로 인식하지 않는다. 말도 안 되는 논리죠.

읽으면서 머리가 아프고 내용이 이해 안 됐다면, 당신은 초중고 과정을 제대로 이수한 사람이다. 이보다는 차라리 위구르어가 더 쉽게 느껴진다. 윤지오가 가끔 인스타그램 피드를 알아먹게 쓴다면, 그건 대필로 봐야 하지 않을까 싶다. 그 아래에 있는 내용도 만만치 않다.

> 또 지금 2차가해하며 마녀사냥하며 말하는 것들도 증인과의 삶과도 무관하고 제가 한 말과 행동들도 아니죠. 심지어 그렇다고 가장해봤어요. 도대체 무엇이 문제일까? 제가 한 증언의 여부가 없어지는가? 무엇을 원하는가? 그저 제가 16번의 증언과 증인으로서의 이미지를 훼손하여 신빙성을 없게 만드려고 애쓰는 것. 그렇다면 누가 그것을 원하는가? 가해자들. 또 가해자 선상에 선 사람들.

사정이 이러니 가연출판사 대표가 윤지오가 쓴 원고를 보고 '대필을 해야겠다'고 결심한 건 당연했다. 그 아래 내용도 한번 보자.

> 그래서 저는 이제 일체 악플이나 허위사실을 유포하고, 제 이름 석자를 팔아서 본인들의 사리사욕을 채우고, 본인의 삶은 전혀 없고 저로 인하여 이익을 창출하고, 흠짓이 난 본인들의 삶을 저로 매꾸는 사람들을 신경 안 쓰려 해요.[9]

자, 이런 악문으로 점철된 기사를 우리가 봐야 할 필요가 있을까? 저 인턴기자는 그렇게 생각했던 모양이다. 백보 양보해 인턴이니 그럴 수 있다 쳐도, 이걸 기사로 올린 그 윗선은 도대체 뭘 하는 것일까? 안타깝게도 이와 비슷한 제목의 기사가 인터넷에 여럿 떠 있고,

그중에는 조선일보도 있다. 윤지오로 인해 장자연의 살인범 취급을 받는 신문사가 윤지오의 주장을 아무 검증 없이 내보내다니, 참으로 아이러니하다.

클리앙도 여전하다(1)

이 사태를 언론에만 전가할 수는 없다. 윤지오의 사기극에 우리 국민도 적극적으로 동참했으니 말이다. 많은 이들이 깨달음을 얻은 지금도 윤지오를 믿으며 '방가방가'를 외치는 정치병자 집단이 있으니, 그게 바로 여러 번 소개했던 클리앙이다. 이들에게 윤지오는 이슬람을 물리칠 십자군 그 자체라, 조금만 의심해도 빈 댓글로 응징하고, 알바몰이를 해버린다.

그들은 말한다, 본질을 보라고. 메신저를 보지 말고 메시지를 보라고. 물론 이들이 언제까지 메시지만 보자고 주장하진 않는다. 예컨대 SBS가 〈궁금한 이야기 Y〉를 방영하자 "태영방송 안 믿는다"고 거품을 물고, 후원금 반환소송을 담당한 최나리 변호사의 회사가 조선일보가 주는 '소비자만족도 1위' 상을 탄 적이 있다는 것을 근거로 후원금 소송을 조선일보의 공작으로 규정짓는다. 하지만 윤지오에게는 '메시지만 보자'는 원칙이 흔들리지 않는다. 수십 개의 의혹이 사실로 밝혀져도 그들이 윤지오를 신봉하는 것은 그 때문이다.

> **원글**: 윤지오가 상종 못 할 인물이라도 그건 중요하지 않아요.… 윤지오를 신뢰하는 이유는 단 하나 있습니다. 방가가 어떤 폐기물인지 잘 알고 있기 때문입니다. 그것만큼 확실한 확증은 없습니다.[10)]
>
> **댓글**:
>
> -방가방가.

-방가방가.

-방가방가....

그러다 심심하면 "너는 조선일보는 왜 반대하지 않느냐?"며 물타기를 시도한다.

원글: 윤지오 욕하던 분들은 장자연 리스트를 규명 못 한 작금의 현실은 화가 안 나시나 봅니다. 조선일보는 우리 민족의 치욕입니다. 10년 안에 없애버릴 거고 그래야 합니다.[11)]

댓글:

-지구상에서 없애야 해요 방가.

-정부가 욕 먹을 각오하고 조선일보 강제폭파시키고 그게 더 나을 거 같은.

-걍 벌레들이니깐요.

클리앙도 여전하다(2)

광기가 워낙 깊어 섬뜩함마저 느껴진다. 윤지오가 어떤 인물이든 오직 조선일보만 잡으면 된다고 거품을 문다. 그런데 메시지만 보자고 주장하다 보니 코미디 같은 상황이 연출된다.

원글: (글쓴이를 A라고 하자-필자) 그 사람이 어떤 사람인 게 뭔가 중요한가요? 관심종자고 돈 좀 벌어보려고 했다 하더라도 그냥 그 사람 말이 맞는 말인지 틀린 말인지 살펴보면 되는 거죠.[12)]

댓글:

B: 전두환이 인권의 중요성을 얘기하면 그것도 들어줘야 되는 걸까요?

A: 전두환이 좋은 말을 하면 그건 좋은 말이라고 생각해요. 웃기긴 하겠지만 그 말이 틀린 말이 되는 것은 아니죠.

C: 전두환이 옳은 말을 했다면 옳을 수도 있죠. 무조건 틀리다는 건 편견.

윤지오를 보호하려다 전두환까지 옹호하게 생겼으니, 이 얼마나 어이없는 일인가? 메신저는, 중요하다. 평생 개를 때리던 이가 동물보호운동가가 된다면, 그 사람에게 동물을 맡길 수 있을까?

클리앙도 여전하다(3)

영화 〈악인〉에서 관객들은 조폭 두목으로 분한 마동석이 살인자를 지목하러 나왔을 때, 거부감을 느끼지 않는다. 그의 삶이 칭찬받을 만한 것은 아닐지언정, 그가 이전에 했던 일이 최소한 그가 하는 증언과 배치되지 않기 때문이다. 윤지오의 삶을 검증하는 게 필요한 이유는, 지난 10년 동안 숨어 살았다는 말이 증언자로서 그녀를 더 가치 있게 만들어줬기 때문이다. 바꿔 말해 윤지오의 말들이 다 거짓으로 밝혀진다면 그녀 증언의 신빙성도 무너질 수밖에 없다. 그런데 윤지오를 편들려다 전두환의 인권론을 들게 생겼으니 어찌 웃기지 않겠는가?

지나친 종교적 광기는 결국 자가당착에 빠질 수밖에 없지만, 이들은 지금도 그러고 앉아 있다. 기부금 반환소송에 대한 그들의 논리를 보시라.

원글: 이 집단소송이 계획된 소송이라는 의심을 가지게 되네요.[13)]

댓글:

-다 준비해놓고 모금 참여, 반환소송을 계획했을 거 같은 느낌은 나죠.

-이건 설계된 거라고 봐야죠. 후원 요청한 것도 없는데 지들이 해놓고 이미지 훼손하기, 많이 보는 수법입니다.

-후원받기 시작했을 때부터 작전 짜놓은 걸수도 있겠다는 생각이… 소액 입금해놓고 쟁여놨다가.

-저러고 얼마 받나요?

클리앙 밖에도 있다

이 책을 쓰느라 지난 몇 달간, 매일같이 윤지오를 다룬 새로운 기사나 블로그 글이 있는지 검색을 했다. 그게 습관이 돼서 초고를 마무리한 뒤에도 계속 그랬는데, 그러다 어떤 이의 글을 봤다. 요지는 장자연을 죽음으로 몰았던 권력자들이 윤지오를 무너뜨리고 장자연의 진실을 묻어버렸다는 얘기다. 원래 사람은 관련 주제에 대해 책을 쓸 때 공부를 많이 하게 되는 법, 그때의 나는 국내에서 손꼽히는 윤지오 전문가였다. 그에게 말했다. 조선일보가 아니었다면 장자연의 죽음이 이렇게 부각되지 않았을 것이다, 음모론을 믿지 말고 진실을 보시길 빈다. 주제가 주제이니만큼 최대한 정중하게 쓴다고 썼는데, 그는 날 선 반응을 보였다.

> 조선일보가 아니었다면 장자연의 죽음이 부각되지 않았다는 말씀은, 조선일보가 의도적으로 그런 역할을 했다는 뜻인가요? 이 말은 일제강점기가 아니었다면 한국이 발전할 수 없었을 것이다라는 논리와 일맥상통하는 발언이시군요!

괜한 오지랖을 떨었다 싶었다. 책을 쓰고 있어서 그만 아는 체를 했다고, 죄송하다고 했다. 역시나 그 말도 하는 게 아니었다. "책을 쓴다면서 주관적인 편협성을 드러내는 시각을 보이는 것은 상당히 위험해 보이는데요."

제2의 윤지오를 막으려면

아직도 세상에는 윤지오를 믿는 이들이 많이 있었다. 스스로 깨어 있는 시민이라 자부하는 그들은 윤지오에 대한 어떠한 훼손도 받아들이지 않았다. 윤지오 비판자들이 윤지오의 행적을 근거로 들며 그녀의 증언을 의심할 때, 윤지오의 옹호자들은 아무런 근거 없이 '방가방가'를 외쳤고, 윤지오 비판자들을 '조선일보의 전략에 넘어간 개·돼지'로 취급했다. 그들은 주야장천 외쳤다. '본질을 봐야 한다.' '뭣이 중한디.' '메신저를 보지 말고 메시지를 보자.' 하지만 그들은 장자연 사건의 재수사가 아무런 성과 없이 종결됐고, 거기엔 신빙성 없는 증언만 남발했던 윤지오의 책임이 절대적이라는 사실을 보려 하지 않았다.

독선에 빠져 다른 의견을 제시하는 사람들을 알바 취급하는 이들의 존재는 윤지오 사건에서 절대적인 역할을 했다. 여기에 윤지오의 충실한 스피커가 돼주는 방송이 있고, 윤지오의 인스타그램 피드를 그대로 기사로 만드는 언론사들이 있다. 정치인들 또한 증인에 대한 검증보다는 유명세를 같이 누려볼까 싶어 윤지오 뒤에 병풍처럼 서서 사진을 찍는다. 이런 상황에서 제2, 제3의 윤지오가 나오지 않는 게 오히려 더 이상하다. 평범한 사건의 배후에 조선일보가 있는 것처럼 몰아간다면, 사람들이 열광적으로 지지해주지 않겠는가?

그래서 말씀드린다. 음모론에 빠지기보다는 눈에 보이는 것을 보라고. 어떤 것이든 맹신하지 말고 타인의 말에 귀를, 그리고 머리를 열어두라고. 이렇게 하지 않는다면 진영논리를 이용해 이득을 취하려는 이는 계속 등장할 테고, 그때마다 우리는 '아이고, 또 속았구나'라며 머리를 쥐어뜯어야 하니까 말이다. 책을 읽는 것도 필요하다. 책은 스스로 사고할 수 있는 능력을 길러주므로, 남의 의견에 선동되지 않게 해준다. 그러고 보니 선전·선동에 우리 사회가 부쩍 취약해진 것도 스마트폰에 빠져 책을 읽지 않는 게 대세가 된 뒤부터가 아닌가?

윤지오 사건이 우리 사회 구성원들로 하여금 스스로를 돌아보는 계기가 되길 빈다. 제2의 윤지오가 나오지 않도록.

미주

제1장 장자연 문건은 왜 만들어졌을까?

1) [D-eye] A씨는 모릅니다?… 장자연, 마지막 CCTV 분석, 디스패치, 2019. 3. 18.
2) '故 장자연 성추행 목격' 윤지오의 고백, YTN, 기사 입력 2019. 3. 5.
3) [단독] A씨의 카드였다?… 장자연 비극의 시작(2편), 디스패치, 2019. 3. 21.
4) [유족 단독 인터뷰②] "KBS '뉴스9' 보도, 분하고 괴로웠다", 일간스포츠, 입력 2009. 3. 15. 21:53.
5) 미궁 빠진 故 장자연 문건… 3가지 버전 총정리, 노컷뉴스, 기사 입력 2019. 4. 23.
6) [이슈추적] 누가 장자연을 죽였나… 검찰, 재수사 검토, 아시아경제, 기사 입력 2017. 12. 26.
7) 조현오 "장자연 사건 수사 때 조선일보 간부가 협박… 살면서 가장 충격", 세계일보, 2019. 5. 9.
8) 박훈 변호사 "윤지오, 방씨의 'ㅂ'자도 모른다", 이데일리, 기사 입력 2019. 4. 24.
9) 故 장자연 '性상납 의혹' 허위사실로 판결, 파이낸셜뉴스, 기사 입력 2013. 2. 8.
10) [추적] 다시 보는 '장자연 사건' '1 對 3'이 벌인 갈등의 불똥, 엉뚱한 곳으로 튀었다!, 월간조선 뉴스룸, 2019. 8. 18.
11) 조현오 "장자연 사건 수사 때 조선일보 간부가 협박", 연합뉴스, 기사 입력 2019. 5. 8.
12) 장자연 사건 수사 한계, 특검 돌입해야, 미디어오늘, 기사 입력 2019. 5. 7.
13) 윤지오에게 고발당한 김대오 기자 현재 심경 고백?!, 오봉뉴스, 2019. 6. 12.
14) justicewithus 인스타그램.

제2장 증인 윤지오의 탄생

1) [단독] 윤지오 "그 당시 기억 없었다"… '거짓증언' 정황, 세계일보, 기사 입력 2019. 4. 24.
2) '작가 김수민입니다. 윤지오 씨 말은 100% 진실일까요?', 김수민 인스타그램,

2019. 4. 17.
https://gall.dcinside.com/board/view/?id=issuezoom&no=2951&page=1
3) TBS 〈김어준의 뉴스공장〉, 2019. 3. 5.
4) 위의 주 1).
5) 위의 주 2).
6) 윤지오 이모부 "윤지오의 가족 감금·폭행 주장, 가장 우려했던 일", 스포츠서울, 기사 입력 2019. 5. 17.
7) 윤지오 "장자연 문건에 특이한 국회의원 이름 있었다", 노컷뉴스, 기사 입력 2019. 3. 7.
8) 위의 주 6).
9) 위의 주 6).
10) 왕진진이 받았다는 장자연 편지, 내용은? "오빠가 복수해줘" 낸시랭 야윈 근황…, 아시아뉴스통신, 2019. 5. 3.
11) [D-eye] "그때, 신빙성이 깨졌다"… 윤지오, 증언자의 민낯, 디스패치, 기사 입력 2019. 4. 30.
12) '윤지오의 증언, 그 논란의 진실은?', SBS 〈궁금한 이야기 Y〉, 2019. 6. 20.
13) 위의 주 11).
14) '장자연 문건·성추행' 유일한 목격자 윤지오의 생생 증언, KBS, 기사 입력 2019. 3. 7.
15) 故 장자연 친구 배우 윤지오 "추행 목격한 연예인 또 있다", MBC 〈뉴스데스크〉, 2019. 3. 18.
16) [자막뉴스] MBC 왕종명 앵커, 고개 숙여 사과… 윤지오의 답변은?, YTN, 2019. 3. 19.
17) [공식입장] MBC 뉴스데스크 '장자연 리스트 실명 요구, 윤지오에게 직접 사과'(전문), 엠엘비파크(작성자 ent**)
18) 윤지오 북콘서트 진행자로 왕종명앵커 선택 ㅋㅋㅋ, rose rosa 유튜브, 2019. 6. 23.
19) 왕종명 앵커의 불편했던 윤지오 인터뷰… 이유는?, KBS 〈저널리즘 토크쇼 J〉 제36회(미공개), 2019. 3. 26.
20) dramaqween2019 인스타그램, 2019. 8. 20.
21) 윤지오가 퍼뜨린 의혹… 검증 없이 확성기 노릇 한 방송사들, 조선일보, 기사 입력 2019. 5. 22.

제3장 장자연 리스트는 없다

1) 장자연 문건 최초 보도 기자 "윤지오 주장 '리스트'는 없다", YTN, 기사 입력 2019. 4. 24.
2) [인터뷰] 윤지오 "폭로 이후 교통사고 2차례… 신변 위협", JTBC, 기사 입력 2019. 4. 11.
3) 윤지오 "장자연 문건에 특이한 국회의원 이름 있었다", 노컷뉴스, 기사 입력 2019. 3. 7.
4) 홍준표 측, '장자연 리스트' 관련 명예훼손 혐의로 윤지오 고발, 세계일보, 기사 입력 2019. 6. 12.
5) 과거사 진상조사단 "과거 수사기록만으로 조사, 한계 있었다", YTN, 기사 입력 2019. 5. 20.
6) 위의 주 1).
7) 김대오 기자 "윤지오, 본인 경험 벗어난 증언들 드러나", KBS 〈김경래의 최강시사〉, 기사 입력 2019. 6. 13.
8) '윤지오 김대오 기자한테 미친 여자 코스프레하는 이유 김대오 기자도 같이 봤거든. 그런데 혼자 다른 주장 미친 ㄴㄴㄴ', rose rosa 유튜브, 2019. 6. 15.
9) '장자연 사건' 이대로 묻히나… 조사단 팀장 "다수 의견 묵살", 이데일리, 기사 입력 2019. 5. 21.
10) [취재파일] 장자연 재조사①: '장자연 리스트'란 무엇인가?, SBS, 기사 입력 2019. 5. 29.
11) 위의 주 10).
12) 윤지오 고발한 박훈 변호사 "尹, 장자연 죽음 파는 게 아닌지 강한 의구심", 신동아(배수강 기자), 기사 입력 2019. 5. 18.

제4장 신변 위협을 주장하다

1) 윤지오 검찰 출석… "장자연 억울함 풀겠다", MBC, 기사 입력 2019. 3. 12.
2) [TEN 초점] '신변 불안' 윤지오… 여가부, 여성단체는 뭘 하고 있는가, 텐아시아, 기사 입력 2019. 3. 9.
3) 위의 주 2).
4) [취재파일] 여성가족부 윤지오 씨 지원, 적절했나?, SBS, 기사 입력 2019. 5. 10.
5) [인터뷰] 윤지오 "폭로 이후 교통사고 2차례… 신변 위협", JTBC, 기사 입력 2019. 4. 11.
6) '윤지오의 증언, 그 논란의 진실은?', SBS 〈궁금한 이야기 Y〉, 2019. 6. 20.
7) '윤지오 증언' 겨냥한 미검증 의혹… 내용 짚어보니, JTBC, 기사 입력 2019. 4.

23.
8) “신변 보호 위협”… 증인 윤지오, 靑 국민청원, 하루 만에 20만 명 동의, 아이뉴스24, 기사 입력 2019. 3. 31.
9) 위의 주 8).
10) [종합] ‘신변 위협 호소’ 윤지오, 긴급 숙소 이동… 경찰은 “원인 분석 중”, 스포츠경향, 기사 입력 2019. 3. 31.
11) 경찰 “윤지오 보호 소홀 사과… 특별팀 구성해 24시간 경호”, 연합뉴스, 기사 입력 2019. 4. 1.
12) 누가 윤지오에게 놀아났나, TV조선 〈탐사보도 세븐〉, 2019. 7. 19.
13) 위의 주 12).
14) 윤지오 스마트워치 인스타라이브 중 신변 보호 관련 경찰과의 통화 내용, 2019. 7. 20. www.pandora.tv/view/winneriskyo/58216491/
15) 원패스TV(2019. 4. 29.)
https://www.youtube.com/watch?v=lP80fUB9twc&t=339s
16) 위의 주 15).

제5장 윤지오의 학력

1) ‘新 베이글녀’ 윤지오 “대한민국 상위 1% 엄친딸? 쑥스럽지만 YES”, MK뉴스, 기사 입력 2011. 1. 8.
2) ‘윤지오의 증언, 그 논란의 진실은?’, SBS 〈궁금한 이야기 Y〉, 2019. 6. 20.
3) UAE 연방국 마지막 왕자, 런던서 돌연사… “마약·매춘 파티”, 서울신문, 기사 입력 2019. 7. 4. 참고로, 이분은 2019년 7월 돌연사했다. 사인은 기사 제목과 관련이 있으리라 짐작된다.
4) 한양대 MBA, 140여 개 실무강의로 ‘넓고 깊게’… 글로벌 기업 취업 통로, 매일경제, 기사 입력 2019. 4. 24.
5) 인터뷰〉학생: 그녀를 표현하는 다양한 방법, NEWS H, 2012. 1. 22.
6) HD 포토 G컵 베이글녀 윤지오, MBA 출신에 5개 국어 구사, 탑스타뉴스, 2011. 2. 8.
7) 김대오 기자 인스타그램, 2019. 6. 16.
8) 위의 주 6).
9) 네이버 블로그 과거기사 정리.
https://jongho7737.blog.me/221491514557
10) 윤지오 외국어 천재답게 중국어 공부해서 5월에 중국 진출하려고 함ㅋ, rose rosa 유튜브, 2019. 6. 29.
11) 윤지오 5개 국어 가능 ㅋㅋㅋㅋㅋㅋㅋㅋㅋㅋㅋㅋ, rose rosa 유튜브, 2019.

6. 16.
12) 윤지오 로클럭 시르지 1편 & 2편, rose rosa 유튜브, 2019. 6. 9.
13) '故 장자연 증인' 윤지오 "서지현 검사 덕에 용기내서 세상에 나오게 돼", 헤럴드POP, 기사 입력 2019. 4. 17.
14) [사건의 재구성] '장자연 리스트' 증인 윤지오의 민낯, 월간중앙 2019년 7월호, 2019. 6. 17.

제6장 윤지오는 왜 증언을 16번이나 했을까?

1) 누가 윤지오에게 놀아났나, TV조선 〈탐사보도 세븐〉, 2019. 7. 19.
2) '윤지오 증언' 검증 부실에… 故 장자연 수사 신빙성 흔들, 매일경제, 기사 입력 2019. 5. 12.
3) 위의 주 2).
4) 위의 주 2).
5) [단독] 윤지오와 김수민, 누가 거짓을 말할까?… 8개월간 카카오톡 분석, SBS funE, 2019. 6. 21.
6) 위의 주 5).
7) [단독] '故 장자연 사건' 검사 "윤지오 진술, 저도 기대 컸지만", 이데일리, 기사 입력 2019. 3. 18.
8) 윤지오 "장자연, 술 아닌 다른 것에 의식 잃어… 문건 '두 줄'이 핵심", 중앙일보, 기사 입력 2019. 3. 30.
9) "윤지오, 검찰 과거사위 '입맛' 맞는 진술한 것 아닌가", 세계일보, 기사 입력 2019. 6. 14.
10) 과거사 진상조사단 "장자연 사건에 윤지오 외 다른 제보자 있어, 수사 여지 남았다", YTN 〈이동형의 뉴스 정면승부〉, 기사 입력 2019. 3. 18.
11) [인터뷰] 진상조사, 더 주어진 두 달… 총괄팀장 김영희 변호사, JTBC, 기사 입력 2019. 3. 18.
12) 위의 주 11).
13) 윤지오 "고인물 연예계 개선돼야… 재수사 이뤄지길", 이데일리, 기사 입력 2019. 4. 15.
14) 결국 배척된 '윤지오 입', 매일경제, 기사 입력 2019. 5. 21.
15) '故 장자연 추행 혐의' 前기자 무죄… "윤지오 증언에 의문"(종합), 연합뉴스, 기사 입력 2019. 8. 22.
16) 장자연 조사팀 "다수의견 묵살 과거사위 결론, 참담해", 노컷뉴스, 기사 입력 2019. 5. 20.
17) 문 대통령, 버닝썬·김학의·장자연 사건에 "여러 의혹, 낱낱이 규명해야",

전자신문, 기사 입력 2019. 3. 18.
18) '장자연 사건 수사 불가' 최종 결론에 조사단 안팎 '파열음'… 왜, 뉴스1, 기사 입력 2019. 5. 21.
19) 위의 주 1).

제7장 윤지오는 장자연과 친했을까?

1) [D-eye] "그때, 신빙성이 깨졌다"… 윤지오, 증언자의 민낯, 디스패치, 기사 입력 2019. 4. 27.
2) 장자연 사건 진술조서 전문공개 누가 그녀를 죽였나, 한국일보 http://interactive.hankookilbo.com/v/dfc34fa8eb2d4eeda905360705cd90bf/index.html
3) 위의 주 2).
4) 〈김어준의 다스뵈이다〉 제53회, 15분 20초부터.
5) 장자연 사건 증언자로 산다는 것—윤지오, YTN 〈스탠바이미〉, 2019. 3. 29.
6) KBS 〈오늘밤 김제동〉 제101회(2019. 3. 19.) 26분 00초부터.
7) 장자연 1주기 맞은 날… 윤지오, CF 찍고 "행복" 글, 세계일보, 기사 입력 2019. 4. 23.
8) [인터뷰] 장자연 전 남자친구 "고인을 이용하려는 사람, 너무 잔인하다", SBS funE, 기사 입력 2019. 5. 23.
9) 장자연 전 남친이라는 사람이 뜬금없이 인터뷰, 클리앙 '모두의 공원', 2019. 5. 24.
https://www.clien.net/service/board/park/13525079?combine=true&q=%EC%9C%A4%EC%A7%80%EC%98%A4+%EC%9E%A5%EC%9E%90%EC%97%B0+%EB%82%A8%EC%B9%9C&p=0&sort=recency&boardCd=&isBoard=false
10) 위의 주 8).
11) http://fun.jjang0u.com/chalkadak/view?db=160&no=415028

제8장 윤지오, 언론과 싸우다

1) 뉴시스 윤지오, 장자연 사건의 절대선인가?
http://whytimes.kr/news/view.php?idx=3686&mcode=m567udr
2) 풀영상 (4.8) 장자연 증언자, 윤지오 초청 의원간담회, factTV, 2019. 4. 8.
http://facttv.kr/facttvnews/detail.php?number=24692&thread=14r08
3) 방패막이 자처했던 안민석… "해결은 윤지오 씨의 몫" 발뺌, 채널A, 기사 입

력 2019. 6. 7.
4) 위의 주 3).
5) 윤지오를 의심하는 '뉴시스'에 보내는 조언—민언련 뉴스통신 보도전문채널 모니터 보고서, 오마이뉴스, 기사 입력 2019. 4. 8.
6) 위의 주 5) 기사에 달린 댓글.
https://news.naver.com/main/read.nhn?mode=LSD&mid=sec&sid1=102&oid=047&aid=0002223119&m_view=1&includeAllCount=true&m_url=%2Fcomment%2Fall.nhn%3FserviceId%3Dnews%26gno%3Dnews047%2C0002223119%26sort%3Dlikability
7) https://www.instagram.com/p/B0WRInFB3iV/
8) 『13번째 증언』 국회 무료 북콘서트 LIVE: https://www.youtube.com/watch?v=eiFEjFzZdHc(1시간 24분경부터).
9) 머니투데이 회장은 왜 윤지오에 꽃을 보냈나—[해설] 윤지오 "집까지 수소문, 스토킹인 줄 무서워"… 연예소속사 대표와 가라오케 왜 갔나, 미디어오늘, 2019. 4. 15.
10) 위의 주 8)의 링크(1시간 44분부터).
11) 위의 주 8)의 링크(1시간 46분부터).
12) 위의 주 8)의 링크(1시간 49분 40초부터).
13) 위의 주 6)의 링크(1시간 57분부터).
14) [영상] "제가 우스우세요?" 윤지오 분노케 한 기자의 질문, SBS, 기사 입력 2019. 4. 15.
15) "윤지오에게 꽃다발 내가 보냈다" vs 윤지오 "거짓 덮으려 거짓말하고 있다", 세계일보(김건우 기자), 기사 입력 2019. 4. 16.
16) 위의 주 15).
17) 윤지오 씨, 사건 당시 "꽃바구니에 카드 없었다" 경찰 기록, 머니투데이, 기사 입력 2019. 4. 17.
18) 이 영상은 do_remisol 인스타그램에 두 편으로 나뉘어 실려 있다.
19) 윤지오와 SBS 박 기자, 윤지오의 횡설수설, ava charmchi 유튜브, 2019. 6. 5.
20) '윤지오 진짜 막장이네요', 엠엘비파크(글번호 201904220030107285 작성자: corl****), 2019. 4. 22.

제9장 윤지오의 아프리카TV 시절

1) 제가 바라보는 윤지오 증인에 대한 관점…, 이제야 본격 싸움, 클리앙(작성자: h****), 2019. 4. 24.

https://www.clien.net/service/board/park/13413836

2) 윤지오 AO GROUP 부대표라고 명함까지 만들어 사기치고 다니다가 진짜 대표한테 걸려서 욕먹고 명함 올린 피드 지움 ㅋㅋㅋㅋ, rose rosa 유튜브, 2019. 6. 19.

https://www.youtube.com/watch?v=4HC6T1h0eQw

3) 이 자료는 원래 '윤지오 외가 친척 연합'이란 이름으로 이모부가 올렸는데, 지금은 찾아봐도 없기에 캡처본을 모아둔 곳을 링크한다.

https://zidok.tistory.com/801

4) rose rosa 유튜브, 2019. 6. 6.

5) 가슴 도발 95년생 윤지오, 스타튜브 유튜브, 2019. 6. 1.

6) [인터뷰] 장자연 성추행 목격자 육성 증언, JTBC, 2018. 6. 28.

7) 〈거리의 만찬〉 제19회, KBS, 2019. 3. 29.

8) do_remisol 인스타그램, 2019. 7. 13.

9) 윤지오 반박글, 돈밖에 모르는 것은 '저들'이다—[이슈픽] 윤지오 거짓증언 논란 의혹 반박글, 스타패션, 2019. 5. 1.

10) 윤지오 승무원 코스프레하면 생기는 일(feat. 엄마) 복장 논란, 판도라TV '인생을즐겨요', 2019. 7.(날짜 미상)

http://www.pandora.tv/view/winneriskyo/58839557#38310267_new

11) 윤지오, 어떤 방송 했길래… A항공 "이미지 심각한 악영향", 한국경제, 기사 입력 2019. 5. 28.

12) 위의 주 10).

13) 윤지오 인스타그램. 날짜 미상.

14) 인터뷰〉학생: 그녀를 표현하는 다양한 방법, NEWS H, 2012. 1. 22.

15) 윤지오 합방 구걸ㅠㅠ 인기 남자 BJ한테 찝쩍대던 영상 2, rose rosa 유튜브, 2019. 6. 19.

16) 내년 美 대선 앞두고 '딥 페이크' 영상 주의보, 서울경제, 기사 입력 2019. 6. 14.

17) '선정방송 고발' 윤지오 "딥 페이크로 조작됐다" 글 재조명, 국민일보, 기사 입력 2019. 7. 26.

18) everlasting_eva_ 인스타그램, 2019. 9. 10.

19) everlasting_eva_ 인스타그램, 2019. 9. 10.(위의 주와는 다른 피드)

20) "윤지오 별풍선 얻으려 선정적 방송" 성폭력처벌법 고발당해, 중앙일보, 기사 입력 2019. 7. 26.

21) 위의 주 18).

22) 지상의 빛 "윤지오 죽이기 총공세"… 홍준표·강용석 고발, 중앙일보, 기사 입력 2019. 8. 9.

23) https://blog.naver.com/handuru/221611885952

제10장 후원금, 그리고 출국

1) 윤지오 "가족에게 감금·폭행" 주장 vs 이모부 "가장 우려했던 상황"[종합], SPOTV News, 기사 입력 2019. 5. 17.
2) 아래 [윤지오 이모부입니다] 삭제되기 전 글.jpg, 클리앙(시카고버디 님), 2019. 4. 23.
https://www.clien.net/service/board/park/13411101?combine=true&q=%EC%9D%B4%EB%AA%A8%EB%B6%80+%EC%9C%A4%EC%A7%80%EC%98%A4&p=3&sort=recency&boardCd=&isBoard=false
3) 사기극의 서막 #2 나를 포장해라. 그리고…, '윤지오 외가 친척 연합' 유튜브, 2019. 5. 24.
(https://www.youtube.com/watch?v=SvgJpfv68IQ)
4) 윤지오 씨, 장자연 단순 자살 아냐 "A 선배님 진실을 말해주세요", 고발뉴스 〈이상호의 뉴스비평〉 제115회(1시간 48분부터), 2019. 3. 15.
5) do_remisol 인스타그램, 2019. 6. 15.
6) 누가 윤지오에게 놀아났나, TV조선 〈탐사보도 세븐〉, 2019. 7. 19.; 탐사보도 세븐이 놓친 것(1)… 윤지오가 찾던 '기부금 먹튀법', 숏티비 유튜브, 2019. 7. 20.
7) '지상의 빛' 김상민 상임이사, 윤지오 대리로 경찰 조사—박훈 사기죄 무고, 조선일보와 기레기들의 명예훼손, 사이버수사대장 등 검찰 고발과 손해배상 청구하기로, 한두루 블로그, 2019. 7. 15.
https://blog.naver.com/handuru/221586040254
8) '故 장자연 사건' 증언 그 후 & 출국 전 소회!, tbs 〈김어준의 뉴스공장〉, 기사 입력 2019. 4. 12.
9) everlasting_eva_ 인스타그램, 2019. 8. 13.
10) 후원금 소송 휘말린 윤지오, 노승일 후원… 문제 없나, 한국일보, 기사 입력 2019. 7. 12.
11) 윤지오 캐나다로 도망쳐도 x 될 수 있는 점, 초험가 블로그, 2019. 4. 26.
https://doopiece.blog.me/221523212584
12) 서울시청, "윤지오 후원금 전액 돌려줘라… 윤지오에 통보했다"… 경찰에 수사 의뢰해야의 사본, 숏티비 유튜브, 2019. 6. 12.
13) 위의 주 6).
14) justicewithus 인스타그램, 날짜 미상.
15) 김수민 작가 인스타그램, 날짜 미상.

16) 윤지오 씨 공격에 클리앙을 정말 칭찬하고 싶습니다, 클리앙 '모두의 공원'(작성자: 감**), 2019. 6. 22.
17) 윤지오 SBS PD 통화 내용(〈궁금한 이야기 Y〉 방영 직후 PD와 통화), ava charm-chi 유튜브, 2019. 6. 23.
18) 윤지오, SNS 폭풍 업데이트… 김수민 작가 카톡+'뉴스룸' 방송 캡처까지, 미디어펜, 기사 입력 2019. 4. 24.
19) '캐나다 도착' 윤지오 "엄마 한국에 있었다", MBN, 기사 입력 2019. 4. 26.
20) 윤지오 엄마를 심리치료사라고 속이는 중~ 거짓말 진짜 잘해ㅋ, rose rosa 유튜브.
21) 윤지오 코피 난 것도 거짓말 같고 못 믿겠어요 엄마랑 같이 있는 거 걸리기 전에 ㅋㅋ 엄마야~ 하는 영상ㅋ, rose rosa 유튜브, 2019. 6. 16.
22) 손석희 앵커한테도 거짓말하는 윤지오ㅋㅋㅋ, rose rosa 유튜브, 2019. 6. 4.
23) '故 장자연 사건' 증인 윤지오, 母 유방암 투병 고백… "이젠 엄마 보호자 될 것", 아이뉴스24, 기사 입력 2019. 4. 5.
24) 위의 주 22).
25) 박훈 "윤지오, 장자연 문건 조선일보 부분 알지도 못하면서 아는 것처럼 기망했다", 조선일보, 기사 입력 2019. 4. 26.
26) 윤지오 사기 후원금 모금 입금 전 후—진짜 인성 쓰레기, True M 유튜브, 2019. 6. 20.
27) justicewithus 인스타그램, 2019. 7. 10.
28) 윤지오 후원금 반환소송… "용기에 감복했는데 속았다", 연합뉴스TV, 기사 입력 2019. 6. 10.
29) 윤지오, 후원금 반환소송에 "선후원 후갑질… 내가 구걸했나", 중앙일보, 기사 입력 2019. 6. 7.

제11장 책 『13번째 증언』과 김수민 작가의 폭로

1) [단독] 윤지오와 김수민, 누가 거짓을 말할까?… 8개월간 카카오톡 분석, SBS funE, 기사 입력 2019. 6. 21.
2) https://book.naver.com/bookdb/book_detail.nhn?bid=6646655
3) [사건의 재구성] '장자연 리스트' 증인 윤지오의 민낯, 월간중앙 2019년 7월호(유길용 기자), 2019. 6. 17.
4) 김수민 인스타그램, 2019. 4. 19.
5) 위의 주 3).
6) '김대오 기자의 오봉 연예뉴스' 유튜브, 2019. 5. 10.
7) 『13번째 증언』 출판한 가연출판사 김○○ 대표 인터뷰, U1대학보(이가희 기

자), 2019. 3. 24.
http://press.u1.ac.kr/_prog/_board/?mode=V&no=11200&code=press_0301&site_dvs_cd=press&menu_dvs_cd=0301

8) rose rosa 유튜브, 2019. 8. 17.

9) rose rosa 유튜브, 2019. 8. 18.

10) #유족 #후원금 #리스트… 윤지오 미검증 의혹 '셋', 노컷뉴스, 기사 입력 2019. 4. 24.

11) 윤지오 "김수민 작가 2차 가해 하고 있다"… 각종 의혹 반박, 아시아경제, 기사 입력 2019. 4. 23.

12) 윤지오 '욕설 영상' 대방출…… 김수민 작가 단독인터뷰(1), 슛티비 유튜브, 2019. 6. 6.

13) 윤지오 씨에 대한 김수민 작가의 폭로글?, MLB PARK(이쎈돌), 2019. 4. 17.

14) 위의 주 11).

15) 윤지오 "나는 떳떳하다, UN · CNN과 접촉할 것", 헤럴드경제, 기사 입력 2019. 4. 28.

16) 안민석 "과녁 초점 윤지오 아닌 장자연에 맞춰야" 페북글 눈길, 서울신문, 기사 입력 2019. 4. 25.

글을 맺으며: 제2의 윤지오가 나온다

1) 윤지오 "한국에 미련 없어… 캐나다 시민권 취득할 것", SBS funE, 기사 입력 2019. 4. 25.

2) 윤지오, 이틀 만에 1억 1천만 원 모금… 후원금 제대로 썼나?, 채널A, 기사입력 2019. 6. 27.

3) 경찰에 '국제전화' 윤지오… "변호인 선임, 수사 협조", YTN, 기사 입력 2019. 6. 24.

4) 윤지오 한국 못 오는 이유, 캐나다 형사들이 위험하다고 말림^^, rose rosa 유튜브, 2019. 6. 24.

5) 위의 주 3).

6) '해외 체류' 윤지오, 경찰 출석요구 3회 불응… 계속 불응하면 어떻게 되나, 아이뉴스24, 기사 입력 2019. 9. 3.

7) 윤지오 "저는 후원금을 쓰지 않았고 돌려드리고 싶은 마음은 예전과 같습니다"[전문], 헤럴드POP, 기사 입력 2019. 9. 27.

8) 계좌 압수수색에 윤지오 "법원에 입출금 내용 제공했다" 항변, 한국일보, 기사 입력 2019. 6. 21.

9) 윤지오 "공익제보자는 성녀로 살아야 하나", 국민일보, 기사 입력 2019. 7. 10.

10) 윤지오씨 가 어떤 인물인지는 모르지만 방家가 어떤 물건인지는 잘 알고 있어요, 클리앙(작성자 바****), 2019. 4. 23.

11) 윤지오 욕하던 분들은, 클리앙(작성자: 아****), 2019. 5. 20.

12) '진정성'이라는 건 별로 중요하지 않다, 클리앙(작성자: Go****), 2019. 5. 3..

13) 윤지오 씨 집단소송 건을 보며 개인적으로 드는 의구심, 클리앙(작성자: 유**), 2019. 6. 12.

윤지오 사기극과 그 공범들

2019년 10월 10일 초판 1쇄 찍음
2019년 10월 21일 초판 1쇄 펴냄

지은이 서민

펴낸이 정종주
편집주간 박윤선
편집 두동원 강민우
마케팅 김창덕

펴낸곳 도서출판 뿌리와이파리
등록번호 제10-2201호(2001년 8월 21일)
주소 서울시 마포구 월드컵로 128-4 2층
전화 02)324-2142~3
전송 02)324-2150
전자우편 puripari@hanmail.net

디자인 가필드
종이 화인페이퍼
인쇄 및 제본 영신사
라미네이팅 금성산업

값 15,000원
ISBN 978-89-6462-131-8 (03300)

이 도서의 국립중앙도서관 출판예정도서목록(CIP)은 서지정보유통지원시스템 홈페이지(http://seoji.nl.go.kr)와 국가자료공동목록시스템(http://www.nl.go.kr/kolisnet)에서 이용하실 수 있습니다.(CIP 제어번호: CIP2019039933)